김변수와 시작하는 **코딩생활**

with **C언어**

김변수와 시작하는 코딩생활
with C언어

ISBN : 978-89-314-7554-8

독자님의 의견을 받습니다.

이 책을 구입한 독자님은 영진닷컴의 가장 중요한 비평가이자 조언가입니다. 저희 책의 장점과 문제점이 무엇인지, 어떤 책이 출판되기를 바라는지, 책을 더욱 알차게 꾸밀 수 있는 아이디어가 있으면 팩스나 이메일, 또는 우편으로 연락주시기 바랍니다. 의견을 주실 때에는 책 제목 및 독자님의 성함과 연락처(전화번호나 이메일)를 꼭 남겨 주시기 바랍니다. 독자님의 의견에 대해 바로 답변을 드리고, 또 독자님의 의견을 다음 책에 충분히 반영하도록 늘 노력하겠습니다.

이메일 : support@youngjin.com

주   소 : (우)08507 서울시 금천구 가산디지털1로 128 STX-V타워 4층 401호 (주)영진닷컴 기획1팀

파본이나 잘못된 도서는 구입하신 곳에서 교환해 드립니다.

STAFF

저자 코뮤니티 운영진(휴몬랩) | 총괄 김태경 | 기획 현진영 | 디자인·편집 김유진
영업 박준용, 임용수, 김도현, 이윤철 | 마케팅 이승희, 김근주, 조민영, 김민지, 김진희, 이현아
제작 황장협 | 인쇄 예림인쇄

이 책의 특징 FEATURE

Q. 누구를 위한 책인가요?

이 책은 **프로그래밍 언어를 처음 배우거나 C언어가 처음인 사람들**을 대상으로 합니다. 프로그래밍 언어 특성상 개념을 말로만 설명하면 이해하기에 큰 어려움이 있습니다. 따라서, 이 책은 개념에 대한 설명글을 최소한으로 줄이고 '문제'와 '실제 코드' 위주로 작성했습니다. 뿐만 아니라, 트렌드에 맞추어 챗GPT와 같은 생성형 AI를 이용한 학습 방법도 함께 첨부하여 **그동안 C언어를 배우고 싶어 도전했지만 어려워서 포기했던 사람들**에게도 스스로 학습하는 방법에 대한 내용을 전달합니다.

Q. 어떤 내용을 다루나요?

프로그래밍 언어의 문법과 개념은 방대합니다. 처음 프로그래밍 언어를 배울 때 모든 것을 알 수 있다면 좋겠지만, 불필요한 내용까지 방대한 학습량을 도전하다 지쳐 포기하거나 실패하는 사례를 자주 볼 수 있습니다.

특히, C언어는 다른 언어에 비해 난이도가 어려우며 언어에 대한 지식 뿐만 아니라 컴퓨터에 대한 전반적인 지식이 필요합니다. 이 때문에 이번 책에는 **반드시 필요한 개념만을 모아 알짜배기 형태로 구성**하였으며, 이후 세부적인 부분에 대해서는 〈Copool〉의 '커리큘럼' 페이지 게시물 형태로 정리하였습니다. 이 책에서는 오프라인 형태를 벗어나 생성형 AI에게 질문하는 방법과 스스로 학습을 이어나가는 방법에 대한 노하우를 담았습니다. 이 책을 통해 여러분은 성장하는 방법과 C언어의 기본적인 문법을 모두 배울 수 있을 것입니다.

Q. 이 책만의 장점은요?

이 책에서 설명하는 개념과 문제, 코드들은 대부분 〈코뮤니티〉에서 자주 볼 수 있었던 질문과 필수적인 개념들의 쉬운 설명들을 토대로 제작되었습니다. 뿐만 아니라, **챗GPT, 구글의 Gemini와 같은 생성형 AI를 이용하여 다양한 실험을 진행**하고, 어떤 질문과 검색을 해야 하는지 노하우를 함께 담았습니다.

Q. 질문이 생기면 어떻게 하나요?

네이버 카페 〈코뮤니티〉의 질문방 게시판에 책의 내용, 문제 등을 자유롭게 질문하면 됩니다.

베타 리더 후기

"챗GPT를 통한 코딩 학습으로 AI 코딩에 익숙해지는 것은 물론,
다양한 구성과 문제와 함께 C언어의 개념을 잡고,
나만의 포트폴리오를 준비하는 발판을 만들 수 있습니다."

베타 리더 김정현 님

책을 읽으며 헷갈렸던 개념을 다시 살펴보면서 스스로 이해하는 방법을 배울 수 있었습니다. 초보자가 이해하기 쉽게 하나하나 코드를 설명해주는 부분이나 문제로 개념을 확인할 수 있는 챕터, 챗GPT를 통한 코딩 학습으로 AI에 친숙한 환경을 만들어준다는 점이 이 책의 장점입니다. 프로젝트 챕터를 통해 다양한 알고리즘에 대한 코딩으로 서서히 난이도 높은 프로그래밍에 노출시켜준다는 것 또한 좋았습니다.

베타 리더 정유현 님

초심자도 이해할 수 있을 정도로 쉽게 설명해서, 복습에 좋았으며, 다른 책의 경우 문제마다 답이나 해설이 없는 경우가 대다수인데 이 책은 문제마다 답과 해설이 있어서 좋았습니다. 가장 기억에 남는 부분은 QR코드로 아스키 코드나 형식 지정자 등을 확인할 수 있는 링크를 제공하는 부분과, 챗GPT를 사용한 부분이었습니다. 타 교재의 경우 이런 게 없어서 구글링 등 다른 경로를 통해 확인을 해야 했는데, 이렇게 편리하게 혼자 공부할 수 있도록 도와주는 부분이 인상 깊었습니다.

베타 리더 허유정 님

새로운 도서를 가장 먼저 접하는 경험이 매우 새롭고 흥미로웠습니다. 도서에서 가장 눈에 들어왔던 부분은 각 챕터 마지막의 챗GPT를 이용한 코딩 학습 부분이었습니다. 현재 챗GPT가 업무의 보조수단으로도 사용되는 만큼 챗GPT가 생소한 독자들이 입문할 수 있는 좋은 기회라고 생각합니다. 또한 포트폴리오 챕터를 마지막에 배치하여 배운 내용들을 총정리하여 복습할 수 있어 좋았습니다.

베타 리더 송수빈 님

평소에 C/C++ 언어에 대한 개념이 많이 부족하고 상대적으로 파이썬보다 어려워 도중에 포기하는 경우가 많았는데, 책을 통해서 C언어의 개념을 잡을 수 있어서 좋았습니다! 또한 최근에 가장 떠오르고 있는 챗GPT를 활용한 설명 부분도 좋았습니다.

베타 리더 이승현 님

파이썬에 관한 기초 지식도 다시 되짚어 보고 예리한 시각으로 코드를 읽는 능력도 기르게 되어 많은 걸 얻어 간 기분입니다.

베타 리더 오병현 님

파이썬 편부터 굉장히 좋은 책이라고 느껴 이번 베타 리더를 신청했습니다. 역시 이번 C언어 편도 기대를 저버리지 않고 내용을 더욱 업그레이드하여 돌아왔더군요. 개념이 머릿속으로 자동으로 정리되는 기분을 느낄 수 있었습니다. 챗GPT, 더 보기 등의 코너를 거치면서 C언어와 좀 더 가까워질 수 있는 시간을 가졌고, 다양한 문제에 직면하면서 나만의 포트폴리오가 완성되는 뿌듯함도 느낄 수 있었습니다.

"초등학생이나 중학생도, 비전공자도 문제 없이 읽을 수 있을 정도로 쉽게 C언어를 설명한 책입니다!"

베타 리더 신지훈 님

학원에서 코딩을 가르치는 강사입니다. C언어는 초등학생이나 중학생에게는 다소 난이도가 있어서 코딩을 처음 시작하는 친구들에게는 파이썬으로 입문을 시키는데, 이 정도로 쉬운 설명이면 학원에서 기초반을 대상으로 c언어의 전체적인 흐름을 파악시키기에 굉장히 좋은 것 같습니다.

베타 리더 이용재 님

개발 분야에 입문하고자 하는 사람으로서, C언어를 전반적으로 이해하기에 적합해 만족스러웠습니다. 비전공자이기에 스스로 컴퓨터 언어를 학습하고 있는지에 대한 확신이 부족했고, 내가 어느 정도 실력을 갖고 있는지 평가하기 어려워 고민이 있었는데, 이 책을 통해 C언어의 기초를 다시 공부함으로써 내가 모르고 있던 부분을 하나씩 확인할 수 있었던 점이 마음에 들었습니다. 이 책은 전공자에게 체계적인 개념 설명을 통해 기초를 다지는 데 도움을 줄 뿐만 아니라, 비전공자가 C언어에 입문하는 용도로 적합한 도서임을 확신합니다.

베타 리더 미레도레 님

입문자를 위해 많이 배려하는 도서입니다. 글의 내용도 쉽게 전달하기 위해 가독성이 좋고, 디자인도 컬러풀해서 입문자가 보기에 부담이 적습니다.

베타 리더 윤예나 님

C언어 입문서라는 말에 맞게 기본적이고 쉬운 개념을 이해하기 쉽게 풀어낸 것 같습니다. 정말 사소한 부분도 하나하나 자세히 설명해주는 점에서 초보자에게 친절한 입문서라고 느꼈습니다. 또한 포트폴리오를 난이도 별로 분류해서 처음부터 기본기를 차근차근 쌓아 올릴 수 있게 구성된 점이 좋았습니다.

베타 리더 조하율 님

기본적인 코드 문법을 상기시키며 지식을 재정립할 수 있었습니다. 그리고 카멜 케이스 규칙 등 변수 이름 규칙을 만들기를 권장하는 내용은 들어 보았으나 중요하게 생각하지 않고 넘겼었는데, 이 책을 읽으며 제대로 짚게 되었습니다. 앞으로 이런 규칙들을 지키며 다른 프로그래머들과의 소통에 도움이 될 수 있도록 코드를 작성할 예정입니다.

베타 리더 주지연 님

대학생때 수업에서 코딩을 배운 적이 있습니다. 책의 내용이 입문자도 이해하기 쉽게 쓰여 있어서 읽기에 불편함이 없었습니다. QR코드를 통해 핸드폰으로 추가 설명을 읽을 수 있는 점이 좋았습니다.

▌ 이 책을 함께 만든 베타 리더

「김변수와 시작하는 코딩생활 with C언어」 책이 만들어지기까지 15명의 독자가 함께 수고해 주셨습니다.
김정현, 미레도레, 손하림, 송수빈, 신은시, 신지훈, 윤예나, 이승현, 이용재, 이은서, 정유현, 조유열, 주지연, 허유정님께서 보내주신 의견을 바탕으로 더욱 좋은 원고로 만들어 출간합니다. 참여해 주신 모든 분께 감사드립니다.

프로그래밍에 대한 수요는 늘고 있지만 프로그래밍을 공부하는 사람들을 위한 커뮤니티가 없다는 것을 알고 처음에는 가벼운 마음으로 만들었던 네이버 카페 〈코뮤니티〉가 벌써 30,000명의 회원을 앞두고 있습니다. 4년이 넘는 시간동안 〈코뮤니티〉 안에서 회원들이 서로 지식을 공유하고, 질문하는 열정 덕분에 살아 숨쉬는 커뮤니티가 될 수 있었고, 그 덕분에 이만큼 성장할 수 있었습니다.

2022년 3월 25일 발행된 '김변수와 시작하는 코딩생활 with 파이썬'의 관심에 힘입어 후속 시리즈로 C언어 프로그래밍 학습 책을 발행할 수 있었습니다. 〈코뮤니티〉와 독자 여러분의 꾸준한 관심과 사랑에 늘 감사드리는 요즘입니다.

이번 책에는 〈코뮤니티〉의 30,000명의 회원들에게 C언어 프로그래밍 학습 콘텐츠를 제공하며 만난 다양한 질문들과 70,000개 이상의 질문과 답변이 있는 Q&A 게시판을 운영하며 회원들이 C언어를 배우며 겪는 어려움, 반드시 물어보는 질문들, 헷갈리는 개념과 자주 하는 실수 등을 정리하여 담았습니다.

〈코뮤니티〉 '모각코(모여서 각자 코딩)' 과정을 수료한 회원들의 후기를 보면 "매일 매일 코딩 공부를 하니 습관이 되었다.", "다른 사람이 공유한 코드를 보며 '저런 식으로 문제를 풀 수도 있구나'하고 깨달으면서 혼자 공부하는 것보다 더 많은 것을 배울 수 있었다."라는 이야기를 어렵지 않게 찾을 수 있습니다. 이번 책에서는 이러한 소통을 위해 온라인 학습 플랫폼 〈Copool〉을 QR코드 형태로 함께 남겨두었으며, 〈Copool〉에서 책의 심화 내용을 확인하고, 다른 사람들과의 소통을 함께 이어갈 수 있을 것입니다.

저희는 모각코와 코드메이트(프로그래밍 포트폴리오 제작 및 공유 사이트)를 거쳐 새로운 교육과 학습의 패러다임을 제시하기 위해 노력하고 있습니다. 새로운 학습 플랫폼 〈Copool〉에서 여러분의 코드를 정리하여 포트폴리오 형태로 정리하고 이를 함께 공유하며 학습을 진행해 보세요.

여러분도 〈코뮤니티〉에서 소통하는 공부를 통해 코딩의 재미를 깨닫게 된 다른 분들처럼 이 책을 통해 프로그래밍 언어에 한 걸음 가까워질 수 있길, 또한 자신의 학습을 정리하고 기록하여 유의미한 자산이 될 수 있길 기원합니다.

이 책은 〈코뮤니티〉의 모든 회원과 〈코드메이트〉, 〈Copool〉의 모든 참여자들과 함께 썼다고 해도 과언이 아닙니다. 모든 분들께 감사한 마음을 전합니다.

✻ 코뮤니티 : https://cafe.naver.com/codeuniv
✻ Copool (코풀) : https://copool.kr

▶▶ 코딩 메이트 '김변수'

〈코뮤니티〉의 마스코트 김변수 씨를 소개합니다. 김변수 씨는 여러분과 같이 코딩을 공부하면서 오류를 만나면 슬퍼하고, 가끔 오류 없이 프로그램이 돌아가면 내심 좋아하며 놀라는 평범한 캐릭터입니다.

여러분보다 조금 더 일찍 C언어를 공부한 경험을 바탕으로 김변수 씨는 여러분이 C언어를 쉽고 재미있게 공부할 수 있도록 도와줄 것입니다. 김변수 씨와 함께 재미있는 C언어 공부를 시작해 볼까요?

⟫ 코딩 메이트 '아코'

〈코뮤니티〉의 새로운 마스코트 아코를 소개합니다. 아코는 원래 김변수씨의 컴퓨터였습니다. 김변수씨가 챗GPT와 같은 생성형 AI를 실행시키다가 김변수씨의 답답한 코드를 보고 이를 해결하기 위해 스스로 진화한 AI 컴퓨터 로봇입니다.

아코는 재미있는 프로그램과 내용을 생성할 수 있는 똑똑하고 귀여운 AI 로봇입니다. 여러분과 함께 C언어를 공부하며 좋은 코드와 재미있는 프로그램을 만들어주며, 공부하는 방법을 알려줄 것입니다. 아코와 함께 생성형 AI를 사용하는 방법도 같이 익혀 볼까요?

김변수의 AI친구 아코를 소개합니다.

김변수의 컴퓨터
안에서 살고 있어요.

변수 때문에 울고 웃지만
변수가 찾으면
언제든지 달려갑니다.

워워..
진정해
CPU..

변수 때문에 오늘도
화가 나는 우리 아코ㅠㅠ
(전기료로 복수할 거야!)

ACO GPT

코린이 변수를 위해
코딩 전용 GPT까지 만듦.
정작 변수는 사용 안 함..ㅠ

이 책은 크게 개념 파트와 문제 파트로 나뉘어 있습니다. **PART 1** 개념 파트는 어렵고 낯선 용어 설명은 최대한 배제하고 실제 코드와 간단한 문제 풀이를 통해 C언어 기초 개념을 이해하기 쉽게 구성했습니다.

PART 1 개념 파트

코드와 실행 결과
본문의 문법 설명을 도와주는 코드와 실행 예시입니다. 귀찮아도 코드를 직접 적고 출력해서 결과를 확인해 보는 과정을 거친다면 실력이 더 빠르게 늘 것입니다.

잠깐!
코뮤니티 Q&A와 모각코 과정을 운영한 경험을 토대로 C언어나 코딩을 처음 접한다면 누구나 물어보는 질문을 적었습니다. 친절한 김변수 씨가 질문에 답변해 드립니다.

문제로 익히는 개념
개념을 제대로 익혔는지 스스로 체크할 수 있는 간단한 문제입니다. 객관식, 주관식, 코드 순서 맞추기 등 다양한 문제를 통해 기초를 탄탄하게 다져보세요!

핵심 정리
챕터의 마지막에는 항상 핵심 정리가 있습니다. 챕터에서 배운 내용에서 요점만 정리해 모아 놓았습니다.

개념 다지기
챕터별로 소개된 개념을 얼마나 이해했는지 자가 점검할 수 있는 문제입니다. 문제를 직접 풀어보면서 놓친 개념은 없는지 스스로 확인해 보세요.

변수의 추천 과제
해당 챕터를 공부했다면 풀 수 있는 PART 2의 문제를 적어 놓았습니다. 뒤로 갈수록 풀 수 있는 문제가 점점 더 많아집니다. 개념을 제대로 이해했는지 궁금하다면, 또는 공부한 개념을 토대로 프로그램을 짜보고 싶다면 꼭 도전해 보세요!

챗GPT와 함께하는 코딩 학습
김변수 씨가 공부 중 궁금했던 부분이나, 만들고 싶은 코드같은 것들을 생성형 AI인 챗GPT에게 부탁하여 확인해 보는 부분입니다. 앞으로도 모르는 부분이 있으면 종종 챗GPT를 활용해 보세요!

PART 2 문제 파트는 문제에 대한 힌트, 여러 가지 해결 코드, 코드별 코멘트까지 함께 담아 여러분이 다양한 문제 해결 과정을 꼼꼼히 살펴볼 수 있게 구성했습니다.

PART **2** 문제 파트

난이도

문제 파트는 총 3단계 난이도로 구성되어 있습니다. 여러분의 학습 이해도에 맞는 문제를 골라 풀 수 있습니다.

- ◆ 난이도 하 : PART 1에서 소개된 기본 개념을 이해했다면 충분히 풀 수 있는 문제입니다.
- ◆ 난이도 중 : 여러 개념을 융합해 풀어야 하는 활용 문제입니다. 어떻게 풀어야 할지 곰곰이 생각해 보세요!
- ◆ 난이도 상 : C언어를 마스터할 수 있는 도전 문제입니다. 포기하지 않고 풀다 보면 코딩 실력이 한 단계 더 성장할 거예요!

문제

문제에 대한 설명입니다. 문제에 답이 있을 수 있으니 내용을 꼼꼼하게 읽어 보세요!

변수의 힌트

문제가 어렵게 느껴질 때마다 김변수 씨가 힌트를 줍니다. 처음에는 힌트를 가리고 문제를 풀다가 막히거나 모르겠을 때 힌트를 살짝 보면 도움이 될 것입니다.

복습이 필요하다면?

김변수 씨가 준 힌트로도 부족하다면 개념 이해가 부족하다는 뜻입니다. 그럴 때는 관련된 PART1의 챕터로 돌아가 개념을 복습한 후 다시 문제를 풀어 보세요!

변수와 함께하는 포트폴리오 리뷰

문제에 대한 답은 여러 가지일 수 있습니다. 〈코뮤니티〉 회원들이 풀었던 문제에 대한 답변, 가장 자주 하는 실수들, 좋은 답변 등을 모아 김변수 씨와 함께 살펴봅니다. 다른 사람들의 코드와 코멘트를 보며 여러분만의 답안을 작성한다면 금방 실력이 늘 것입니다.

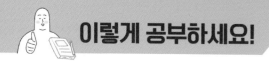
이렇게 공부하세요!

여러분의 취향이나 상황에 따라 15일 과정과 30일 과정 중 하나를 선택해 진행할 수 있습니다. 개념을 익히는 동시에 문제를 풀어도 좋고, 개념을 모두 익힌 후에 문제를 풀며 복습해 나가도 좋습니다. 짧은 시간 안에 C언어 기초를 습득해야 한다면 개념 이해에 집중할 수 있는 15일 과정을, 학습 기간에 여유를 두고 기초를 탄탄하게 다지고 싶다면 30일 과정을 추천합니다.

15일 과정

짧은 시간 안에 개념을 공부하고 바로 문제를 푸는 것에 집중하는 일정입니다. 문제는 몇 개만 골라서 풀어도 괜찮습니다. 개념을 이해하는 것을 목적으로 두고 문제는 가능한 만큼만 풀어 보세요.

Day1	Day2	Day3	Day4	Day5
개념 1. C언어, 너는 누구냐! 2. 변수와 자료형 ~ 2-5. 변수 이름 규칙까지 문제 1-1. 플래너 만들기	개념 2-6. [더 알아보기] 부동 소수점 3. 표준 입출력 문제 1-2. 자료형 마스터! 1-9. 0000년에 나는 몇 살일까?	개념 4. 연산자 문제 1-5. 색칠한 블록 3-5. 곱셈 답지 만들기	개념 5. 함수 문제 2-6. 피보나치 수 3-3. 팩토리얼 구현하기	개념 6-1. 조건문 6-2. if 조건문 6-3. else if와 조건문 문제 1-6. 알파벳 사이의 거리 1-8. 홀짝 구분하기

Day6	Day7	Day8	Day9	Day10
개념 6-4. switch 조건문 6-5. [더 알아보기] switch문과 if문의 장점 비교 문제 2-9. 점수에 따른 등급 산출하기	개념 7-1. 반복문을 왜 사용해야 할까 7-2. for 반복문 문제 1-3. 시험 점수의 평균 구하기 2-1. 두 숫자 사이의 n의 배수 찾기	개념 7-3. while 반복문 7-4. 중첩 반복문 7-5. [더 알아보기] break문과 continue 제어문 문제 1-10. 미리 쓰는 반성문 3-1. 원래 숫자 구하기	문제 1-7. 도전 별 찍기 피라미드! 2-2. 두 숫자 사이의 소수 찾기 2-5. 거꾸로 피라미드 만들기 3-4. 도전 별 찍기!	개념 8-1. 배열이란? 8-2. 반복문과 배열 문제 2-3. 파스칼의 삼각형 2-10. 도전! 스도쿠! 3-8. 컴퓨터 사용 시간 구분하기

Day11	Day12	Day13	Day14	Day15
개념 8-3. 문자열이란? 8-4. 문자열 활용 8-5. [더 알아보기] 동적 메모리 할당 문제 1-4. O, X 퀴즈의 결과는? 2-4. 문자열 부풀리기 3-7. 끝말잇기	개념 9-1. 포인터란? 9-2. 주소 연산자 & 9-3. 포인터를 선언하고 사용하기 문제 3-2. 수 정렬하기	개념 9-4. 다중 포인터 9-5. 함수 매개변수에 포인터 사용하기 9-6. [더 알아보기] 포인터와 배열의 관계 문제 2-7. 카드 섞기	개념 10-1. 구조체란? 10-2. 구조체 변수를 선언하고 사용하기 문제 2-8. 학생 관리 시스템	개념 10-3. 공용체 10-4. 열거체 10-5. [더 알아보기] 구조체 포인터 문제 3-6. 영수증 확인하기

30일 과정

개념을 먼저 익히고 모든 문제를 풀며 복습하는 일정입니다. 많은 문제를 풀며 제대로 된 포트폴리오를 만들고 싶다면 아래의 일정을 따라서 공부해 보세요.

Day1	Day2	Day3	Day4	Day5
개념 1. C언어, 너는 누구냐! 문제 1-1. 플래너 만들기	개념 2. 변수와 자료형	개념 3-1. 표준 입출력이란? 3-2. 표준 출력 함수 3-3. 형식 지정자 문제 1-2. 자료형 마스터!	개념 3-4. 표준 입력 함수 3-5. 더 알아보기 형 변환 문제 1-9. 0000년에 나는 몇 살일까?	개념 4-1. 연산자의 종류 4-2. 산술 연산자 4-3. 관계 연산자 문제 1-5. 색칠한 블록

Day6	Day7	Day8	Day9	Day10
개념 4-4. 논리 연산자 4-5. 증감 연산자 4-6. 더 알아보기 비트 연산자 문제 3-5. 곱셈 답지 만들기	개념 5. 함수	문제 2-6. 피보나치 수 3-3. 팩토리얼 구현하기	개념 6-1. 조건문 6-2. if 조건문 6-3. else if와 조건문	문제 1-6. 알파벳 사이의 거리 1-8. 홀짝 구분하기

Day11	Day12	Day13	Day14	Day15
개념 6-4. switch 조건문 6-5. 더 알아보기 switch문과 if문의 장점 비교	문제 2-9. 점수에 따른 등급 산출하기	개념 7-1. 반복문을 왜 사용해야 할까 7-2. for 반복문	문제 1-3. 시험 점수의 평균 구하기 2-1. 두 숫자 사이의 n의 배수 찾기	개념 7-3. while 반복문 7-4. 중첩 반복문 7-5. 더 알아보기 break문과 continue 제어문

Day16	Day17	Day18	Day19	Day20
문제 1-10. 미리 쓰는 반성문 3-1. 원래 숫자 구하기	문제 1-7. 도전! 별 찍기 피라미드! 2-5. 거꾸로 피라미드 만들기	문제 2-2. 두 숫자 사이의 소수 찾기 3-4. 도전! 별 찍기!	개념 8-1. 배열이란? 8-2. 반복문과 배열	문제 2-3. 파스칼의 삼각형 2-10. 도전! 스도쿠! 3-8. 컴퓨터 사용 시간 구분하기

Day21	Day22	Day23	Day24	Day25
개념 8-3. 문자열이란? 8-4. 문자열 활용 8-5. 더 알아보기 동적 메모리 할당	문제 1-4. O, X 퀴즈의 결과는? 2-4. 문자열 부풀리기 3-7. 끝말잇기	개념 9-1. 포인터란? 9-2. 주소 연산자 & 9-3. 포인터를 선언하고 사용하기	개념 9-4. 다중 포인터 문제 3-2. 수 정렬하기	개념 9-5. 함수 매개변수에 포인터 사용하기 9-6. 더 알아보기 포인터와 배열의 관계

Day26	Day27	Day28	Day29	Day30
개념 10-1. 구조체라? 문제 2-7. 카드 섞기	개념 10-2. 구조체 변수를 선언하고 사용하기 문제 2-8. 학생 관리 시스템	개념 10-3. 공용체 10-4. 열거체	개념 10-5. 더 알아보기 구조체포인터 문제 3-6. 영수증 확인하기	문제 (복습) 3-2. 수 정렬하기 3-3. 팩토리얼 구현하기 3-7. 끝말잇기 3-15. 오름차순 정렬하기 3-16. 2022년 a월 b일은 무슨 요일

차례 CONTENTS

CHAPTER **3** 난이도 상(★★★) 프로젝트   439

PART **1**

김변수와 시작하는 코딩생활 with C언어

변수와 함께 배우는
C언어 왕기초

PART 1에서는 김변수와 함께 C언어의 개념을 처음부터 차근차근 배워 나갑니다.
간단하지만 명료한 개념 설명, 직접 따라 해 볼 수 있는 다양한 예시와 이해를 돕는
예제, 마지막으로 개념이 쏙쏙 이해되는 재미있는 문제들까지!

C언어 왕기초에서 탈출할 수 있도록 변수와 함께 C언어 기초 개념부터 탄탄히 쌓아
보세요!

반가워요

김변수와 시작하는 코딩생활 with C언어

CHAPTER 1

C언어, 너는 누구냐!

"C언어로 코딩을 시작해 볼까?"

1-1
C언어를 왜 배울까?

　C언어는 프로그래밍 언어의 한 종류입니다. 프로그래밍 언어는 컴퓨터와 사람이 서로 대화할 수 있도록 만들어 주는 언어입니다. 사람들이 한국어나 영어 같은 인간의 언어를 가지고 소통하는 것처럼 컴퓨터와 사람은 프로그래밍 언어를 통해 소통합니다. 컴퓨터에게 특정 기능을 요청할 때 프로그래밍 언어를 통해 컴퓨터와 소통할 수 있습니다. 또한 사람의 언어에 한국어, 영어, 불어 등 다양한 언어가 있듯이 프로그래밍 언어에도 많은 종류가 있습니다.

　수많은 언어 중에서 우리는 C언어를 왜 배울까요? 사실 C언어는 초보자가 배우기에 어려운 언어 중 하나로 꼽힙니다. 만들어진 지 50년도 더 되었고, 인간이 다루기에 쉽지 않습니다. 하지만 세계적으로 많이 사용하는 프로그래밍 언어를 꼽으면 순위권 내에 늘 C언어가 포함되어 있습니다. 파이썬처럼 처음 배우기에 쉬운 언어도 많고 인간이 다루기 쉬운 프로그래밍 언어가 계속 개발되고 있는데 왜 사람들은 50년도 더 된, 어려운 이 언어를 아직도 사용하고 있을까요? 그 이유를 C언어의 특징과 함께 알아봅시다.

(1) C언어는 빠르다!

　C언어의 가장 큰 장점은 속도가 빠르다는 것입니다. C언어는 윈도우(Windows), 리눅스(Linux)와 같은 운영체제나 빠르게 동작해야 하는 게임을 만들 때 사용됩니다. C언어로 다른 프로그래밍 언어를 만들 수도 있습니다.

　파이썬도 사실은 C언어를 기반으로 만들어진 언어입니다. 그렇기 때문에 파이썬은 C언어와 비슷한 기능을 가집니다. 하지만 인간에게 친숙하게 만들어진 파이썬은 컴퓨터가 이해하고 인간의 요청을 들어주기까지 시간이 오래 걸리고 그 과정이 매우 복잡합니다. 반면, C언어는 인간보다는 컴퓨터에게 친화적이기 때문에 컴퓨터가 빠르게 요구 사항을 알아듣고 인간의 요청에 응답할 수 있습니다. C언어는 컴퓨터가 쉽게 해석할 수 있는 구조를 가졌으며, 평균적으로 파이썬보다 10배 이상 빠른 성능을 보여 줍니다.

(2) C언어를 배우면 프로그래밍의 기초를 다질 수 있다!

여전히 많은 교육기관에서 프로그래밍 입문 언어로 C언어를 추천합니다. 가장 큰 이유는 C언어를 통해 컴퓨터의 구성을 자연스럽게 배울 수 있기 때문입니다. C언어를 통해 컴퓨터를 구성하는 작은 단위의 구조부터 컴퓨터가 어떤 방식으로 동작하는지에 대한 원리까지 배울 수 있습니다.

코드 ▷ **C언어로 작성한 코드**

```
1  #include <stdio.h>
2
3  int main(){
4      printf("Hello, World!\n");
5
6      return 0;
7  }
```

코드 ▷ **파이썬으로 작성한 코드**

```
1  print("Hello, World!");
```

위의 두 코드는 프로그래밍 언어를 배우면 보게 될 아주 기본적인 코드로, 실행 시 'Hello, World!'라는 문구를 출력하는 예제입니다. 왼쪽은 C언어로 작성한 코드이고 오른쪽은 파이썬으로 작성한 코드입니다. 두 언어로 같은 결과를 만들려면 파이썬은 한 줄로도 가능하지만 C언어는 다섯 줄 이상의 코드를 작성해야 합니다. 코드가 길어지지만 좋은 점도 있습니다. 파이썬과 달리 C언어 코드에는 각 줄마다 컴퓨터 동작을 이해할 수 있는 개념들이 내포되어 있습니다. 따라서 위의 C언어 코드를 모두 이해한다면 아주 많은 컴퓨터 구성의 원리 개념을 이해하는 것과 같습니다. 이러한 특징으로 인해 C언어를 제대로 학습해 놓으면 다른 프로그래밍 언어나 개발 도구를 사용하더라도 쉽게 진입할 수 있습니다.

(3) C언어는 대중적이다!

C언어는 가볍지만 뛰어난 성능을 가지고 있어 몇 십 년 동안 다양한 분야에서 사용되고 있습니다. C언어는 가볍기 때문에 프로그램을 실행할 때 메모리 같은 자원이 적게 들고, 앞서 말한 것처럼 운영체제(OS, Operating System)를 만드는 데 사용됩니다. 또한, 기계 설비에 들어가는 시스템도 C언어로 만들어지는 경우가 많습니다. 예를 들어, 의료용 기기가 사람의 심박수를 측정하는 기능을 할 때, 해당 기능을 실행하는 부품에 들어가는 소프트웨어는 C언어로 만들어집니다.

운영체제는 컴퓨터의 다양한 기능을 동작시키는 컴퓨터의 주요한 요소입니다. 윈도우(Windows), 리눅스(Linux), iOS, 안드로이드(Android) 등이 모두 운영체제에 속합니다.

1-2
C언어는 어떻게 탄생했을까?

언어는 어떻게 만들어질까요? 사람의 언어는 통상적으로 문명이 발전함에 따라 자연스럽게 만들어지고 발전합니다. 하지만 프로그래밍 언어는 사람과 컴퓨터의 소통이라는 의도를 갖고 만든 새로운 언어 체계라고 볼 수 있습니다. C언어 또한 컴퓨터와 소통하기 위해 1972년에 켄 톰슨과 데니스 리치가 만든 새로운 언어입니다.

두 사람은 벨 연구소에서 일하던 당시 운영체제 중 하나인 유닉스(UNIX)를 개발하기 위해 언어를 만들었고, 그 언어가 바로 C언어입니다. 켄 톰슨은 기존에 사용하고 있었던 BCPL이라는 언어를 개선하여 그것을 벨 연구소의 첫 글자를 따서 B언어라는 이름을 붙였습니다. 이후에 데니스 리치가 B언어의 불편한 점과 효율성을 개선하여 C언어를 만들었습니다.

C언어가 컴퓨터 자체를 동작시키는 운영체제를 위해 만들어졌다는 점에서 프로그래밍 언어 중 소위 '조상'이라고 불리는 이유를 알 수 있을 것입니다. 추후 만들어진 C++, C#, 자바(Java), 파이썬(Python), 루비(Ruby) 등의 언어는 모두 C언어에서 발전된 언어입니다.

● 터미널은 사용자가 컴퓨터에 직접 명령할 수 있는 창입니다. 과거에는 키보드와 모니터만 있는 단말기를
의미했지만, 요즘에는 컴퓨터 프로그램으로 구현된 터미널을 사용합니다.

C언어를 사용할 때, 터미널 창을 사용해도 좋지만 코드 에디터를 사용해야 편리하게 코드를 작성할 수 있습니다. 터미널 창은 코드의 양이 길어지거나 복잡해질수록 사용하기가 힘들기 때문에 보통은 코드 에디터를 사용합니다.

코드 에디터란 '기능이 많은 메모장'이라고 생각하면 됩니다. 코드를 작성할 수도, 원하는 파일을 불러와서 열 수도, 원하는 폴더를 불러와서 열 수도 있습니다. C언어 코드를 작성할 때는 주로 Visual Studio, Visual Studio Code, Dev C++라는 코드 에디터를 사용합니다.

어떤 에디터를 사용할지 고르기 전에 먼저 '컴파일러'에 대해 알아 두어야 합니다. 에디터에 따라 컴파일러를 직접 설치해야 하는 경우도 있기 때문이죠. 간단히 말해 컴파일러란 '우리가 작성한 코드를 컴퓨터가 이해할 수 있는 언어로 번역해 주는 프로그램'입니다. C언어를 사용할 때도 마찬가지로 전용 컴파일러를 통해 C언어 코드를 컴퓨터가 알아들을 수 있는 언어로 옮기는 작업이 필요합니다.

앞서 말한 에디터 중 Visual Studio, Dev C++를 사용할 경우 컴파일러를 직접 설치하지 않아도 되지만 Visual Studio Code를 사용하기 위해서는 컴파일러를 설치해야 합니다.

그러면 'Visual Studio, Dev C++가 더 좋은 에디터인가?'라는 생각이 들 수도 있습니다. 하지만 에디터마다 장단점이 있습니다. 장단점을 비교하면 다음과 같습니다.

코드 에디터	장점	단점
Visual Studio	• 다른 환경 설정이 필요 없고, C언어 개발용 기능이 많음. • 윈도우, 맥 둘 다 사용 가능.	• 용량이 매우 크고, 설치하기 위해 Microsoft 계정이 꼭 필요.
Dev C++	• 용량이 크지 않아 가볍고, 설치가 쉬움.	• 많이 사용하는 gcc 컴파일러와 다른 결과가 나오기도 함(문법적인 이슈). • 윈도우 사용 가능, 맥 사용 불가능.
Visual Studio Code	• 설치가 간편하고, 많이 사용됨. • 윈도우, 맥 둘 다 사용 가능.	• 윈도우의 경우 컴파일러 설치 및 환경 변수 등록 과정이 필요.

이 책에서는 Visual Studio Code를 사용하는 방법을 설명합니다.

 다른 코드 에디터를 쓰면 안 되나요?

Visual Studio Code 이외에 앞서 말한 Visual Studio나 Dev C++를 이미 사용하고 있거나 다른 에디터를 사용하고 싶은 경우 원하는 에디터를 사용하면 됩니다.

 윈도우에서 Visual Studio Code 설치하기

(1) Visual Studio Code 설치 사이트 접속

Visual Studio Code 공식 사이트(https://code.visualstudio.com)에 접속합니다.

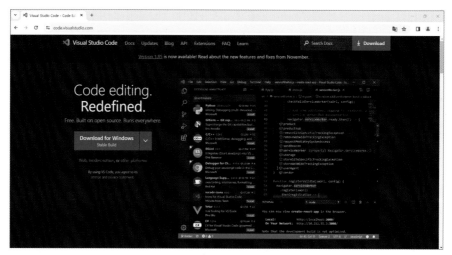

〈그림 1-3-1〉

(2) 프로그램 설치

Download for Windows를 클릭하면 자동으로 환경에 맞춰 다운로드가 진행됩니다. 다운로드된 실행 파일(.exe)을 열면 설치 과정이 진행됩니다.

(3) 프로그램 실행

설치된 Visual Studio Code 프로그램을 실행하면 아래의 이미지와 같은 창이 뜹니다. 바탕 화면에 바로가기 만들기를 체크하면 바탕 화면에 Visual Studio Code를 볼 수 있습니다.

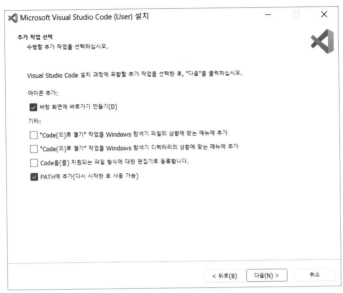

〈그림 1-3-2〉

'다음' 버튼을 누른 후 '설치' 버튼을 누르면 아래와 같이 설치 화면을 볼 수 있습니다.

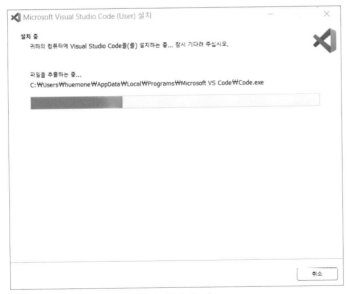

〈그림 1-3-3〉

설치되고 나면 바로 '실행'을 클릭하고 설치를 완료합니다. 아래와 같이 Visual Studio Code가 정상적으로 열리면 성공입니다.

〈그림 1-3-4〉

(4) 확장 프로그램 설치

에디터에서 C언어를 작성하기 위해서는 Microsoft에서 제공하는 C/C++ Extension Pack이 필요합니다. 좌측 IDE 툴바에서 Extension Marketplace 아이콘(⌗)을 클릭하고 'c'를 검색합니다. 목록에 표시된 C/C++ Extension Pack을 'Install' 버튼을 눌러 설치해 줍니다.

〈그림 1-3-5〉

또한, 코드를 실행하기 위해 Code Runner라는 확장 프로그램이 필요합니다. 해당 프로그램도 같은 방식으로 설치해 줍니다.

〈그림 1-3-6〉

이렇게 C/C++ Extension Pack과 Code Runner라는 두 확장 프로그램을 설치 완료했습니다.

(5) MinGW 프로그램 설치 사이트 접속

이제 컴파일러를 설치할 것입니다. C/C++ 컴파일러인 gcc와 g++를 설치하기 위해 MinGW 프로그램 설치 사이트(https://sourceforge.net/projects/mingw/)에 접속합니다.

MinGW는 Minimalist GNU for Windows의 약자로, 윈도우 운영체제상에서 gcc를 사용할 수 있도록 돕는 소프트웨어 도구 모음입니다.

〈그림 1-3-7〉

(6) MinGW 설치

'Download' 버튼을 클릭하면 실행 파일(.exe)이 다운로드됩니다. 해당 파일을 누르면 화면에 다음과 같은 창이 뜹니다.

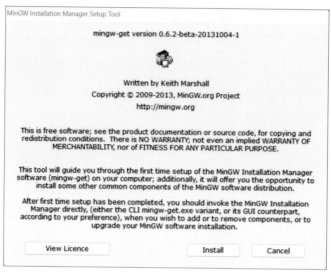

〈그림 1-3-8〉

'Install' 버튼에 이어 'Continue' 버튼을 눌러 설치를 진행합니다. 설치 과정 중 나타난 MinGW Installation Manager 창에서는 다음 네 가지를 체크해야 합니다.

- ☑ mingw-developer-toolkit
- ☑ mingw32-base
- ☑ mingw32-gcc-g++
- ☑ msys-base

원하는 목록에 마우스 커서를 올리고 우클릭한 뒤 'Mark for installation'을 누르면 다음과 같이 체크됩니다.

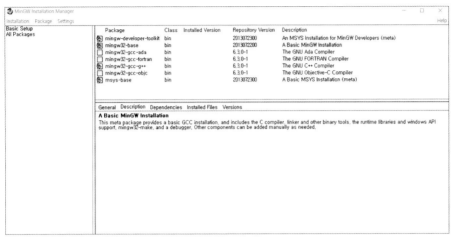

〈그림 1-3-9〉

네 가지 모두 체크한 후에는 좌측 상단의 'Installation' 버튼을 누르고 'Apply Changes'를 선택합니다. 그런 다음 Schedule of Pending Actions 창이 뜨면 'Apply' 버튼을 클릭합니다.

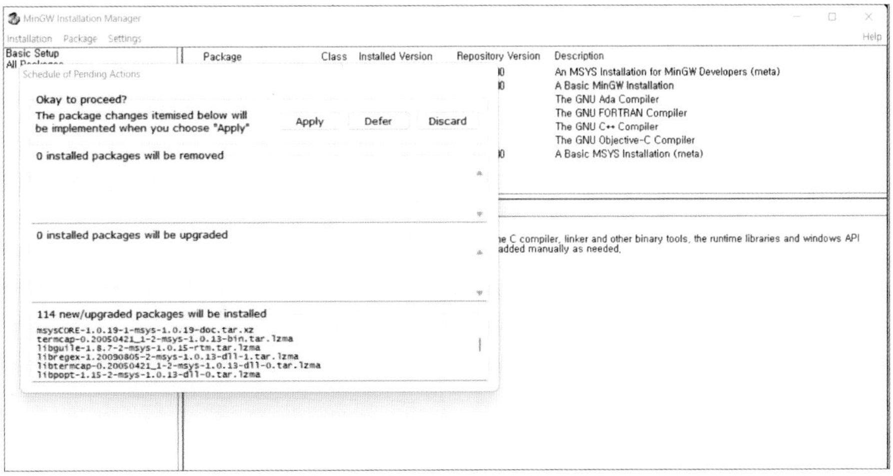

〈그림 1-3-10〉

설치가 완료되면 'Close'를 클릭하고 창을 닫습니다.

(7) 환경 변수 등록하기

제어판 창을 열고 우측 상단의 검색란에 '시스템 환경 변수 편집'을 입력합니다. 그리고 시스템의 '시스템 환경 변수 편집'을 클릭합니다.

〈그림 1-3-11〉

시스템 속성 창이 나타나면 '고급' 탭에 들어가서 '환경 변수' 버튼을 클릭합니다.

〈그림 1-3-12〉

환경 변수 창의 시스템 변수에서 PATH 변수에 해당하는 값을 클릭하고 '편집' 버튼을 클릭합니다.

〈그림 1-3-13〉

환경 변수 편집 창이 나타나면 '새로 만들기' 버튼을 클릭한 뒤 "C:₩MinGW₩bin"을 입력합니다. 그러면 기존에 있던 시스템 변수 값을 유지한 채 방금 입력한 환경 변수가 마지막에 추가됩니다.

〈그림 1-3-14〉

(1) Visual Studio Code 설치 사이트 접속

Visual Studio Code를 검색하고 공식 사이트(https://code.visualstudio.com)에 접속합니다.

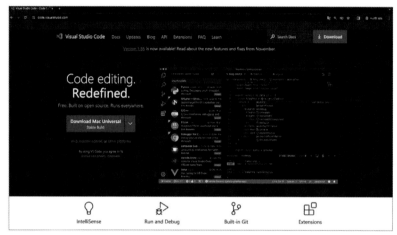

〈그림 1-3-15〉

(2) 프로그램 설치

Download Mac Universal 버튼을 클릭하면 자동으로 환경에 맞는 다운로드 버튼이 뜹니다.

다운로드된 zip 파일의 압축을 풀면 Visual Studio Code가 다운로드된 것을 확인할 수 있습니다.

(3) 프로그램 실행

프로그램을 실행했을 때 다음과 같은 경고 창이 뜰 수도 있습니다.

〈그림 1-3-16〉

이 경우, 시스템 환경설정 〉 보안 및 개인 정보 보호를 클릭합니다. 그리고 해당 창 아래쪽에 있는 '확인 없이 열기' 버튼을 클릭합니다.

〈그림 1-3-17〉

그러면 다음과 같이 Visual Studio Code가 실행된 것을 확인할 수 있습니다.

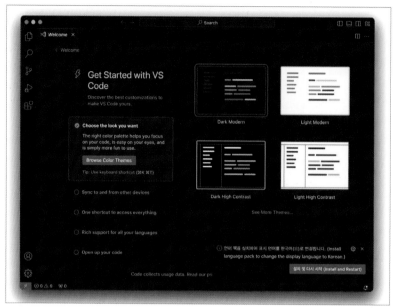

〈그림 1-3-18〉

(4) 확장 프로그램 설치

에디터에서 C언어를 작성하기 위해서는 Microsoft에서 제공하는 C/C++ Extension Pack이 필요합니다. 좌측 IDE 툴바에서 Extension Marketplace 아이콘(🎛)을 클릭하고 'c'를 검색합니다. 목록에 표시된 C/C++ Extension Pack을 'Install' 버튼을 눌러 설치해 줍니다.

〈그림 1-3-19〉

또한, 코드를 실행하기 위해 Code Runner라는 확장 프로그램이 필요합니다. 해당 프로그램도 같은 방식으로 설치해 줍니다.

〈그림 1-3-20〉

이렇게 C/C++ Extension Pack과 Code Runner라는 두 확장 프로그램을 설치 완료했습니다.

1-4
C언어 프로그래밍 시작하기

    본격적으로 C언어를 배우기 전에 C언어가 어떤 식으로 동작하는지 간단하게 살펴보겠습니다. 혹시 드라마나 영화에서 해커들의 컴퓨터 화면이 0과 1로 가득 찬 것을 본 적이 있나요? 이는 컴퓨터가 오직 0과 1로 이루어진 디지털 형태의 언어만 이해할 수 있다는 것을 반영한 장면입니다. 그리고 이처럼 0과 1로 이루어진 언어를 '기계어'라고 부릅니다. 기계어는 컴퓨터 하드웨어가 직접 이해할 수 있는 언어지만 사람에게는 너무 어렵습니다. 컴퓨터와 소통하기 위해 사람이 직접 기계어를 사용하는 것은 어려운 일이죠.

    그래서 우리는 일상적으로 사용하는 언어인 자연어에 가까운 문법으로 컴퓨터와 소통합니다. 프로그래밍 언어에서 자연어에 가까울수록 고급 언어, 기계어에 가까울수록 저급 언어라고 부릅니다. C언어, Java, Python과 같은 프로그래밍 언어는 자연어에 가까운 고급 언어이며, 기계어와 컴퓨터를 직접 제어할 수 있는 어셈블리어는 저급 언어입니다.

    프로그래밍 언어는 인간에게 친숙한 문법을 제공합니다. 따라서 컴퓨터가 이해할 수 있도록 변환하는 과정을 거쳐야 하며, 여기에 컴파일러나 인터프리터가 사용됩니다. 예를 들어 C언어로 작성한 코드를 0과 1로 이루어진 형태로 변환하는 번역 프로그램을 컴파일러(Compiler)라고 합니다.

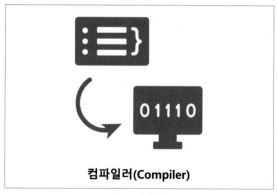

컴파일러(Compiler)

〈그림 1-3-19〉

앞서 Visual Studio Code 설치 전에 잠깐 설명했던 것처럼 컴파일러는 특정 프로그래밍 언어로 작성된 문서 파일을 다른 프로그래밍 언어로 옮기는 번역 프로그램입니다. C언어에서는 gcc, msvc, clang과 같은 컴파일러가 존재하며, 우리가 설치한 Visual Studio Code의 확장 프로그램인 Code Runner는 gcc라는 컴파일러를 사용합니다.

 잠깐 컴파일러는 반드시 gcc를 사용해야 하나요?

다른 컴파일러를 사용해도 괜찮습니다. 다만 컴파일러마다 구문을 해석하는 방식이 조금씩 달라서 결과는 책과 조금 다를 수 있습니다. gcc 컴파일러는 리눅스, 맥, 윈도우 등의 운영체제에서 모두 사용할 수 있어 많이 사용됩니다.

Hello, World! 출력으로 배우는 코드 기초

보통 처음 프로그래밍 언어를 배울 때 'Hello, World!'를 출력하는 코드를 작성하는 것으로 시작합니다. C언어로 'Hello, World!' 문구를 출력하는 코드를 살펴보면서 앞으로 배울 내용에 대해 간단히 알아보겠습니다.

코드 1-4-1   'Hello, World!'를 출력하는 C언어 코드

```
1  #include <stdio.h>
2
3  int main(){
4      printf("Hello, World!\n");
5
6      return 0;
7  }
```

실행 결과	X
Hello World!	

코드의 실행 결과는 아주 간단하지만 코드는 생각보다 복잡하고 많은 내용을 담고 있습니다. 함수, 헤더파일, 변수, 데이터 타입 등 다양한 문법 개념을 알아야 완전히 이해할 수 있죠. 우선 지금은 간단한 문법만 알아보겠습니다.

(1) main 함수

3번 줄부터 7번 줄까지는 main 함수입니다. 앞으로 작성할 모든 C언어 코드에 main 함수가 있을 것입니다. main 함수는 프로그램의 시작점이자 프로그램의 중심입니다. 따라서 하나의 프로그램에 딱 한 개만 있어야 합니다. 함수에 대한 자세한 내용은 〈Chapter 5. 함수〉에서 다룰 예정입니다. 지금은 main 함수가 딱 1개만 있어야 한다는 것만 기억하면 됩니다.

(2) 중괄호

3번 줄과 7번 줄에는 중괄호({})가 있습니다. main 함수는 여는 중괄호({)로 시작해 닫는 중괄호(})로 끝냅니다. 즉, 중괄호로 main 함수의 시작과 끝을 표시했습니다.

코드에서는 중괄호 외에도 대괄호([])와 소괄호(())도 사용되며 괄호의 종류마다 역할도 다릅니다. 모든 괄호는 어떤 요소의 시작과 끝을 나타냅니다.

(3) 세미콜론

4번 줄과 6번 줄에서 코드의 끝에 세미콜론(;)을 적어 주었습니다. 한글에서 마침표(.)로 문장을 끝내듯이 C언어 코드에서는 세미콜론으로 문장이 끝났음을 표시합니다. 세미콜론이 없으면 컴파일러가 끝을 인식하지 못해 컴파일 에러가 발생합니다. 컴파일 에러는 프로그래밍 언어의 문법이 틀린 경우에 발생하는 에러를 의미합니다.

사실 문장의 끝에 세미콜론을 무조건 쓴다기보다는 '특정한 실행 범위가 끝날 때' 세미콜론을 적습니다. 이는 C언어의 다양한 문법을 배우면서 자연스럽게 알게 될 것입니다. 지금은 세미콜론이 끝을 나타낸다는 것만 기억하고 넘어가겠습니다.

(4) 들여쓰기

4번 줄과 6번 줄에서 코드의 앞에 공백이 있는 것을 볼 수 있습니다. 이것을 '들여쓰기'라고 부릅니다. 들여쓰기는 어떤 코드가 포함 관계에 있는지 쉽게 알 수 있게 하며, 더 쉽게 읽을 수 있도록 해 준다는 장점이 있습니다. 들여쓰기는 Tab 키를 통해 작성할 수 있고 Visual Studio Code를 사용하는 경우 에디터에서 기본적으로 지원됩니다. 들여쓰기는 앞으로 가독성이 높은 코드를 작성할 수 있는 가장 기본적인 방법이 될 것입니다.

추후 C언어 공부를 계속하면서 지금 여기서 본 'Hello, World!' 코드를 얼마나 이해할 수 있게 되었는지 체크해 보면 여러분의 C언어 실력이 얼마만큼 성장했는지 알 수 있을 것입니다. 이제 C언어와 함께 컴퓨터 세상에 온 여러분 모두를 환영합니다.

VS Code에 접속해 .c 파일 실행하기

VS Code(Visual Studio Code)에서 C언어 파일을 생성하고 코드를 실행하는 방법을 배워 보겠습니다.

먼저 VS Code 프로그램을 열고 'New File'을 눌러 줍니다. C언어 파일은 .c 확장자를 통해 저장해야 합니다. helloworld.c를 입력하고 Enter 키를 누릅니다.

.c 파일을 만들었으니 간단히 코드를 작성해 보겠습니다.

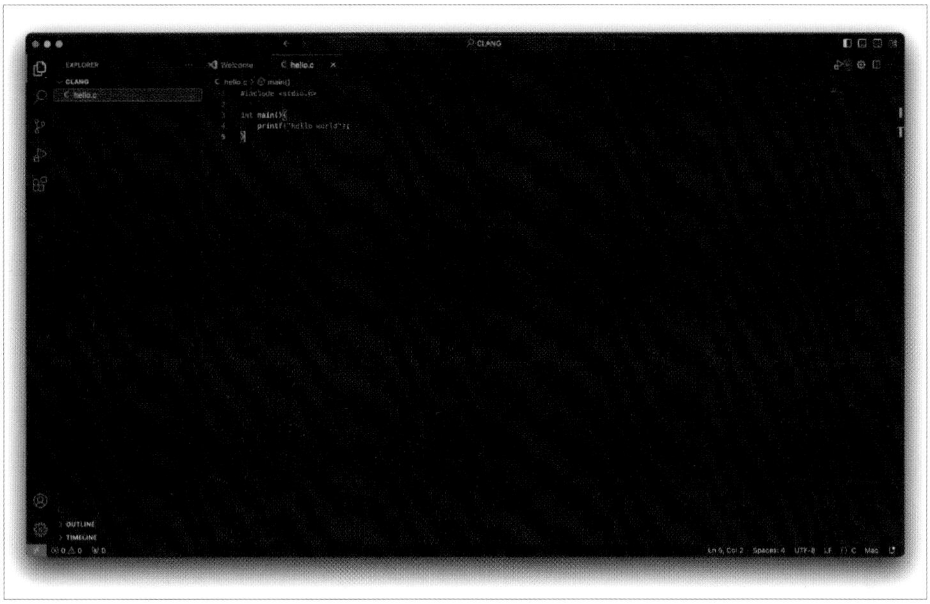

〈그림 1-4-2〉

그런 다음 우측 상단의 실행 버튼(▷) 옆 화살표(⌄)를 클릭하면 아래와 같은 목록이 나타납니다. 그 중 'Run Code'를 클릭하면 코드가 실행됩니다.

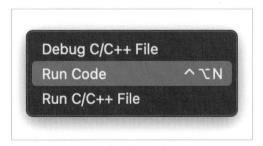

〈그림 1-4-3〉

코드가 실행되고 나서 다음 그림과 같이 하단의 터미널 창에 'hello world'가 뜨면 성공입니다.

〈그림 1-4-4〉

CHAPTER **1** 마무리

핵심 정리

- C언어는 프로그래밍 언어의 한 종류입니다.
- C언어 전용 컴파일러를 설치해야 코드 실행이 가능합니다.
- Visual Studio Code는 코드 에디터 중 하나입니다.
- 파일 확장자를 .c로 저장하면 자동으로 C언어 파일로 인식됩니다.

개념 다지기

1-1. C언어에 대한 설명으로 알맞은 것을 고르세요.

① C언어는 처리 실행 속도가 느려서 잘 사용되지 않는다.
② Python을 기반으로 C언어가 만들어졌다.
③ C언어 다음으로 B언어가 만들어졌다.
④ UNIX 운영체제를 개발하기 위해 만들어진 언어이다.
⑤ C언어는 현재는 사용되지 않는 과거의 언어이다.

1-2. C언어 파일의 확장자로 알맞은 것을 고르세요.

① cpp
② c++
③ c
④ b
⑤ py

변수의 추천 과제

개념을 복습하며 포트폴리오를 만들고 싶다면, 변수의 추천 과제를 해결해 보세요!

난이도	과제	페이지
★	[Part 2] 1-1. 플래너 만들기	362

챗GPT와 함께하는 코딩 학습

챗GPT를 사용하는 방법

　이 책에서는 C언어에 대해 배워 보는 것뿐만 아니라, 생성형 AI인 챗GPT(ChatGPT)를 활용한 학습 방법을 소개할 예정입니다. 챗GPT는 미국의 OpenAI사가 제작한 대화형 인공지능입니다. 우리가 흔히 사용하는 언어의 형태로 질문을 하면, 챗GPT는 미리 학습해 둔 지식을 활용하여 자연어 형태로 답해 줍니다.

　코딩을 처음 공부하다 보면 막히는 부분이 꽤 있습니다. 그럴 때 챗GPT를 활용하면 코딩 관련 문제 상황에 대한 신속하고 정확한 답변을 받을 수 있습니다. 또한 어려운 코딩 개념을 이해하는 데 도움이 되는 추가 설명이나 예시를 요청해 볼 수도 있죠. 이런 식으로 코딩 학습에 도움을 받을 수 있기 때문에 이 책에서는 PART 1의 매 챕터 마지막 부분에서 챗GPT를 활용하는 방법을 배워 볼 것입니다.

　가장 먼저 챗GPT 사이트(https://chat.openai.com/)에 접속합니다.

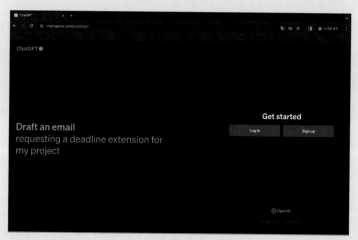

〈그림 1-gpt-1〉

계정이 없다면 'Sign up' 버튼을 누르고 이메일 또는 Google 계정 등을 이용해 가입해 주세요.

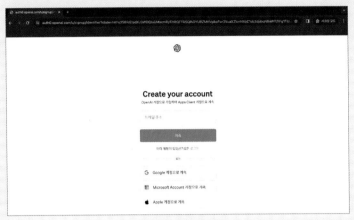

〈그림 1-gpt-2〉

계정을 생성하고 로그인을 진행하면 다음과 같은 화면을 볼 수 있습니다.

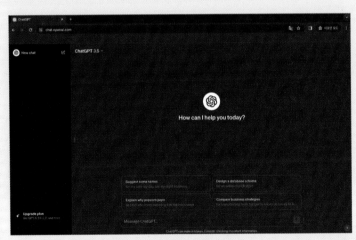

〈그림 1-gpt-3〉

이제 여러분은 생성형 AI인 챗GPT와 대화할 준비가 완료되었습니다.

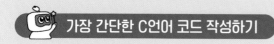 **가장 간단한 C언어 코드 작성하기**

챗GPT에게 "가장 간단한 C언어 코드를 작성해 줘."라고 질문해 보세요.

 가장 간단한 C언어 코드를 작성해 줘.

코드	챗GPT가 답변한 가장 간단한 C언어 코드

```
1   #include <stdio.h>
2
3   int main() {
4       printf("Hello, World!\n");
5
6       return 0;
7   }
```

실행 결과   X

Hello World!

이 코드는 표준 라이브러리인 〈stdio.h〉를 사용하여 "Hello, World!"를 출력합니다. main 함수는 프로그램의 진입점이며, printf 함수를 사용하여 텍스트를 출력합니다. 코드의 마지막에 있는 return 0;은 프로그램이 성공적으로 종료되었음을 나타냅니다.

챗GPT 또한 'Hello, World'를 출력하는 코드를 통해 C언어 코드를 작성해 주었습니다. 위와 같이 생성형 AI는 프로그래밍 언어를 학습할 때, 좋은 예시와 개념적 지식에 도움을 줄 수 있습니다. 앞으로 각 챕터마다 질문 키워드와 내용을 통해 다양한 내용을 함께 학습해 보겠습니다.

CHAPTER

변수와 자료형

"변수와 자료형의 사용 방법을 알아보며
코드를 작성할 준비를 해 보자!"

2-1
변수

지금까지 C언어 프로그래밍을 위한 사전 작업을 진행해 보았습니다. 이제 C언어 코딩을 위한 기초적인 내용들을 배워 보겠습니다. 코드로 살펴보기 전에 먼저 일상의 예시를 통해 변수와 자료형에 대해 알아볼 것입니다. 다음 그림을 보세요.

〈그림 2-1-1〉

[그림 2-1-1]은 김변수 씨와 아코의 집 식탁을 간단하게 나타내고 있습니다. 김변수 씨와 아코 둘 다 밥, 국, 간장 그릇을 가지고 있습니다. 각 그릇마다 "아코네_밥"과 같은 이름표가 붙어 있는데, 우리가 앞으로 배울 '변수(Variable)'라는 것을 이러한 그릇에 빗댈 수 있습니다.

우리가 변수를 만든다고 선언하는 코드를 작성하면 컴퓨터는 그 변수에 맞는 그릇을 만들어주고 데이터를 담아 줍니다. 또한 우리가 정한 이름대로 이름표를 붙여 줍니다. 간단한 코드 예시를 들어 보겠습니다. 아래 구문에서 int, a, 3이 각각 앞 예시 그림의 무엇과 같을지 추측해 보세요.

int a = 3;

int a = 3;이라는 코드를 실행하면 컴퓨터는 정수 자료형을 가진 a라는 이름의 변수를 만들고, 그 변수 안에 3이라는 값을 넣어 줍니다.

그릇에 비유하자면 int는 밥, 국, 간장 중 어떤 종류의 음식을 담을지, 즉 그릇의 용도를 알려 주는 것과 같습니다. 우리는 변수에 정수, 실수, 문자 등 다양한 종류의 값을 넣도록 지정할 수 있습니다. 그중 정수 값을 넣는 변수를 만들고 싶을 때 주로 int를 사용합니다. 이처럼 변수에 어떤 종류의 값(데이터)을 담을 것인지 알려 주는 것들을 '자료형(Data type)'이라고 부릅니다.

이어서 a는 무엇일까요? a는 우리가 앞서 그림에서 봤던 "아코네_밥"과 같은 이름표, 즉 변수입니다. 변수는 코딩을 할 때 가장 기본이 되는 개념으로, 한 변수에 하나의 값만 저장해야 합니다. 자료형과 이어서 생각해 보면 int a는 '정수를 넣을 수 있는 변수 a'를 만들기 위해 작성하는 코드인 것이죠.

마지막으로 3은 그릇에 들어가는 밥, 국, 간장처럼 변수에 들어가는 값을 의미합니다.

다시 말해 int a = 3;는 정수를 넣을 수 있는 그릇을 만들고 거기에 a라는 이름표를 붙인 후 3이라는 값을 넣어 준 것과 같습니다.

코드에 따라 이 과정이 조금씩 바뀔 수 있지만 '형태에 맞는 그릇을 만들고, 이름표를 붙이는 과정'은 어느 코드에서든 필수입니다. 우리가 종지에 간장을 담고, 밥그릇에 밥을 담는 것처럼 컴퓨터도 내용물에 따라 맞는 그릇을 찾아 이름표를 붙여 준다는 점에 유의하세요.

그럼 이제 본격적으로 코드를 살펴보면서 변수 생성 과정을 확인해 보겠습니다.

```
1    #include <stdio.h>
2
3    int main(){
4        int a;
5        double b;
6        char x;
7        float y;
8
9        return 0;
10   }
```

❯ 4번 줄: 정수 형태의 데이터를 담을 a라는 이름의 변수를 생성합니다.
❯ 5번 줄: 실수 형태의 데이터를 담을 b라는 이름의 변수를 생성합니다.
❯ 6번 줄: 문자 형태의 데이터를 담을 x라는 이름의 변수를 생성합니다.
❯ 7번 줄: 실수 형태의 데이터를 담을 y라는 이름의 변수를 생성합니다.

    C언어에서는 변수를 생성할 때 데이터 형태와 이름을 함께 정의해야 합니다. 자료형에 맞는 변수를 선언하는 구문은 아래와 같은 형식으로 작성합니다.

구문 설명 ☒	예시 ☒
자료형 변수명;	`int a;`

    [코드 2-1-1]에서 위와 같은 구문으로 a, b, x, y라는 이름을 가진 변수들을 생성하였습니다. 그런데 변수의 이름 앞에 int, double, char, float은 무엇일까요? 이런 것들을 자료형이라고 합니다. 앞서 변수라는 그릇에 하나의 값(데이터)을 넣는다고 설명했습니다. 자료형은 그 데이터의 종류가 무엇인지, 즉 변수에 어떤 형태의 값을 넣을 것인지 설정하는 역할을 합니다.

    변수를 생성할 때 int, double, char, float과 같은 자료형을 먼저 정의해야 합니다. 자료형의 종류는 크게 소수점이 없는 정수형과 소수점이 존재하는 실수형, 그리고 문자를 저장하는 문자형으로 나뉩니다. 자료형은 다음 장에서부터 자세히 배우니 변수를 선언할 때는 자료형을 함께 작성해야 한다고 이해하고 넘어가도 충분합니다. 다음으로 저장 공간의 이름인 변수명을 작성해야 합니다. 이렇게 변수를 선언하면 변수에 값을 할당하거나 읽어올 수 있는 저장 공간을 할당받게 됩니다.

> 변수의 선언(declare)이란, 컴퓨터에게 특정 저장 공간을 사용하겠다고 이야기하는 과정입니다. 선언을 통해 데이터를 저장할 공간을 할당받을 수 있습니다.

```c
#include <stdio.h>

int main(){
    int a;
    double b;
    char c;

    a = 3;
    b = 3.0002;
    c = 'A';

    printf("%d\n", a);
    printf("%lf\n", b);
    printf("%c\n", c);

    return 0;
}
```

실행 결과 [X]

```
3
3.000200
A
```

❷ 4번 줄: 정수형을 담을 수 있는 변수 a를 생성합니다.
❷ 5번 줄: 실수형을 담을 수 있는 변수 b를 생성합니다.
❷ 6번 줄: 문자형을 담을 수 있는 변수 c를 생성합니다.
❷ 8번 줄: 변수 a에 정숫값 3을 넣습니다.
❷ 9번 줄: 변수 b에 실숫값 3.0002를 넣습니다.
❷ 10번 줄: 변수 c에 문자 A를 넣습니다.

변수에 값을 넣을 때는 등호(=)를 대입 연산자로 사용합니다. 수학에서 =는 같음을 나타내기 위해 사용하지만 프로그래밍에서는 =의 오른쪽 값을 왼쪽의 변수에 대입할 때 사용합니다. [코드 2-1-2]에서는 4~6번 줄에서 변수를 선언하고 8~10번 줄에서 각 변수의 자료형에 맞는 값을 할당합니다.

 그렇다면 C언어에서 '같음'은 어떻게 표현하나요?

C언어에서 '같음'은 ==이라는 기호로 표현할 수 있습니다. 이에 대한 자세한 내용은 이후 <4-3. 관계 연산자>에서 배울 것입니다.

```c
#include <stdio.h>

int main(){
    int a = 3;
    double b = 3.0002;
    char c = 'A';

    printf("%d\n", a);
    printf("%lf\n", b);
    printf("%c\n", c);

    return 0;
}
```

실행 결과   [X]

```
3
3.000200
A
```

❱ 4번 줄: 정수형을 담을 수 있는 변수 a에 3을 저장합니다.
❱ 5번 줄: 실수형을 담을 수 있는 변수 b에 3.0002를 저장합니다.
❱ 6번 줄: 문자형을 담을 수 있는 변수 c에 A를 저장합니다.

변수 선언 후에 초기화한 [코드 2-1-2]와 달리 [코드 2-1-3]은 변수 선언과 동시에 초기화를 했습니다. 변수 초기화(initialize)란 변수에 처음으로 값을 할당하는 과정을 말합니다.

변수 초기화의 목적은 프로그램에서 변수를 사용하기 전에 그 변수가 유효한 값을 가지고 있도록 하는 것입니다. 초기화되지 않은 변수를 사용하면 그 값이 미정의되어 있어 예상치 못한 동작을 일으킬 수 있습니다. 따라서 변수를 초기화하는 것은 프로그램의 안정성과 신뢰성을 높이는 데 중요한 요소입니다.

 잠깐   변수에 데이터를 저장하면 그 값은 계속 유지되나요?

아닙니다. 변수에 값을 저장한 것처럼 대입 연산자를 사용해 저장 공간의 값을 바꿀 수 있습니다!

예제를 통해 변수의 값을 변경하는 코드를 살펴보겠습니다.

편의점 알바생인 김변수 씨는 초콜릿 과자 물량을 체크하다가 실수로 99개를 999개로 잘못 입력했습니다. 이후 999로 적힌 것을 본 김변수 씨는 다시 99를 적고 저장했습니다. 이 과정을 C언어로 알아보겠습니다.

코드 2-1-4   변수의 값을 변경하는 예제 코드

```
1   #include <stdio.h>
2
3   int main(){
4       int count = 999;
5       printf("처음에 저장한 초코 과자의 개수: %d개\n", count);
6
7       count = 99;
8       printf("변경한 초코 과자의 개수: %d개\n", count);
9
10      return 0;
11  }
```

> 문자열 안에 있는 %d 같은 기호를 '형식 지정자'라고 부릅니다. 형식 지정자에 대한 자세한 내용은 <Chapter 3. 표준 입출력>에서 배울 것입니다. 그 전까지는 %d, %f, %c 같은 형식 지정자들을 '일종의 빈칸'이라고 생각하고 넘어가겠습니다.

실행 결과   ☒

```
처음에 저장한 초코 과자의 개수: 999개
변경한 초코 과자의 개수: 99개
```

❷ 4번 줄: 변수 count에 정수형 값 999를 저장합니다.
❷ 5번 줄: count 변수 값을 printf 함수의 문자열 %d 영역에 넣어서 출력합니다.
❷ 7번 줄: count 변수 값을 99로 변경합니다.
❷ 8번 줄: count 변수 값을 printf 함수의 문자열 %d 영역에 넣어서 변경된 개수를 출력합니다.

초콜릿 과자의 값을 담고 있는 변수 count에 999라는 숫자가 들어 있기에 그 공간의 숫자를 변경해야 합니다. 변수의 값을 변경할 때는 앞에서 배운 대입 연산자를 사용해 변수 이름 = 변경하고 싶은 값; 형태로 값을 변경해 줘야 합니다.

 왜 7번 줄의 count 변수 앞에는 자료형을 붙여 주지 않는 것일까요?

자료형을 붙이고 이름을 지정하는 것은 값을 저장할 공간인 변수를 '선언'하는 것입니다. 따라서 이미 있는 변수의 값을 변경할 때는 자료형을 붙이지 않아야 합니다.

변수를 선언할 때 같은 자료형과 변수 이름을 중복해서 사용하면 에러가 발생합니다. 값을 할당하거나 읽을 때 변수의 이름을 사용하는데 같은 이름을 가지는 여러 개의 변수가 있다면 프로그램이 이해할 수 없는 코드가 되기 때문입니다.

코드 2-1-5 같은 자료형과 이름을 가지는 변수를 2번 생성하려는 코드

```
1   #include <stdio.h>
2
3   int main(){
4       char c = 'A';
5       printf("%c\n",c);
6
7       char c = 'B'; // 에러! - 변수 c 재정의
8       printf("%c\n",c);
9
10      return 0;
11  }
```

실행 결과 ⊠

```
2-1-5.c:7:10: error: redefinition of 'c'
    char c = 'B';
         ^
2-1-5.c:4:10: note: previous definition is here
    char c = 'A';
         ^
1 error generated.
```

❶ 4번 줄: 문자형 값을 저장할 변수 c를 만들고 값 A를 저장해 초기화합니다.
❶ 5번 줄: 변수 c의 값을 앞의 문자인 형식 지정자 %c에 대입해 출력합니다.
❶ 7번 줄: 문자형 값을 저장할 변수 c가 이미 정의되어 있는데 다시 만들고 값 B를 저장해 초기화하려고 합니다.

자료형과 변수 이름을 가지고 변수를 생성하고 나서는 데이터를 변경하거나 읽을 때 자료형 없이 변수 이름만 사용해야 한다는 점을 꼭 기억하세요.

Q1 다음 코드의 실행 결과를 적어 보세요.

코드

```
1   #include <stdio.h>
2
3   int main(){
4       int a = 1;
5       int b = 3;
6
7       a = 10;
8
9       printf("a = %d ", a);
10      printf("b = %d\n", b);
11
12      return 0;
13  }
```

정답 a = 10 b = 3

4번 줄: 변수 a를 만들고 정수 1로 초기화합니다.

5번 줄: 변수 b를 만들고 정수 3으로 초기화합니다.

7번 줄: 변수 a에 정수 10을 할당합니다. 변수 a는 정수 1을 가지고 있었지만, 10이라는 새로운 값을 할당해 10이 변수 a의 값으로 덮어씌워졌습니다.

2-2
숫자형

앞서 우리는 변수를 사용하는 방법을 학습하며 변수를 만들 때 자료형을 정해 줘야 한다는 것을 배웠습니다. [그림 2-1-1]을 기반으로 다시 생각해 보면, 우리는 밥그릇에 밥을 담고, 종지에 소스를 담습니다. 작은 종지에 밥을 담는 경우는 거의 없습니다. 이와 비슷하게, 컴퓨터도 각 자료형에 맞는 그릇을 만들어 주어야 합니다. 자료형의 크기 등의 차이가 있기 때문입니다. 다음 표는 C언어에 존재하는 '숫자와 관련된 자료형'들입니다.

구분	자료형	크기	값의 범위
정수형	short	2바이트	-32,768 ~ 32,767
	int	4바이트	-2,147,483,648 ~ 2,147,483,647
	long	4 또는 8바이트	
	long long	8바이트	-9,223,372,036,854,775,808 이상
실수형	float	4바이트	
	double	8바이트	
	long double	8 또는 12 또는 16바이트	

 바이트가 뭔가요?

바이트는 컴퓨터에서 정보의 크기를 나타내는 단위를 말합니다. 바이트는 8개의 비트로 구성할 수 있으며 비트는 이진수 1개, 즉 0과 1 중 하나를 저장할 수 있습니다. 따라서 바이트는 '이진수 8개의 나열'을 표현할 수 있습니다.

숫자형은 크게 정수와 실수가 있습니다. 각 자료형은 변수의 저장 공간인 메모리를 얼마나 사용할 수 있을지를 나타내는 크기가 정해져 있습니다. 그 크기가 클수록 더 많은 저장 공간을 사용하고 적을수록 적은 저장 공간을 할당받습니다. 그렇다면 저장 공간에서 데이터를 저장하고 사용하는 원리는 무엇일까요?

먼저 데이터를 저장하고 처리하는 데 쓰이는 기본 단위부터 알아보겠습니다. 다음 그림은 컴퓨터에서 데이터를 표현하는 단위인 비트(Bit)와 바이트(Byte)를 나타낸 것입니다.

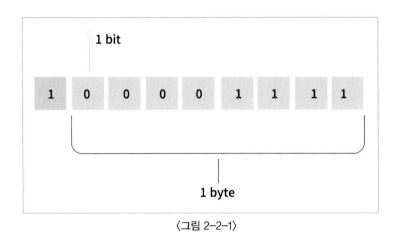

〈그림 2-2-1〉

비트(Bit)는 컴퓨터에서 데이터를 표현하는 가장 작은 단위입니다. 비트는 Binary Digit의 약자로, 이진(Binary) 숫자 체계에서 0 또는 1의 값을 나타냅니다. 이 0과 1은 전기적인 신호로 표현되며, 컴퓨터의 모든 작업은 이러한 비트들의 조합으로 이루어집니다.

그리고 8개의 비트가 모여 하나의 바이트(Byte)를 형성합니다. [그림 2-2-1]에서 비트 8개가 있는 1개의 바이트에는 00001111이 저장되어 있습니다.

비트가 2개 있다면 00, 01, 10, 11이라는 4개의 수를 표현할 수 있습니다. 1바이트는 비트가 8개 있으니 00000000부터 11111111까지 총 256개의 수를 표현할 수 있습니다.

2바이트의 크기를 가지는 short 자료형은 65536이 가장 큰 숫자입니다. 일반적으로 short를 쓰는 경우 양수, 음수, 0을 표현하기 때문에 음수 영역에서는 −32,768부터 −1까지 가능하고, 0 그리고 양수는 1부터 32,767까지 표현할 수 있습니다.

short 자료형으로 정의된 변수는 −32,768부터 32,767까지의 숫자가 들어가기 때문에 999,999를 할당할 수 없습니다. 저장할 수 있는 범위를 넘었기 때문입니다. 이런 상황에서는 short보다 큰 크기를 가지는 자료형인 int나 long을 사용해야 합니다.

가장 큰 크기를 가지는 long을 보면 크기에 여러 개가 적혀 있습니다. 메모리 공간 관리는 운영체제가 해주는데 운영체제마다 long 자료형의 크기가 다르기 때문입니다.

크기를 통해 알 수 있습니다. 자료형의 크기는 바이트 수로 표현되는데, 바이트 수에 따라 최대 숫자가 결정됩니다.

코드 2-2-1 int 자료형을 활용해 변수를 선언하고 값을 다루는 코드

```
1   #include <stdio.h>
2
3   int main(){
4       int num = 5432;
5       printf("%d\n", num);
6
7       return 0;
8   }
```

실행 결과 ☒

```
5432
```

❯ 4번 줄: int 자료형을 가지는 변수 num에 5432라는 값을 할당합니다.
❯ 5번 줄: printf문의 문자열에 %d 형식을 작성하고 %d에 들어갈 num 값을 콤마로 구분해 오른쪽에 적어 줍니다.

　　정수형 변수를 사용하고 싶은 경우에는 int 자료형을 사용하면 됩니다. 출력할 때 자료형에 따라서 출력 형식이 다른데 int 자료형의 경우에는 %d를 사용합니다. 출력 형식은 〈Chapter 3. 표준 입출력〉에서 자세히 배우니 지금은 자료형마다 출력 형식이 있다는 것만 알면 됩니다.

　　5432라는 숫자를 표현하기 위해서 int 자료형을 사용하는 것이 효율적일까요? short는 int보다 2바이트 적은 공간을 차지하고 있어서 메모리 차지가 적기 때문에 5432라는 숫자만 표현한다면 short 타입을 사용하는 것이 2바이트를 아낄 수 있기 때문에 더 효율적입니다.

코드 2-2-2 short 자료형을 활용해 변수를 선언하고 값을 다루는 코드

```
1   #include <stdio.h>
2
3   int main(){
4       short num = 5432;
5       printf("%d\n", num);
6
7       return 0;
8   }
```

실행 결과 [X]

```
5432
```

❯ 4번 줄: short 자료형을 가지는 변수 num에 5432라는 값을 저장합니다.

❯ 5번 줄: printf문의 문자열에 %d 형식을 작성하고 %d에 들어갈 num 값을 콤마로 구분해 오른쪽에 적어 줍니다.

만약 변수 num에 int 자료형에서 표현이 가능한 값보다 더 큰 값을 넣어야 한다면 그 대신 long long 을 사용할 수 있습니다. 예시 코드를 통해 세부적으로 확인해 보겠습니다.

코드 2-2-3 long long 자료형을 활용해 변수를 선언하고 값을 다루는 코드

```
1   #include <stdio.h>
2
3   int main(){
4       long long num = 9223372036854775800;
5       printf("%lld\n", num);
6
7       return 0;
8   }
```

실행 결과 [X]

```
9223372036854775800
```

❯ 4번 줄: long long 자료형을 가지는 변수 num에 9223372036854775800이라는 값을 저장합니다.

❯ 5번 줄: printf문의 문자열에 %lld 형식을 작성하고 %lld에 들어갈 num 값을 콤마로 구분해 오른쪽에 적어 줍니다.

잠깐 long long이 가장 많은 공간을 차지하니까, 아무리 큰 수가 들어와도 오류가 나지 않을 것 같으니 long long이 가장 좋은 것 아닌가요?

> 컴퓨터는 변수를 선언함과 동시에 변수의 자료형 크기만큼을 컴퓨터의 기억 장치인 메모리에 할당합니다. 변수의 값에 상관없이 자료형의 크기만큼의 메모리를 차지하고 있기에 메모리를 낭비하지 않는 것이 중요합니다. 적은 값을 저장할 때 long long을 사용하면 메모리 공간 낭비가 되기 때문에 무조건 좋은 것은 아닙니다.
>
> 프로그램의 데이터 성질을 잘 이해하고 변수에 저장하려는 최댓값이 어느 정도인지 파악해 변수 타입을 지정하는 것이 중요합니다.

지금까지 살펴본 코드 예시는 모두 정수형 자료형에 대한 것이었습니다. 이번에 살펴볼 자료형은 float, double 같은 실수형 자료형으로, 이는 소수점이 있는 숫자를 표현하기 위해 사용합니다.

각 자료형마다 표현할 수 있는 크기가 다른데 float, double 중에서는 double이 더 큰 범위를 표현할 수 있습니다. float, double 자료형을 활용하는 각각의 코드 예시를 통해 살펴보겠습니다. 실행 결과에 집중해 주세요.

코드 2-2-4 float 자료형을 활용해 변수를 선언하고 값을 다루는 코드

```
1  #include <stdio.h>
2
3  int main(){
4      float num = 98765432123456789;
5      printf("%f\n", num);
6
7      return 0;
8  }
```

실행 결과 ☒

98765435851243520.000000 → 여기부터 우리가 변수 num에 저장한 값과 다른 숫자가 출력되고 있습니다.

❷ 4번 줄: float 자료형을 가지는 변수 num에 98765432123456789라는 값을 넣습니다.
❷ 5번 줄: printf문의 문자열에 %f 형식을 작성하고 %f에 들어갈 num 값을 콤마로 구분해 오른쪽에 적어 줍니다.

float의 경우에는 할당된 값을 그대로 표현할 수 있는 범위가 double에 비해 짧습니다. 따라서 [코드 2-2-4]의 숫자와 같이 저장해야 하는 값이 큰 경우라면 double을 사용해야 합니다. double을 사용해 차이를 확인해 보겠습니다.

double 자료형을 활용해 변수를 선언하고 값을 다루는 코드

```
1    #include <stdio.h>
2
3    int main(){
4        double num = 98765432123456789;
5        printf("%lf\n", num);
6
7        return 0;
8    }
```

실행 결과   ✕

98765432123456784.000000 ⌐• 여기부터 우리가 변수 num에 저장한 값과 다른 숫자가 출력되고 있습니다.

❯ 4번 줄: double 자료형을 가지는 변수 num에 98765432123456789라는 값을 넣습니다.

❯ 5번 줄: printf문의 문자열에 %lf 형식을 작성하고 %lf에 들어갈 num 값을 콤마로 구분해 오른쪽에 적어 줍니다.

float보다 num 변수에 대입한 값을 표현하는 유효한 자릿수가 증가한 것을 확인할 수 있습니다. double은 float보다 2배 이상 정확한 표현이 가능하기 때문에 데이터 손실이 없어야 하는 경우 double을 사용해야 합니다. float와 double의 유효한 자릿수는 〈2-6. [더 알아보기] 부동 소수점〉에서 확인할 수 있습니다.

문제로 익히는 개념

Q1 다음 보기 중 알맞은 것을 고르세요.

① 정수를 저장할 때 큰 값을 저장할 수 있는 long long 자료형이 항상 좋다.

② 실수를 저장할 때 메모리 공간보다 정밀도를 신경 써야 한다면 float를 사용해야 한다.

③ short 자료형보다 int 자료형이 더 큰 수를 표현할 수 있다.

④ float과 double의 실수형 출력 형식은 각각 %f와 %d로 다르다.

정답 ③번

①번: 크기가 클수록 저장 공간을 많이 차지하기에 무조건 좋은 것은 아닙니다.

②번: 실수에서 double이 float보다 2배 이상의 정밀도를 보여 줍니다.

④번: float과 double은 둘 다 %f로 동일합니다.

2-3
문자형

앞서 숫자형을 변수에 담기 위해 필요한 자료형을 배웠다면, 이번에는 문자를 저장하기 위한 타입인 문자형에 대해 알아보겠습니다.

구분	자료형	크기	표현 범위
문자	char	1바이트	−128 ~ 127

C언어에서는 문자를 저장하기 위한 자료형으로 char를 사용합니다. 이때 char는 1바이트 크기를 가지기 때문에 8비트를 저장합니다. 따라서 1바이트로 표현할 수 있는 숫자는 −128부터 127입니다. 문자는 모두 정수로 대응되는데, 문자를 정수로 변환한 정숫값은 문자의 표현 범위 안에 존재합니다. 이렇게 문자와 정수가 대응되는 규칙을 아스키(ASCII)라고 합니다.

 ASCII는 무엇의 약자이죠? 어떤 의미인지 궁금해요!

아스키(ASCII)는 미국 정보 교환 표준 부호(American Standard Code for information interchange)의 약자로, 컴퓨터에서 문자를 나타내기 위한 표준 코드입니다. 각 문자와 기호에 대해 특정한 숫자를 할당하여 컴퓨터가 이해할 수 있도록 도와줍니다. 예를 들어, 영어 알파벳 'A'는 아스키 코드에서 65에 해당하며 'a'는 97에 해당합니다.

[아스키 코드]

프로그래밍을 위해 모든 아스키 코드를 외울 필요는 없지만 전체 아스키 코드 표가 궁금하다면 오른쪽의 QR 코드를 스캔해 확인해 보세요!

아스키 코드의 대응 관계를 나타낸 몇 가지 예를 보겠습니다.

숫자	문자
32	공백
40	(
65	A
97	a

공백 문자(space)는 숫자 32에 대응되고 문자 'a'는 숫자 97에 대응되는데, 이것은 모두가 약속한 규칙입니다. 대문자 알파벳 'A'는 숫자로 65를 나타내고 'A'부터 'Z'까지 숫자가 1씩 커지면서 알파벳이 총 26개가 존재하기 때문에 'B'는 66, 'C'는 67, 마지막으로 'Z'는 90이라는 숫자를 가집니다. 마찬가지로 소문자는 97부터 대응되어 'a'는 97, 'z'는 122라는 숫자를 가집니다. 위의 표는 네 가지 문자의 예시이지만 모든 문자가 아스키 규칙을 따르고 있어 대응되는 숫자를 가집니다.

코드 2-3-1 문자를 출력할 때 대응되는 숫자 값이 나오는 코드

```
1   #include <stdio.h>
2
3   int main(){
4       char c = 'a';
5       printf("%d\n", c);
6
7       return 0;
8   }
```

실행 결과 [X]

97

❯ 4번 줄: 변수 c에 문자 'a'를 넣습니다.
❯ 5번 줄: %d 형식을 사용해 변수 c 안에 들어 있는 문자에 대응되는 정숫값을 출력합니다.

문자 하나는 아스키 코드에 맞게 하나의 숫자로 대응됩니다. 따라서 'a'를 문자형 변수 c에 대입했을 때 a의 아스키 코드 값인 97이 출력됩니다.

 잠깐 꼭 작은따옴표(' ')를 사용해야 하나요?

네, 문자형인 char를 사용할 때는 작은따옴표로 감싸야 합니다. printf("Hello world!")와 같이 printf 함수에서는 큰따옴표(" ")를 사용해 문자열을 출력했지만 문자 하나를 저장하기 위한 char 자료형은 작은따옴표(' ')를 사용하는 것이 규칙입니다.

참고로 문자열은 문자 여러 개가 나열된 형태로, C언어에서 이러한 문자열과 문자 한 개를 구분한다는 점에 유의해야 합니다.

[코드 2-3-1]에서 아스키 코드에 맞게 숫자로 대응되어 출력되는 코드를 확인했습니다. 이번에는 문자형 변수를 선언하여, 문자를 직접 출력하는 형식으로 코드를 작성하겠습니다.

코드 2-3-2 char 자료형을 활용해 문자형 변수를 선언하고 값을 다루는 코드

```
1    #include <stdio.h>
2
3    int main(){
4        char c = 'H';
5        printf("%c\n", c);
6
7        return 0;
8    }
```

실행 결과   ⊠

```
H
```

❷ 4번 줄: char 자료형 변수 c에 'H' 문자를 초기화합니다.
❷ 5번 줄: %c 형식을 사용해 변수 c 안에 들어 있는 문자 'H'를 출력합니다.

[코드 2-3-2]와 같이 문자를 출력하거나 문자형 변수를 사용하고 싶은 경우에는 char 자료형을 가진 변수를 선언하여 사용할 수 있습니다. 변수를 선언한 이후에는 해당 변수에 새로운 값을 할당하여 사용하거나, 다른 자료형으로 출력하는 방법도 존재합니다. [코드 2-3-3]을 통해 확인해 보겠습니다.

코드 2-3-3 char 자료형을 가진 변수의 값을 변경하는 코드

```
1    #include <stdio.h>
2
3    int main(){
4        char a = 'A';
5        char b = 'B';
6
7        a = b;
8        printf("%c\n", a);
9        printf("%d\n", a);
10
11       return 0;
12   }
```

실행 결과   ⊠

```
B
66
```

- 4번 줄: char 자료형 변수 a에 문자 'A'를 초기화합니다.
- 5번 줄: char 자료형 변수 b에 문자 'B'를 초기화합니다.
- 7번 줄: 변수 b에 담긴 값을 변수 a에 저장합니다. 따라서 변수 a에 담긴 값이 'A'에서 'B'로 변합니다.
- 8번 줄: %c 출력 형식을 사용했기에 a에 저장된 변숫값인 'B'를 출력합니다.
- 9번 줄: %d 출력 형식을 사용했기에 a에 저장된 변숫값인 'B'에 대응되는 정숫값인 66을 출력합니다.

[코드 2-3-3]과 같이 문자에 새로운 값을 할당하고 다른 자료형으로 출력하는 방법은 앞으로 다양한 방면에서 사용될 수 있습니다. 위와 같은 방식을 통해 새로운 값을 할당하고 출력할 수 있다는 점만 기억하면 됩니다.

이번에는 아스키 코드를 활용하여 문자형 변수에 새로운 값을 할당하는 방법을 알아보겠습니다.

코드 2-3-4 | 문자를 출력할 때 대응되는 숫자 값이 나오는 코드

```
1   #include <stdio.h>
2
3   int main(){
4       int a = 97;
5       char b = 'B';
6
7       printf("%c\n", b);
8
9       b = a;
10
11      printf("%c\n", b);
12      printf("%d\n", b);
13
14      return 0;
15  }
```

실행 결과   X
B
a
97

- 4번 줄: 정수 자료형 변수 a에 97을 저장합니다. 변수 a의 값은 문자로 'a'입니다.
- 5번 줄: 문자 자료형 변수 b에 'B'를 저장합니다. 변수 b의 값은 숫자로 66입니다.
- 7번 줄: 문자형 출력 형식인 %c를 사용해 b에 담긴 값인 문자 'B'를 출력합니다.
- 9번 줄: 변수 a에 담긴 값을 변수 b에 저장합니다. 변수 b는 97에 대응되는 문자 값 'a'를 가집니다.
- 11번 줄: 문자형 출력 형식인 %c를 활용해 b의 문자 값 'a'를 출력합니다.
- 12번 줄: 정수형 출력 형식인 %d를 활용해 변수 b에 저장된 문자 값 'a'에 대응되는 정숫값 97을 출력합니다.

Q1 다음 보기 중 올바르지 않은 것을 고르세요.

① 문자형인 char는 변수에 1바이트의 저장 공간을 할당한다.

② 모든 문자와 숫자는 대응된다.

③ char 자료형에 'ABC'를 저장하면 문자가 나열된 문자열을 사용할 수 있다.

④ 문자형에는 반드시 작은따옴표를 사용해야 한다.

정답 ③번

char는 문자형 타입이기에 문자 하나만 저장할 수 있고 여러 문자를 하나의 문자형 변수에 저장할 수 없습니다.

2-4
그 외의 자료형

지금까지 대입 연산자를 활용해서 변수에 값을 저장하거나 변수 이름을 사용해 값을 읽을 수 있다는 것을 알아봤습니다. 그런데 프로그래밍을 하다 보면 변화하지 않는 고정된 값을 저장해 사용하고 싶은 경우가 존재합니다. 이럴 때는 변하지 않는 값을 저장할 수 있는 '상수(Constant Number)' 자료형을 사용하면 됩니다.

3주는 21일입니다. 일주일은 7일로 고정되어 있는 값으로, 상수로 사용할 수 있습니다. 이 예시처럼 주 단위를 일 단위로 바꾸는 프로그램을 작성해 보겠습니다.

코드 2-4-1 주 단위를 일 단위로 변환하는 프로그램

```
1   #include <stdio.h>
2
3   int main(){
4       const int daysOfWeek = 7;
5       printf("3주에 해당하는 일수: %d일\n", 3 * daysOfWeek);
6
7       return 0;
8   }
```

실행 결과	X
3주에 해당하는 일수: 21일	

● **4번 줄**: 상수이면서, 정수 자료형을 가지는 변수 daysOfWeek를 정수 7로 초기화합니다. daysOfWeek는 이제 그 값이 7로 고정됩니다.

● **5번 줄**: 3과 daysOfWeek를 곱하기(*) 연산자의 피연산자로 사용하여 3주에 해당하는 일수를 구합니다.

[코드 2-4-1]의 4번 줄은 상수를 선언하고 초기화하는 부분입니다. 여기서 daysOfWeek는 상수로 선언되었으며, 그 값을 7로 초기화하고 있습니다. const는 상수를 나타내는 키워드로, 한 번 초기화되

└─ const처럼 변수의 사용에 제한을 거는 것들을 형식 한정자 (Type Qualifier)라고 합니다.

면 그 값을 변경할 수 없다는 것을 의미합니다. 따라서 daysOfWeek는 프로그램 실행 도중에는 값이 변경되지 않고 항상 7로 유지됩니다.

이처럼 프로그램 내에서 변하지 않는 값을 나타내고자 할 때는 상수로 선언해 사용하는 게 좋습니다. 코드의 가독성을 높이고 프로그램의 유지보수를 쉽게 만들려면 말이죠. 상수를 선언하고 초기화하는 구문은 다음과 같은 형식으로 작성합니다.

구문 설명 ⊠
const 자료형 상수 이름 = 상수값;

예시 ⊠
const int year = 365;

상수는 변화하지 않을 값을 저장할 때 사용하는데 상수 생성 규칙은 const를 사용하는 것입니다. 상수는 반드시 생성 시점에 초기화해 줘야 합니다. 값을 변경시킬 수 없다는 것은 '처음에 값을 정해 두고 시작해 바꾸지 않는 것'을 의미한다고 생각하면 쉽습니다.

코드 2-4-2   상숫값을 변경시키는 코드(※ 실행 시 에러 발생)

```
1  #include <stdio.h>
2
3  int main(){
4      const char grade = 'B';
5      printf("학점: %c\n", grade);
6
7      grade = 'A';
8
9      return 0;
10 }
```

실행 결과 ⊠

2-4-2.c:9:10: error: cannot assign to variable 'grade' with const-qualified type 'const char'
    grade = 'A';
    ~~ ^
2-4-2.c:5:15: note: variable 'grade' declared const here
    const char grade = 'B';
    ~~^~~~~~~~~~~
1 error generated.

❯ 4번 줄: 상수 grade에 'B'를 저장합니다.
❯ 5번 줄: grade에 담긴 'B'를 문자형 출력 형식 %c를 사용해 출력합니다.
❯ 7번 줄: 상수 grade의 값 재할당을 시도했으나 에러가 발생했습니다.

잠깐 C언어에 다른 자료형은 없나요?

C언어에는 지금까지 배운 것 이외에도 많은 자료형이 있습니다. 그중 한 가지 특이한 자료형이 바로 보이드(void) 자료형입니다. void는 '공허, 진공'이라는 뜻으로, 다른 프로그래밍 언어들과 비슷하게 C언어에서도 '빈 자료형'으로 사용됩니다. void 자료형은 '문법상 자료형을 적어 주어야 하는데 실제 코드 실행 시 반환되는 것이 없는 경우'에 사용합니다. 이와 관련된 내용은 이후 <Chapter 5. 함수>에서 더 알아보겠습니다.

문제로 익히는 개념

Q1 다음 보기 중 올바르지 않은 것을 고르세요.

① 상수는 변하지 않는 값을 저장하기 위한 공간이다.
② 상수도 변수와 마찬가지로 먼저 선언해 놓고 이후에 값을 할당할 수 있다.
③ 상수는 const를 사용해 생성할 수 있다.
④ 상수의 값은 변경되어서는 안 된다.
⑤ 상수의 값을 변경하려고 하면 컴파일러가 에러를 반환한다.

정답 ②번
상수는 반드시 만들어질 때 값을 함께 초기화해야 합니다.

2-5
변수 이름 규칙

변수의 이름을 지을 때는 문법적으로 반드시 지켜야 하는 규칙과 통상적으로 지키는 규칙이 존재합니다. 이번 장에서는 변수의 이름을 짓는 방식, 즉 '네이밍 컨벤션(Naming Convention)'에 대해 알아보겠습니다.

 꼭 지켜야 하는 규칙

(1) 변수 이름은 숫자로 시작할 수 없다.

변수 이름의 시작은 항상 영문자 또는 언더바(_)로만 시작할 수 있고 숫자로 시작하면 안 됩니다.

코드 2-5-1 숫자로 시작하는 변수 이름을 짓는 코드(※ 실행 시 에러 발생)

```
1  #include <stdio.h>
2
3  int main(){
4      int 1number = 5; // 에러!
5
6      return 0;
7  }
```

실행 결과   ☒

```
2-5-1.c:5:9: error: expected identifier or '('
    int 1number = 5;
        ^
1 error generated.
```

● 4번 줄: 숫자가 가장 먼저 있으므로 변수 이름 규칙에 어긋나기 때문에 에러가 발생합니다.

(2) 변수 이름 사이에 띄어쓰기가 불가능합니다.

변수 이름 안에 공백 문자를 사용할 수 없습니다. 따라서 변수 이름은 반드시 붙여 써야 합니다. 띄어 쓰려고 하는 경우에는 오류가 발생됩니다.

코드 2-5-2 변수 이름에 공백 문자가 포함된 코드(※ 실행 시 오류 발생)

```
1  #include <stdio.h>
2
3  int main(){
4      int number1 = 5;
5      int number 2 = 10; // 에러!
6
7      return 0;
8  }
```

실행 결과 ☒

```
2-5-2.c:6:15: error: expected ';' at end of declaration
    int number 2 = 10;
              ^
              ;
1 error generated.
```

❷ 4번 줄: number1 변수는 이름 규칙을 만족하기에 문제가 되지 않습니다.
❷ 5번 줄: 변수 이름에 공백이 있기에 오류가 발생합니다.

(3) 숫자만으로 변수 이름을 구성할 수 없습니다.

숫자 없이 영문자만 가지고 변수 이름을 구성하는 것은 가능합니다. 하지만 이와 반대로 숫자만으로 변수 이름을 구성할 수는 없습니다.

코드 2-5-3 변수 이름이 숫자로만 구성된 코드(※ 실행 시 오류 발생)

```
1  #include <stdio.h>
2
3  int main(){
4      int 101 = 5; // 에러!
5
6      return 0;
7  }
```

```
2-5-3.c:5:8: error: expected identifier or '('
   int 101 = '3';
       ^
1 error generated.
```

▶ 4번 줄: 101이라는 이름을 가지는 정수형 변수 만들기를 시도하지만 변수 이름은 숫자만으로는 구성될 수 없기에 오류가 발생합니다.

(4) 예약어는 변수 이름으로 사용할 수 없습니다.

예약어(Reserved word)란 앞에서 배운 const, int, float 등과 같이 C언어에서 '특정한 목적을 가지고 미리 그 기능(의미)을 정해 둔 단어'들을 의미합니다. 이미 그 기능이 무엇인지 C언어가 예약해 두었으므로, 이러한 예약어를 변수 이름으로 사용한다면 [코드 2-1-5]처럼 기존 변수를 재선언하는 것과 같은 에러가 발생합니다.

 지키지 않아도 되지만 권장하는 규칙

(1) 변수 이름은 '카멜 케이스' 규칙에 따라 짓는다.

변수 이름을 지을 때 그 사이에 공백을 둘 수 없기에 이름이 길어질수록 가독성이 떨어질 수 있습니다. 이때는 단어마다 구분을 해주는 것이 좋은데, C언어는 낙타 등처럼 단어의 첫 글자를 대문자로 하는 '카멜 케이스(Camel Case)' 규칙을 따르는 것을 권장합니다. 첫 단어는 모두 소문자로 하고 다음의 단어부터 첫 문자를 대문자로 하면 됩니다.

예를 들어 변수에 학생 수를 저장할 때 studentcount로 저장할 수 있지만 이러면 단어의 구분이 어렵습니다. 이런 경우에 카멜 케이스 규칙에 따라 변수 이름을 studentCount로 작성해 가독성을 높여 주는 것을 권장합니다.

 그냥 studentCount가 아니라 count라고 하면 되는 거 아닌가요?

변수 이름은 그 변수를 어떤 목적으로 사용하고 무엇을 나타내는지 표현할 수 있도록 작성하는 것이 좋습니다. 그래야 이후에 다른 프로그래머가 합류하게 됐을 때 이름을 보고 어떤 코드인지 더 빠르게 이해할 수 있을 것입니다.

(2) 변수 이름은 저장할 데이터의 의미를 담아 짓는다.

변수의 이름은 데이터를 설명할 수 있도록 짓는 것이 좋습니다. 변수의 이름만 보고도 어떤 역할을 하는 코드인지 이해할 수 있다면 가독성이 좋아져 프로그래밍의 효율을 높일 수 있습니다.

코드 2-5-4 가독성을 고려해 변수 이름을 짓는 코드

```c
1   #include <stdio.h>
2
3   int main(){
4       const double d = 3.141592;
5       const double pi = 3.141592;
6
7       printf("반지름이 5cm인 원의 둘레: 약 %lfcm\n", 2 * 5 * pi);
8
9       return 0;
10  }
```

실행 결과	X
반지름이 5cm인 원의 둘레: 31.415920cm	

● 4번 줄: 상수 d의 값에 3.141592라는 값을 저장하지만, 이름만 보고는 상수 d를 언제 활용할지 예상하기 어렵습니다.
● 5번 줄: 상수 pi의 이름을 보고 원의 특정 값을 계산하기 위해 사용된다는 것을 예측할 수 있습니다.
● 7번 줄: 상수 pi를 사용해 원의 둘레를 구해 출력합니다.

지금 살펴본 변수 이름 짓기 규칙들처럼 프로그래밍을 할 때 지켜야 할 규칙들을 '코딩 컨벤션(Coding Convention)'이라고 합니다. 줄 바꿈이나 한 줄의 코드 길이, 그리고 괄호 작성 방식 등 다양한 규칙이 존재합니다. 그중 어떤 규칙들은 지키지 않는다고 해서 에러가 나지는 않지만, 그래도 가능한 한 지키는 것이 좋습니다. 이러한 규칙들을 지키면 코드의 품질이 높아지고 유지보수가 쉬워집니다.

 잠깐 코드의 유지보수란 어떤 걸까요?

코드의 유지보수(maintenance)는 코드가 하나의 소프트웨어 제품으로 개발된 후 사람들이 사용하기 시작한 이후 오류를 수정하거나 성능과 기능 개선을 하는 작업들을 통칭합니다.

Q1 다음 보기 중 올바르지 않은 것을 고르세요.

① 반드시 영어와 숫자를 함께 사용해 변수 이름을 생성해야 한다.

② 변수의 가장 처음에는 숫자가 올 수 없다.

③ 변수의 이름을 숫자만으로 구성할 수 없다.

④ 변수는 영어와 숫자 그리고 언더바(_)로 구성할 수 있다.

⑤ 변수 이름에 언더바(_)를 제외한 '!' 같은 특수기호를 사용할 수 없다.

정답 ①번
변수 이름을 지을 때 숫자로만 구성될 수는 없지만 영문자로만 구성은 가능합니다.

Q2 다음 보기 중 네이밍 컨벤션에 알맞게 지은 변수 이름을 고르세요.

① 7daysaweek

② int

③ _hellomyC

④ 1004

⑤ byunsoo kim

정답 ③번
①번: 변수 이름은 숫자로 시작할 수 없습니다.
②번: 예약어는 변수 이름으로 사용할 수 없습니다.
④번: 변수 이름은 숫자로만 구성할 수 없습니다.
⑤번: 변수 이름 중간에 공백을 넣을 수 없습니다.

2-6

 부동 소수점

 더 알아보기는 어떤 내용을 다루나요?

더 알아보기는 여러분들이 코딩을 하는데 있어 어렵지만 알면 좋은 개념을 다루고 있습니다. 심화 내용인 만큼 바로 이해가 되지 않는다고 해서 실망하지 말고 시간을 들여 곰곰이 생각해 보세요.

컴퓨터는 실수를 저장하거나 표현할 때 우리와 유사하지만 다른 방식을 사용합니다. 바로 부동 소수점(Floating Point) 방식과 고정 소수점(Fixed Point) 방식입니다. 부동 소수점의 개념을 이해하기 전에 고정 소수점부터 알아보겠습니다. 고정 소수점 방식은 우리가 실수를 표현하는 방식과 매우 유사합니다.

다음 그림은 고정 소수점 방식을 이해하기 쉽게 나타낸 것입니다.

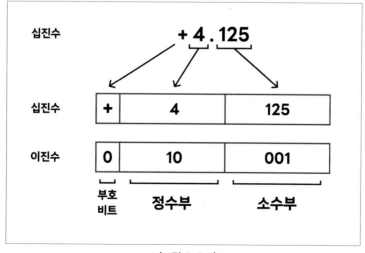

〈그림 2-6-1〉

우리가 소수점 기준으로 정수와 소수를 나눈 것처럼, 고정 소수점 방식에서 컴퓨터는 정수는 정수부에, 소수는 소수부에 저장합니다. 또한 +, -와 같은 부호도 별도의 공간에 저장합니다. 이때 4가 이진수로 10, 0.125가 이진수로 0.001임에 유의하세요.

이어서 [그림 2-6-2]는 고정 소수점 표현 방식일 때를 보여 주는 그림입니다.

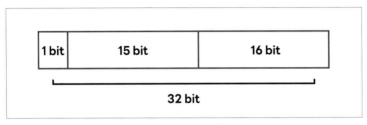

〈그림 2-6-2〉

이때, 정수부에서 나타낼 수 있는 최고로 큰 수는 $2^{15}-1$이고 소수부에서 표현 가능한 가장 큰 수는 $2^{16}-1$입니다. 만약 우리가 2^{23}을 정수부로 가지는 실수를 표현하고 싶다면 고정 소수점 방식으로는 표현할 수 없습니다.

이러한 표현의 한계를 극복하기 위해 소수점을 고정하지 않고, 소수점의 위치를 변화시키기로 한 방식이 부동 소수점입니다. float, double은 부동 소수점 방식을 따릅니다. 아래 그림을 보세요.

〈그림 2-6-3〉

두 번째 줄의 이진수와 세 번째 줄의 이진수는 동일한 값을 나타냅니다. 하지만 소수점의 위치를 보면 한 칸 차이가 있음을 확인할 수 있습니다. 이처럼 부동 소수점 방식은 소수점의 자리를 이동시키는 방식을 사용합니다.

[그림 2-6-4]를 보면 컴퓨터가 부동 소수점을 저장하는 방식을 알 수 있습니다.

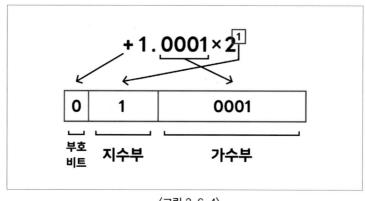

〈그림 2-6-4〉

컴퓨터는 어떠한 실수가 주어지면 [그림 2-6-3]과 유사한 과정을 통해 수를 변환한 후 [그림 2-6-4] 형태로 수를 저장합니다.

다음으로 [그림 2-6-5]와 [그림 2-6-6]는 부동 소수점이 저장되는 공간의 크기를 보여 줍니다.

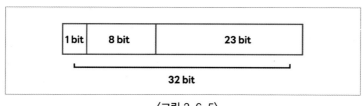

〈그림 2-6-5〉

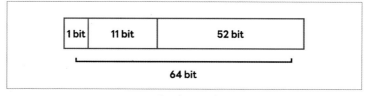

〈그림 2-6-6〉

이때 부동 소수점이 소수점만 움직이는 것이지, 저장 공간의 크기나 형태가 동적으로 바뀌는 것은 아니라는 점에 유의하세요!

따라서 부동 소수점은 '부호를 나타내기 위한 1개의 비트'와 '지수부', '가수부'로 구성됩니다. 지수부는 어떠한 수의 나열로 실수가 구성되는지를 표현하고, 지수부는 소수점을 이동시키는 역할을 합니다.

float, double이 각각 부동 소수점 방식으로 표현할 수 있는 범위는 다음과 같습니다.

구분	크기	표현 범위
float	32비트	$-3.4*10^{38}$~$3.4*10^{38}$
double	64비트	$-1.7*10^{308}$ ~ $1.7*10^{308}$

double이 float보다 표현 범위가 훨씬 넓은데 이는 double이 크기가 더 크기 때문입니다. 즉, 저장할 수 있는 가수부의 크기가 커서 더 많은 수의 나열을 표현할 수 있으며 지수부의 크기도 더 크기에 소수점을 더 많이 이동시킬 수 있습니다.

비슷한 원리로, 소수점 몇 번째 자리까지 정확히 표현할 수 있는지도 가수부의 크기에 의해 결정됩니다. 이것을 정밀도(Precision)라고 합니다. 가수부가 수의 나열을 표현하기 때문에 정밀도는 가수부의 크기가 커질수록 높아집니다.

구분	부호 비트	지수부	가수부	정밀도
float	1	8	23	대략 6자리
double	1	11	52	대략 15자리

float은 소수점 여섯 번째 자리까지, double은 소수점 열다섯 번째 자리까지 표현할 수 있습니다.

 무한소수는 어떻게 표현하나요?

컴퓨터는 0.99999999999...와 같은 무한한 수를 정확히 표현할 수 없습니다. 수의 나열을 표현하는 데 한계가 존재하기 때문입니다.

지금까지 부동 소수점의 기초 개념을 확실히 배웠으니 이제는 코드로 살펴보겠습니다. 다음은 float와 double의 정밀도를 한눈에 비교할 수 있는 코드입니다.

float과 double의 유효숫자 비교 코드

```c
1   #include <stdio.h>
2
3   int main(){
4       float num1 = 0.123456789101112131415;
5       double num2 = 0.123456789101112131415;
6
7       printf("%0.20f\n", num1);
8       printf("%0.20f\n", num2);
9
10      return 0;
11  }
```

실행 결과   X

```
0.12345679104328155518
0.12345678910111212989
```

❸ 4번 줄: 변수 *num1*에 21의 소수부 길이를 가지는 실숫값을 초기화합니다.
❸ 5번 줄: 변수 *num2*에 21의 소수부 길이를 가지는 실숫값을 초기화합니다.
❸ 7번 줄: %0.20f 출력 형식을 사용해 소수점 자리에서 20개의 숫자를 출력하도록 정해 줍니다.
❸ 8번 줄: %0.20f 출력 형식을 사용해 소수점 자리에서 20개의 숫자를 출력하도록 정해 줍니다.

　　7번 줄의 결과를 보면 소수점 아래 여덟 번째 자릿수에서 변수 num1의 값과 다르게 나타나는 것을 확인할 수 있습니다. 다시 말해 float 자료형을 가진 변수는 소수부에서 일곱 번째 자리까지 정확히 표현되었음을 알 수 있습니다.

　　반면 double의 경우에는 변수 num2의 값 중 소수부에서 열여섯 번째부터 다른 값을 보이고 있습니다. 즉 double이 float보다 오차가 작은 자료형이라는 것을 알 수 있습니다.

CHAPTER 2 마무리

핵심 정리

- 변수는 데이터를 저장하기 위한 공간으로 값을 읽고 쓸 수 있습니다.
- 변수의 생성은 변수 타입과 이름을 지정함으로써 이루어집니다.
- 변수의 값을 읽거나 쓰려고 할 때 변수의 이름을 사용해 값에 접근할 수 있습니다.
- C언어 변수 자료형에는 정수를 다루는 정수형과 실수를 다루는 실수형, 그리고 문자를 표현하는 문자형 등의 자료형이 존재합니다.
- 문자 1개와 정수는 각각 대응되는데 이러한 약속을 아스키 코드 규칙이라고 합니다.
- 고정된 수를 저장할 상수는 const 자료형으로 다룹니다.
- 변수 이름을 지을 때는 숫자로 시작되면 안 되고, 이름 사이에 공백이 허용되지 않으며, 숫자만으로 구성될 수 없습니다.

개념 다지기

2-1. 다음 코드의 실행 결과를 적어 보세요.

코드

```
1   #include <stdio.h>
2
3   int main(){
4       int num1 = 10;
5       num1 = 20;
6       int num2 = num1;
7
8       printf("num1 -> %d\n", num1);
9       printf("num2 -> %d\n", num2);
10
11      return 0;
12  }
```

실행 결과   [X]
_____
_____

2-2. 다음 코드의 실행 결과를 보고 빈칸에 알맞은 코드를 작성하세요.

코드

```
1    #include <stdio.h>
2
3    int main(){
4        (1)  num1 = 123.45678910111213141516;
5        (2)  num2 = 123.45678910111213141516;
6
7        printf("num1 -> %0.20f\n", num1);
8        printf("num2 -> %0.20f\n", num2);
9
10       return 0;
11   }
```

실행 결과   ☒

```
num1 -> 123.45678710937500000000
num2 -> 123.45678910111213610890
```

변수의 추천 과제	개념을 복습하며 포트폴리오를 만들고 싶다면, 변수의 추천 과제를 해결해 보세요!	
난이도	과제	페이지
★	[Part 2] 1-2. 자료형 마스터!	366

챗GPT와 함께하는 코딩 학습

이번 챕터에서는 C언어에서 사용할 수 있는 자료형에 대해 알아보았습니다. 사실 C언어에는 앞에서 소개한 자료형들 외에도 다양한 자료형이 존재합니다. C언어의 다양한 자료형을 표 형태로 정리해 달라고 요청해 보겠습니다.

 C언어 자료형에 대해서 표 형태로 정리해 줘.

 아래는 C언어에서 사용되는 주요 자료형에 대한 표입니다.

자료형	크기 (바이트)	범위
char	1	−128 ~ 127 또는 0 ~ 255
unsigned char	1	0 ~ 255
short	2	−32,768 ~ 32,767
unsigned short	2	0 ~ 65,535
int	4	−2,147,483,648 ~ 2,147,483,647
unsigned int	4	0 ~ 4,294,967,295
long	4 또는 8	2,147,483,648 ~ 2,147,483,647 또는 −9,223,372,036,854,775,808 ~ 9,223,372,036,854,775,807
unsigned long	4 또는 8	0 ~ 4,294,967,295 또는 0 ~ 18,446,744,073,709,551,615
float	4	약 6, 7자리의 정밀도
double	8	약 15, 16자리의 정밀도
long double	10 또는 16	환경에 따라 다름

이 표는 일반적인 시스템에서의 자료형 크기 및 범위를 보여 줍니다. 그러나 환경에 따라 다를 수 있으며, 특히 두개 이상의 컴퓨터 플랫폼이나 운영체제에서 동작하는 크로스 플랫폼 프로그래밍시에는 주의가 필요합니다.

위처럼 한눈에 볼 수 있는 표 형태로 답변을 받았습니다. 보기 좋게 정리된 정보를 이렇게 쉽게 확인할 수 있다니, 정말 간편하지 않나요?

알맞은 자료형을 추천받기

이번엔 우리가 저장하고자 하는 데이터를 알려 주고 그에 알맞은 자료형을 추천받아 보겠습니다.

책을 사려고 대기하는 사람들을 위해 대기 번호를 발급하려고 해. C언어에서 대기 번호는 어떤 자료형에 어울릴까?

대기 번호를 나타내는 자료형은 주로 양의 정숫값을 다루는 데에 적합한 자료형을 선택해야 합니다. 대기 번호는 음수가 될 수 없으며, 소수점이나 부동 소수점 값이 필요하지 않습니다. 따라서 unsigned int나 unsigned long 등의 부호 없는 정수 자료형이 일반적으로 적절합니다.

코드	챗GPT가 추천한 대기 번호에 어울리는 자료형과 코드

```
1   #include <stdio.h>
2
3   int main(){
4       unsigned int waitNumber = 1; // 대기 번호 초깃값 설정
5       printf("대기 번호: %u\n", waitNumber);
6
7       return 0;
8   }
```

실행 결과	X
대기 번호: 1	

위의 예제에서는 unsigned int 자료형을 사용하여 대기 번호를 나타냈습니다. 만약 대기 번호의 범위가 매우 크다면 unsigned long을 고려할 수 있습니다. 선택한 자료형은 실제 상황에 따라 적절한 범위를 가지고 있어야 합니다.

이번 챕터에서 배운 변수 및 자료형을 이용하여 코드를 작성해 주는 것을 볼 수 있습니다. 위와 같이 어떠한 상황에 적절한 코드를 작성하고 싶은 경우, 생성형 AI를 활용하면 우리의 문제 상황에 맞는 코드를 쉽고 빠르게 얻어낼 수 있습니다.

CHAPTER  **3**

표준 입출력

"컴퓨터와 대화를 시작해 볼까?"

3-1
표준 입출력이란?

컴퓨터에서 명령어란 컴퓨터 하드웨어가 무엇을 해야 하는지 알려 주는 지시 방법입니다. 일반적으로 컴퓨터가 수행해야 하는 특정 작업을 지정하는 지시어라고 볼 수 있습니다. 운영체제마다 제공하는 명령어가 다릅니다. 예시로 윈도우에서 "dir"과 같은 명령어를 통해 디렉터리의 파일 목록을 확인할 수 있습니다.

컴퓨터를 이용할 때 편의성을 높이기 위해 사용하는 명령어의 모음을 프로그램이라고 합니다. 사용자는 필요한 내용을 입력하고, 프로그램은 사용자가 원하는 결과를 출력합니다. 우리가 일상생활에서 사용하는 음악 플레이어, 메신저, 메모 등은 모두 프로그램입니다.

여러분이 컴퓨터에 정보를 전달하는 것을 '입력'이라고 합니다. 음악 플레이어로 예를 들어 보겠습니다.

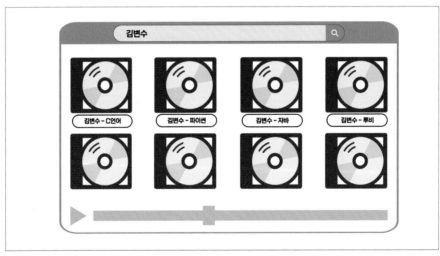

〈그림 3-1-1〉

좋아하는 가수의 노래를 찾기 위해서는 '마우스'로 검색창을 누르고 '키보드'로 이름을 입력해야 합니다. 또는 주변에서 재생되고 있는 음악을 찾기 위해 '마이크'를 사용하여 컴퓨터에게 음악을 들려 주어야 합니다.

마우스나 키보드, 마이크처럼 컴퓨터에 정보를 전달할 수 있는 장치를 '입력 장치'라고 부릅니다.

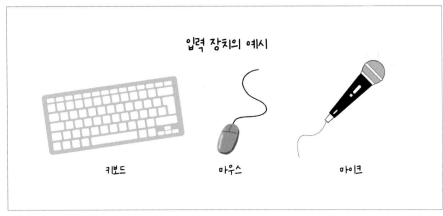

〈그림 3-1-2〉

입력 장치를 통해 컴퓨터에게 정보를 전달하고, 그 결과를 보여 주는 것을 '출력'이라고 합니다. 모니터에 우리가 입력한 내용이 보이고, 스피커를 통해 소리가 재생되는 과정들은 모두 출력입니다. 출력 장치의 예시로 모니터, 스피커, 프린터가 있습니다.

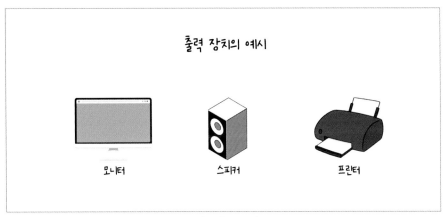

〈그림 3-1-3〉

표준 입출력(Standard Input/Output)이란 키보드와 모니터를 이용한 입출력을 의미합니다. 그리고 일반적으로 프로그래밍에서는 [시스템 콘솔]을 이용한 입력과 출력을 표준 입출력이라고 합니다.

              윈도우에서는 cmd, 맥에서는 terminal을 시스템 콘솔이라고 합니다.

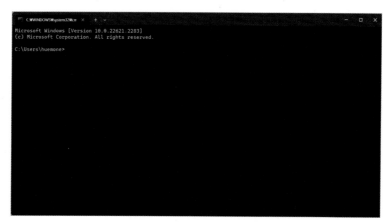

〈그림 3-1-4〉 윈도우 cmd 창 예시

〈그림 3-1-5〉 맥 terminal 창 예시

C언어도 당연히 표준 입출력을 지원합니다. 우리가 앞에서 예시로 본 코드들을 보면 첫 줄에서 공통적으로 #include 〈stdio.h〉를 확인할 수 있습니다. 여기서 stdio가 바로 Standard Input/Output을 의미합니다. 이번 챕터에서는 이 〈stdio.h〉를 이용하여 표준 입출력 장치로 입력 및 출력을 하는 방법에 대해 배웁니다. 이번 챕터를 통해 사용자에게 데이터를 입력받고, 프로그램의 결과를 출력할 수 있으며, 코드가 실행되는 특정 시점에서 변수에 어떤 값이 저장되어 있는지 확인할 수 있습니다.

Q1 입력 장치로 올바르게 짝지어진 것을 고르세요.

> ㄱ. 프린터   ㄴ. 웹캠   ㄷ. 마우스   ㄹ. 모니터   ㅁ. 마이크

① ㄱ, ㄹ
② ㄱ, ㄹ, ㅁ
③ ㄴ, ㄷ, ㄹ
④ ㄴ, ㄷ, ㅁ
⑤ ㄷ, ㄹ, ㅁ

정답 ④번

빛 정보를 전달하는 '웹캠', 클릭과 커서의 위치, 스크롤의 입력을 전달하는 '마우스', 음성 정보를 전달하는 '마이크'가 입력 장치의 예시입니다.

Q2 출력 장치로 틀린 것을 고르세요.

① 프린터
② 모니터
③ 스피커
④ 빔프로젝터
⑤ USB

정답 ⑤번

USB는 입출력 장치가 아닌 데이터 저장 장치입니다. 데이터 저장 장치로는 CD, 하드디스크, SSD 등이 있습니다.

Q3 표준 입출력에 대한 설명으로 올바른 것을 고르세요.

① 표준 입출력은 키보드와 모니터를 이용한 입력과 출력 과정이다.
② 윈도우에서는 Terminal이라는 시스템 콘솔을 이용한 입출력을 사용한다.
③ 맥 OS에서는 cmd라는 시스템 콘솔을 이용한 입출력을 사용한다.
④ 시스템 콘솔은 입력만 가능하다.
⑤ C언어 프로그래밍으로 만든 프로그램은 입력이 불가능하다.

정답 ①번

윈도우에서는 cmd, 맥 OS에서는 Terminal이라는 시스템 콘솔을 사용합니다. 이 시스템 콘솔에서는 입력과 출력이 모두 가능합니다. 따라서 C언어에서는 시스템 콘솔을 이용해 입력과 출력이 가능한 프로그램을 작성할 수 있습니다.

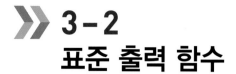

3-2
표준 출력 함수

챕터 1의 [코드 1-4-1]에서 'Hello, World!'를 출력하기 위해 사용한 printf 함수는 표준 출력 함수입니다. printf 함수의 f는 formatted의 약자로, 즉 서식화된 출력 함수를 뜻합니다. printf 함수를 사용할 때에는 아래와 같이 printf를 입력하고, 소괄호 안에 출력 내용을 큰따옴표로 감싸 입력합니다.

구문 설명   ☒
printf("출력 내용");

예시   ☒
printf("Hello, World");

 잠깐 반드시 큰따옴표를 사용해야 하나요?

C언어는 큰따옴표를 한 개 이상의 글자 묶음(문자열)으로 인식하고 작은따옴표는 한 글자로 인식합니다. printf 함수는 한 개 이상의 글자를 출력하는 함수이므로 큰따옴표를 사용해야 에러가 나지 않습니다.

코드 3-2-1	문자열을 출력하는 코드

```
1   #include <stdio.h>
2
3   int main(){
4       printf("C언어는 재밌다.");
5
6       return 0;
7   }
```

실행 결과   ☒
C언어는 재밌다.

▶ 1번 줄: stdio.h라는 파일을 코드에 포함시키는 코드입니다. stdio.h는 표준 입출력 함수의 내용을 미리 작성해 둔 파일로, 표준 입출력 함수를 사용하기 위해 써야 합니다.

이번에는 줄을 바꾸며 출력하는 방법에 대해 배워 보겠습니다. C언어에서 printf를 연속해서 사용하면, 자연스럽게 줄이 바뀌는 것을 볼 수 있지 않을까요?

코드 3-2-2 printf 함수를 연속해서 사용하는 코드

```
1  #include <stdio.h>
2
3  int main(){
4      printf("C언어는");
5      printf(" 재밌다.");
6
7      return 0;
8  }
```

실행 결과	X
C언어는 재밌다.	

[코드 3-2-2]와 같이 printf를 연속해서 사용해도 출력 내용의 줄이 바뀌지는 않았습니다. 그럼 줄을 바꾸고 싶으면 어떻게 해야 할까요? 이러한 경우에는 출력 제어문자(Escape Sequence)를 사용하면 됩니다. 다음과 같은 출력 제어문자를 가지고 출력 함수에서 형식을 제어할 수 있습니다.

〈출력 제어문자의 종류〉

제어문자	설명
\t	탭(tab)만큼 뒤로 이동
\n	줄을 바꿈
\b	한 칸 왼쪽으로 이동
\r	맨 앞으로 이동
\a	경고음 소리 출력(개발 환경에 따라 출력 여부가 다름)

 잠깐 '₩(\ )'는 어디에 있는 건가요?

윈도우에서 ₩로, 맥 OS에서는 \로 표기되는 이 기호의 이름은 '백 슬래시'입니다. 백 슬래시 키는 키보드 자판에서 엔터 키와 백스페이스 키 사이에 있습니다.

그럼 출력 제어문자를 이용하여 줄 바꿈이 있는 출력 함수를 작성해 보겠습니다.

코드 3-2-3 출력 제어문자로 줄 바꿈을 사용하는 출력 함수 코드

```c
1  #include <stdio.h>
2
3  int main(){
4      printf("C언어는\n재밌다.");
5
6      return 0;
7  }
```

실행 결과 [X]
```
C언어는
재밌다.
```

> ◉ 4번 줄: printf 안의 출력 제어문자 \n이 줄을 바꿉니다.

이번엔 탭과 줄 바꿈을 함께 사용하여 출력 제어문자 사용 방법을 익혀 보겠습니다.

코드 3-2-4 줄 바꿈과 탭만큼 공백을 띄운 출력 함수

```c
1  #include <stdio.h>
2
3  int main(){
4      printf("C언어는\n\n\t재밌다.");
5
6      return 0;
7  }
```

실행 결과 [X]
```
C언어는

	재밌다.
```

> ◉ 4번 줄: printf 안의 출력 제어문자 \n이 총 두 개 있으므로 줄 바꿈을 두 번 실행하고, \t를 통해 탭만큼 뒤로 이동하여 "재
> 밌다."라는 단어를 출력합니다.

 잠깐 코딩을 잘하려면 제어문자를 모두 외워 두어야 하나요?

물론 탭(\t)이나 줄 바꿈(\n) 정도는 알아 두는 게 좋지만, 모든 제어문자를 외울 필요는 없습니다. 어떠한 형식을 작성하고 싶을 때 온라인에서 "제어문자" 등의 키워드를 사용해 검색하거나 책을 찾아보면 됩니다. 아니면 오른쪽에 있는 QR 코드를 스캔해 확인해 봐도 좋습니다.

[제어문자]

Q1 다음 보기 중 빈칸에 들어갈 코드로 알맞은 것을 고르세요.

코드

```
1  #include <stdio.h>
2
3  int main(){
4          _____ ("어떻게 하면 코딩의 고수가 될 수 있을까?");
5
6      return 0;
7  }
```

실행 결과   ☒
어떻게 하면 코딩의 고수가 될 수 있을까?

① println
② printf
③ print
④ printF
⑤ printer

정답 ②번
C언어에서는 '표준화된 print 함수'라는 의미로 formatted의 약자를 따온 printf를 표준 출력 함수로 사용하고 있습니다.

Q2 다음 보기 중 C언어에서 표준 입출력을 하기 위해 필수적으로 삽입해야 하는 코드를 고르세요.

① int num = 3;
② #include ⟨stdio.h⟩
③ printF
④ float a = 3.254;

정답 ②번
C언어에서 표준 입출력을 하려면 stdio.h라는 파일을 코드에 포함시켜야 합니다. 이것을 #include ⟨stdio.h⟩라는 코드로 수행합니다.

Q2 다음 보기 중 실행 결과로 알맞은 것을 고르세요.

```
1   #include <stdio.h>
2
3   int main(){
4       printf("어디까지");
5       printf("\t붙어");
6       printf("\n있나요?");
7
8       return 0;
9   }
```

① 어디까지 붙어

　　있나요?

② 어디까지　　붙어 있나요?

③ 어디까지t붙어n있나요?

④ 어디까지　　붙어

　　있나요?

⑤ 어디까지붙어있나요?

정답 ④번

"어디까지" 뒤에서 줄 바꿈 없이 \t로 탭만큼 뒤로 이동하고, "있나요?" 앞 \n을 통해 줄 바꿈이 이뤄지므로 ④번이 정답입니다.

3-3
형식 지정자

특정 자료형을 입출력하기 위해서는 입출력 함수의 문자열 안에 특정한 특수 문자를 사용해야 합니다. 예를 들어, 정수형 데이터를 입출력할 때는 %d, 문자형 데이터를 입출력할 때는 %c를 사용합니다. 여기서 %d, %c 같은 표기를 형식 지정자(Format Specifier)라고 합니다.

아래 표는 C언어에서 사용되는 주요 형식 지정자와 관련 자료형에 대한 설명을 담고 있습니다.

〈형식 지정자 정리〉

형식 지정자	자료형
%d	int (10진수 정수)
%c	char (문자 한 개)
%s	char 배열 또는 char* (문자열)
%f	float (실수)
%lf	double (실수)

 형식 지정자를 모두 외워 두어야 하나요?

자료형에 맞는 형식 지정자를 모두 외우고 있을 필요는 없습니다. 원하는 형식을 출력할 때, 각 자료형에 맞는 형식 지정자를 찾아보고 그 형식대로 사용하면 됩니다.

모든 형식 지정자를 살펴보고 싶다면 오른쪽의 QR 코드를 스캔해 확인해 보세요!

[형식 지정자]

코드 안에서 형식 지정자를 사용하는 방법을 알아보겠습니다.

코드 3-3-1 　형식 지정자를 사용한 출력 함수

```
1    #include <stdio.h>
2
3    int main(){
4        int score = 100;
5        printf("이 책은 %d점짜리 책이다.", score);
6
7        return 0;
8    }
```

실행 결과   X
이 책은 100점짜리 책이다.

❯ 4번 줄: score라는 이름을 가진 정수형 변수에 100이라는 값을 할당합니다.
❯ 5번 줄: printf 함수에 %d 형식 지정자를 사용하여 정수형 숫자가 들어갈 위치를 지정해 주고, 뒤에 변수의 이름인 score를
　쉼표(,)와 함께 작성합니다.

위와 같이 형식 지정자를 사용하여 정수형 변수를 출력할 수 있습니다. 하지만 사실 우리는 형식 지정
자 없이도 숫자를 출력할 수 있죠. 다음 코드를 보세요.

코드 3-3-2 　형식 지정자를 사용하지 않고 숫자를 출력한 출력 함수

```
1    #include <stdio.h>
2
3    int main(){
4        printf("이 책은 100점짜리 책이다.");
5
6        return 0;
7    }
```

실행 결과   X
이 책은 100점짜리 책이다.

❯ [코드 3-3-1]과 출력 결과가 같습니다.

위 두 코드는 실행 결과가 같습니다. 그러나 [코드 3-3-1]은 정수형 숫자 변수인 score를 출력한 값
이고, [코드 3-3-2]은 사람이 직접 작성한 문자라는 차이가 있습니다.

형식 지정자를 사용하는 이유는 '사람이 직접 문자를 바꾸지 않아도 작동하는 유연한 코드'를 작성하기
위함입니다. 형식 지정자를 사용하지 않은 코드는 나중에 값 수정이 있을 때 숫자를 직접 일일이 변경해
야 하지만 [코드 3-3-1]처럼 형식 지정자를 사용하면 그보다 더 쉽고 간단하게 변경할 수 있습니다.

또한 printf 함수에서 큰따옴표 안에 작성한 숫자는 변경이나 연산이 불가능하지만 변수와 형식 지정자를 사용하면 연산의 결과도 쉽게 출력할 수 있습니다.

코드 3-3-3 변수와 형식 지정자를 사용해 계산 과정과 결과를 보여 주는 코드

```
1   #include <stdio.h>
2
3   int main(){
4       int a = 1;
5       int b = 1;
6       int sum = 0;
7
8       sum = a + b;
9
10      printf("%d + %d = %d", a, b, sum);
11
12      return 0;
13  }
```

실행 결과   ☒

```
1 + 1 = 2
```

❯ 8번 줄: a + b의 결과인 2를 정수형 변수 sum에 저장합니다.

❯ 10번 줄: a와 b를 "%d + %d"에 대응하여 넣어 주고 "= %d"에 sum 변수를 넣어 줍니다. 이렇게 값이 두 개 이상인 경우에는 형식 지정자의 차례가 바뀌지 않도록 유의해야 합니다.

[코드 3-3-3]은 a와 b의 합을 출력하는 코드입니다. 만약 출력 함수에 형식 지정자를 사용하지 않았다면, 아래와 같이 작성해야 합니다.

코드 3-3-4 형식 지정자를 사용하지 않고 출력 함수를 작성한 코드

```
1   #include <stdio.h>
2
3   int main(){
4       printf("1 + 1 = 2");
5
6       return 0;
7   }
```

실행 결과   ☒

```
1 + 1 = 2
```

❯ [코드 3-3-3]과 출력 결과가 같습니다.

[코드 3-3-4]는 printf 함수 내 문자열을 직접 수정하지 않는 이상 다른 출력 결과를 보여 줄 수 없습니다. 반면, [코드 3-3-3]은 a와 b 변수의 값이 변경되면 자동으로 값이 반영되어 다른 출력 결과를 보여 줄 수 있습니다.

[코드 3-3-3]과 같이 변수의 값을 수정하여 결과에 반영하는 것은 프로그래밍 과정에서 편리하게 사용될 수 있으며, 이는 프로그램을 작성한 이후 관리하는 측면에서 큰 장점을 지닙니다. [코드 3-3-3]에 있는 변수 a, b의 값을 수정하여 다른 출력 결과를 보여 주는 코드를 통해 확인해 보겠습니다.

| 코드 3-3-5 | 변수 a, b의 값만 수정해 다른 출력 결과를 보여 주는 코드 |

```
1    #include <stdio.h>
2
3    int main(){
4        int a = 10;
5        int b = 25;
6        int sum = 0;
7
8        sum = a + b;
9
10       printf("%d + %d = %d", a, b, sum);
11
12       return 0;
13   }
```

실행 결과	X
10 + 25 = 35	

❯ 8번 줄: a + b의 결과인 35를 정수형 변수 sum에 저장합니다.
❯ 10번 줄: a와 b를 "%d + %d"에 대응하여 넣어 주고 "= %d"에 sum 변수를 넣어 줍니다.

[코드 3-3-5]는 변수의 값만 수정하더라도 계산의 결과가 올바르게 출력됩니다. 바로 다음 섹션에서 배울 표준 입력 함수를 함께 사용하면, 직접 숫자를 수정하지 않아도 실행마다 다른 결과를 출력하는 프로그램을 만들 수 있습니다.

 잠깐 자료형과 알맞지 않은 형식 지정자를 사용하면 어떻게 되나요?

올바르지 않은 형식 지정자를 사용하는 경우, 에러는 발생하지 않지만 원하는 출력 결과를 얻지 못할 가능성이 높습니다. 각 자료형의 크기와 컴퓨터가 저장하는 원리가 다르기 때문에 완전히 다른 값이 나오기도 하고, 값이 나오지 않는 경우도 존재합니다. 조금 더 자세히 알고 싶다면 <3-5. [더 알아보기] 형 변환>을 확인해 보세요.

Q1 각 자료형을 출력하는 형식 지정자를 올바르게 연결하세요.

① int ·	· ㉠ %d
② float ·	· ㉡ %s
③ char ·	· ㉢ %f
④ *char ·	· ㉣ %c

정답 ① int − ㉠ %d
② float − ㉢ %f
③ char − ㉣ %c
④ *char − ㉡ %s

Q2 다음 보기 중 변수 a에 최종적으로 저장될 값으로 알맞은 것을 고르세요.

코드

```
1    #include <stdio.h>
2
3    int main(){
4        int a = 160;
5
6        a = a - 10;
7        a = a + 30;
8
9        printf("제 키는 %d입니다.", a);
10
11       return 0;
12   }
```

① 10
② 30
③ 160
④ 170
⑤ 180

정답 ⑤번
a는 160이라는 값으로 초기화되었습니다. 5번 줄에서 자신의 값에서 10을 뺀 값을 저장하고, 6번 줄에서 자신의 값에서 30을 더했으므로, 160 − 10 + 30 = 180입니다. 따라서 a에는 최종적으로 180이라는 값이 저장됩니다.

3-4
표준 입력 함수

scanf는 사용자에게 값을 입력받는 표준 입력 함수입니다. 앞에서 배운 형식 지정자를 통해 어떤 자료형을 입력할 것인지 정의하고, 값을 저장할 변수를 명시하여 입력받을 수 있습니다. scanf 함수는 아래와 같이 사용합니다.

여기서 a는 미리 선언된 정수형 변수입니다.

구문 설명	X
scanf("형식 지정자", &변수);	

예시	X
scanf("%d", &a);	

scanf 함수 작성 방식을 보면 저장하는 변수 앞에 주소 연산자 &가 붙어 있습니다. a라는 이름의 변수가 있을 때 a와 &a가 어떤 차이가 있는지 파악하기 위해서는 먼저 포인터(Pointer)의 개념을 알아야 합니다. 하지만 이와 관련된 내용은 후반부의 〈Chapter 9. 포인터〉에서 자세히 배울 예정입니다. 그러니 그 전까지는 단순히 scanf 함수 안에서는 '&변수' 형식으로 작성한다고만 기억하고 있으면 됩니다.

그럼 이제 scanf 함수를 이용해 사용자로부터 값을 입력받는 코드를 살펴보겠습니다.

코드 3-4-1 scanf 함수를 통해 책의 점수를 입력받는 코드

```
1   #include <stdio.h>
2
3   int main(){
4       int score;
5
6       printf("김변수의 C언어 책은 몇 점인지 입력하세요: ");
7       scanf("%d", &score);
8       printf("\n이 책은 %d점짜리 책이다.", score);
9
10      return 0;
11  }
```

❯ 4번 줄: int 자료형을 가진 score 변수를 선언합니다.

❯ 7번 줄: int 자료형에 맞는 형식 지정자인 %d를 작성하고, 입력받은 값을 저장할 변수 score 앞에 &를 붙여 적어 줍니다.

❯ 8번 줄: 출력 제어문자 \n을 통해 줄을 바꿔 주고, %d 형식 지정자 위치에 넣을 score 변수를 작성합니다.

잠깐 Visual Studio Code가 아닌 다른 코드 에디터를 사용하는데, 에러가 발생해요!

scanf 함수를 사용할 때 경고를 발생시키는 에디터가 존재합니다. 특히 Visual Studio를 사용한다면, 특정 함수에서 경고문이 발생할 수 있으므로 코드 맨 위에 다음 명령어를 입력해 주세요. 불필요한 경고문 발생을 없애주는 명령어입니다.

코드 **scanf 함수 사용 시 경고문을 없애 주는 코드**

```
1   #define _CRT_SECURE_NO_WARNINGS
```

이번엔 숫자 두 개를 입력받고 두 값을 합하여 출력하는 프로그램을 작성하겠습니다.

코드 3-4-2 **숫자 두 개를 입력받고 값을 합하여 출력하는 코드**

```
1    #include <stdio.h>
2
3    int main(){
4        int x;
5        int y;
6
7        printf("첫 번째 숫자를 입력하세요: ");
8        scanf("%d", &x);
9        printf("두 번째 숫자를 입력하세요: ");
10       scanf("%d", &y);
11       printf("\n두 숫자의 합은 %d입니다.", x + y);
12
13       return 0;
14   }
```

❯ 4~5번 줄: 숫자를 입력받을 정수형 변수 x와 y를 선언합니다.

❯ 7~10번 줄: 문구를 출력하고, %d 형식 지정자와 변수를 명시하여 사용자에게 정숫값을 입력받습니다.

❯ 11번 줄: %d 형식 지정자의 위치에 x + y의 결과를 넣어, 두 숫자의 합을 출력합니다.

[코드 3-4-2]와 같이 값을 입력받고 합한 결과를 출력하는 프로그램을 작성할 수 있습니다. 이번 챕터에서 배운 내용으로는 한 개의 문자 또는 숫자형 데이터를 입력받을 수 있습니다. 추후 〈Chapter 7. 반복문〉과 〈Chapter 8. 배열과 문자열〉 내용을 공부하면 사용자에게 문자열을 입력받을 수 있게 될 것입니다.

Q1 다음 보기 중 빈칸에 들어갈 코드로 알맞은 것을 고르세요.

코드

```
1   #include <stdio.h>
2
3   int main(){
4       char text;
5
6       printf("원하는 문자를 입력해 주세요: ");
7       scanf("_____", _____);
8       printf("입력한 문자는 %c입니다.", text);
9
10      return 0;
11  }
```

실행 결과   ☒

원하는 문자를 입력해 주세요: a
입력한 문자는 a입니다.

① %s, text

② %c, text

③ %d, &text

④ %c, &text

⑤ %s, &text

정답 ④번

문자 하나를 입력받기 위해서는 %c 형식 지정자를 사용해야 합니다. 또한 scanf 함수를 사용할 때 변수 앞에 &를 붙여 주어야 하는 것을 잊지 말아야 합니다.

Q2 다음 코드를 보고 실행 결과의 빈칸에 알맞은 내용을 적어 보세요.

코드

```
1    #include <stdio.h>
2
3    int main(){
4        int x;
5        int y = 10;
6
7        printf("숫자를 입력하세요: ");
8        scanf("%d", &x);
9        y = y + x - 7;
10       printf("연산의 결과는 %d입니다.", y);
11
12       return 0;
13   }
```

실행 결과   X

숫자를 입력하세요: 5
_____

정답 연산의 결과는 8입니다.

사용자로부터 입력받은 x의 값은 5이므로, y는 최종적으로 10 + 5 − 7이라는 연산의 결과인 8을 값으로 가지게 됩니다. 따라서 10번 줄에 있는 %d 형식 지정자의 위치에는 y의 값인 8이 들어가게 됩니다.

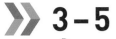

3 - 5
더 알아보기 형 변환

형 변환이란 데이터의 자료형을 변환하는 것을 뜻합니다. 변수의 자료형을 그릇, 변수에 담겨 있는 데이터를 물이라고 가정하고 설명하겠습니다.

어디에 물이 더 많이 들어있지?

〈그림 3-5-1〉

[그림 3-5-1]처럼 여러 그릇에 담겨 있는 물의 용량을 비교할 때 그릇의 크기와 모양이 다르면 비교하는 것이 쉽지 않습니다. 따라서 같은 그릇에 담아 정확하게 비교해야 합니다.

컴퓨터도 마찬가지로 변수들의 크기를 비교할 때, 같은 자료형이 아닌 경우에는 정확한 계산을 할 수 없습니다. 그러므로 서로 다른 자료형을 가진 변수의 크기를 비교한다면 그것을 같은 자료형으로 바꿔주어야 합니다. 이 과정에서 두 가지 상황이 발생할 수 있습니다.

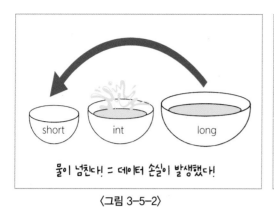
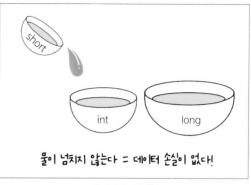

물이 넘친다! = 데이터 손실이 발생했다!

물이 넘치지 않는다 = 데이터 손실이 없다!

〈그림 3-5-2〉

〈그림 3-5-3〉

[그림 3-5-2]를 보면 큰 그릇에 담겨 있는 물을 작은 그릇에 옮겨 담던 중 물이 넘친 것을 볼 수 있습니다. 즉, 자료형을 변환하면서 데이터가 손실된 것입니다. 데이터가 손실되면 정확한 계산을 할 수 없기 때문에 사용자가 의도하지 않은 결과가 나올 수 있습니다.

반면에 [그림 3-5-3]에서는 물이 넘치지 않았습니다. 작은 그릇에 담겨 있는 물을 큰 그릇에 옮겼기 때문입니다. 즉, 데이터 손실 없이 변수의 자료형이 바뀐 것입니다. 이 경우에는 정확한 비교와 연산이 가능합니다.

결론적으로 서로 다른 두 자료형의 정확한 계산 결과를 출력하기 위해서는 형 변환이 필수적입니다. 하지만 형 변환 과정에서 모든 데이터를 유지할 수 있는 것은 아닙니다. 이런 경우, 데이터의 손실을 최소화할 수 있는 방향으로 이뤄져야 한다는 것을 명심하세요.

자동 형 변환과 강제 형 변환

이번엔 자동 형 변환과 강제 형 변환에 대해 알아보겠습니다. 두 개념을 알기 위해서는 형 변환의 우선순위를 알아야 합니다. 여기서 우선순위는 위에서 설명했던 그릇의 크기가 큰 순서대로 나열한 개념이라고 보면 됩니다.

(가장 작음) *short – int – long – long long – float – double – long double* (가장 큼)

자동 형 변환의 방향 →

long long이 float보다 더 큰 바이트를 가지고 있는데, 왜 그릇의 크기가 더 작다고 나와 있나요?

float과 double은 실수형 데이터입니다. long long은 정수형 데이터이기 때문에 단순히 바이트 크기가 크다는 것을 이유로 실수형을 정수형으로 바꾸면 소수점 아래의 데이터는 모두 버려지게 됩니다. 따라서 실수형 데이터가 무조건 정수형 데이터보다 우선순위가 높다는 것을 알고 있어야 합니다.

'자동 형 변환'이란 코드에서 의도하지 않았음에도 컴파일러가 자동으로 우선순위가 낮은 자료형 데이터를 높은 우선순위의 자료형 데이터로 형 변환하는 것을 말합니다. 자동 형 변환되는 코드의 예시를 확인해 보겠습니다.

코드 3-5-1   자동 형 변환이 일어나는 상황

```c
1  #include <stdio.h>
2
3  int main(){
4      float num = 129;
5
6      printf("%f", num);
7
8      return 0;
9  }
```

실행 결과   ☒

129.000000

▶ 4번 줄: 129라는 정수를 저장했지만, num이라는 변수에는 129.000000라는 값으로 저장되었습니다. 자동 형 변환을 통해 소수점이 추가되었습니다.

코드에 형 변환과 관련한 내용을 입력하지 않았음에도 컴파일러가 int 자료형을 float 자료형으로 변환하였습니다. 이것이 자동 형 변환의 과정입니다.

'강제 형 변환'은 컴파일러가 자동으로 형 변환을 하는 것이 아니라, 프로그래머가 직접 형 변환을 하는 것을 말합니다. 강제 형 변환을 하는 방법은 다음과 같습니다.

여기에는 변수명뿐만 아니라 숫자나 연산식도 들어갈 수 있습니다.

구문 설명   ☒
(변환할 자료형)데이터

예시   ☒
(float)1/2;

예를 들어 int형 변수 test를 float형 데이터로 바꾸려고 하는 경우에는 (float)test 같은 형태로 사용할 수 있습니다. 데이터 부분에는 단순하게 3, 2.0 등의 데이터뿐만 아니라 변수 및 이를 활용한 연산식 모두 사용할 수 있습니다. 강제 형 변환을 실행하는 예시 코드를 통해 조금 더 세부적으로 확인해 보겠습니다.

코드 3-5-2	자료형이 올바르지 않아 틀린 결과를 출력하는 코드

```
1   #include <stdio.h>
2
3   int main(){
4       int x = 10;
5       int y = 3;
6       float result;
7
8       result = x / y;
9       printf("올바르지 않은 결과: %f\n", result);
10      result = (float)x / y;
11      printf("올바른 결과: %f\n", result);
12
13      return 0;
14  }
```

실행 결과   ⊠

```
올바르지 않은 결과: 3.000000
올바른 결과: 3.333333
```

❯ 8번 줄: 정수형 데이터를 정수형 데이터로 나누어 정수형으로 결과가 나왔으나, 자동 형 변환으로 소수점 아래 데이터는 버려집니다. 따라서 3.3333333에서 소수점이 버려진 3.000000으로 저장됩니다.

❯ 10번 줄: 정수형 데이터의 결과를 실수형 데이터로 강제 형 변환하여 소수점 아래 데이터까지 저장합니다. 따라서 3.3333330이 저장됩니다.

우선순위가 낮은 자료형을 우선순위가 높은 자료형으로 바꾸는 과정은 컴파일러가 자동 형 변환할 수 있으나, 큰 자료형을 작은 자료형으로 바꾸는 상황에서 데이터 손실을 최소화하기 위해서는 프로그래머가 직접 자료형을 변환해야 합니다.

앞으로 배울 코드의 연산에서 형 변환에 문제가 생긴다면 강제 형 변환을 통해 정확하고 안전한 프로그램을 만들어 보기 바랍니다.

- 컴퓨터에 정보를 전달하는 것을 입력이라고 하며, 입력한 내용의 결과를 다양한 형태로 표현하는 것을 출력이라고 합니다.
- 프로그래밍에서 콘솔 창과 키보드를 이용한 입출력을 표준 입출력이라고 합니다.
- printf 함수는 표준 출력 함수입니다.
- 출력 함수에서 줄 바꿈과 커서 위치 옮기기 등의 특별한 출력을 다루기 위해 출력 제어문자를 사용합니다.
- scanf 함수는 표준 입력 함수입니다.
- 입출력 함수에 특정 자료형을 사용하기 위해 %d, %c 같은 형식 지정자를 사용합니다.

개념 다지기

3-1. 다음 코드를 실행하고 30을 입력한 뒤 나타나는 출력문을 적어 보세요.

코드

```
1  #include <stdio.h>
2
3  int main(){
4      int age = 19;
5
6      printf("저는 파릇파릇한\n");
7      scanf("%d", &age);
8      printf("%d살입니다.", age);
9
10     return 0;
11 }
```

실행 결과   X

저는 파릇파릇한
30

3-2. 다음 코드의 실행 결과를 보고 빈칸에 알맞은 코드를 작성하세요.

코드

```
1    #include <stdio.h>
2
3    int main(){
4        int a = 10;
5        int b = 10;
6
7        scanf("%d", &a);
8        b = a *  (1) ;
9        printf(" (2)  , %d", b,  (3) );
10
11       return 0;
12   }
```

실행 결과   ☒
```
20
40 , 20
```

변수의 추천 과제   👍 개념을 복습하며 포트폴리오를 만들고 싶다면, 변수의 추천 과제를 해결해 보세요!

난이도	과제	페이지
★	[Part 2] 1-9. 0000년에 나는 몇 살일까?	392

챗GPT와 함께하는 코딩 학습

 평점을 입력하는 프로그램 만들기

이번 챕터에서는 이 책의 거의 모든 코드에서 사용될 표준 입출력에 대해 알아보았습니다. 챗GPT에게 '사용자로부터 평점을 입력받아 이를 정해진 형태에 맞춰 출력해 주는 간단한 코드'를 작성해 달라고 부탁해 보겠습니다.

 0점부터 5점까지 사용자에게 입력을 받아 "사용자가 입력한 평점은 ~~ / 5점입니다."라고 출력하는 C언어 코드를 만들어 줘.

 사용자로부터 0점부터 5점까지의 평점을 입력받아 출력하는 간단한 C언어 코드입니다.

| 코드 | 챗GPT가 작성한 평점 입력 코드 |

```
1    #include <stdio.h>
2
3    int main(){
4        int rating;
5
6        // 사용자로부터 평점 입력받기
7        printf("평점을 입력하세요(0부터 5까지): ");
8        scanf("%d", &rating);
9
10       // 입력된 평점 출력
11       printf("사용자가 입력한 평점은 %d / 5점입니다.\n", rating);
12
13       return 0;
14   }
```

실행 결과   [X]

평점을 입력하세요(0부터 5까지): 3
사용자가 입력한 평점은 3 / 5점입니다.

이 코드에서는 scanf 함수를 사용하여 사용자로부터 정수형 평점을 입력받고 메시지를 출력합니다. 조건문 if를 사용하면, 입력된 값이 0부터 5 사이인지 확인하여 오류 메시지를 함께 출력할 수 있습니다.

입력과 출력을 이용한 코드를 작성해 주었습니다. if 조건문은 〈Chapter 6. 조건문〉에서 배울 예정입니다.

MEMO

CHAPTER

연산자

"앞서 배운 변수의 개념을 활용하여
변숫값을 수정하는 연습을 해 보자!"

⧠⧠ 4-1
연산자의 종류

계산기에서 각 연산자에 맞는 계산이 이루어지고 결괏값이 변화하는 것처럼 프로그래밍에서도 연산자를 사용하면 변수의 값을 조작할 수 있습니다. 값의 변화를 줄 수 있도록 연산을 수행해 주는 더하기 표 (+)나 빼기 표(-)와 같은 기호들을 '연산자(Operator)'라고 합니다. C언어에서의 연산자의 종류를 먼저 알아보겠습니다.

구분	연산자의 종류	연산자의 사용
대입 연산자	=	값을 변수에 저장할 때 사용
산술 연산자	+, -, *, /, %	숫자끼리의 산술 연산을 할 때 사용
논리 연산자	&&, ||, !	코드의 논리적인 흐름을 제어할 때 사용
관계 연산자	<, >, <=, >=, ==, !=	값의 크기와 같은지 다른지 등을 비교할 때 사용
증감 연산자	++, --	숫자에서 값 1을 더하거나 뺄 때 사용
복합 대입 연산자	+=, -=, *=, /=, %=	대입 연산자 외의 연산자를 사용한 결과를 바로 변수에 넣고 싶을 때 사용

대입, 산술, 논리, 관계 연산자 등 연산자의 종류는 사용하려는 목적에 따라 다릅니다. 그런데 위 표를 살펴보니 이미 우리에게 익숙한 기호들이 제법 보이지 않나요? 그중 수학에서 두 대상이 같음을 나타낼 때 사용했던 '등호(=)'가 대입 연산자라고 되어 있는 걸 볼 수 있습니다.

하지만 프로그래밍에서 대입 연산자는 수학에서와는 다르게 '대입(할당)'한다는 의미를 가지고 있습니다. 변수에 어떤 값을 대입(할당)할 때, 즉 변수를 만들고 변수에 값을 초기화하거나 새로운 값으로 변경하기 위한 목적일 때 사용하는 연산자가 바로 대입 연산자입니다. 이해하기 쉽게 코드를 통해 살펴보겠습니다.

```c
1    #include <stdio.h>
2
3    int main(){
4        int num = 100;
5        printf("num 값은 %d입니다.\n", num);
6
7        num = 200;
8        printf("num 값에 100을 더한 값은 %d입니다.\n", num);
9
10       num = 300;
11       printf("num 값에 100을 더 더한 값은 %d입니다.\n", num);
12
13       return 0;
14   }
```

실행 결과　　　X

```
num 값은 100입니다.
num 값에 100을 더한 값은 200입니다.
num 값에 100을 더 더한 값은 300입니다.
```

❯ 4번 줄: num 변수 생성과 동시에 대입 연산자를 사용하여 값을 할당합니다.

❯ 7번 줄: num 변수에 대입 연산자를 사용하여 변수에 값을 넣습니다. 기존 값인 100을 200으로 덮어씌웁니다.

❯ 10번 줄: num 변수에 대입 연산자를 사용하여 변수에 값을 넣습니다. 기존 값인 200을 300으로 덮어씌웁니다.

　위 코드에서 본 것처럼 대입 연산자를 활용해 변수를 초기화하거나 다른 값으로 변경할 수 있었습니다. 변수에 값을 넣을 때 대입 연산자를 사용한다는 걸 잊지 말아 주세요.

　이어지는 섹션에서는 대입 연산자 외의 다양한 연산자들에 대해 알아보겠습니다.

Q1 다음 보기 중 올바르지 않은 것을 고르세요.

① 연산자는 변수를 더하거나 나누는 것처럼 조작할 때 사용한다.

② 변수는 대입 연산자를 사용해 값을 변경할 수 있다.

③ 상수는 값을 변경할 수 없지만 산술 연산자를 이용하여 피연산자로 사용할 수는 있다.

④ 상수는 값을 비교할 수 없기 때문에 관계 연산자를 사용할 수 없다.

정답 ④번

3, 4번: 상수의 값은 고정적이어서 변경할 수 없습니다. 하지만 그 값을 '피연산자'로 이용해 산술 연산이나 비교 연산을 수행할 수는 있습니다.

4-2
산술 연산자

삼각김밥이 먹고 싶었던 김변수 씨는 5000원을 들고 편의점에 가 전주비빔(1000원)과 참치마요(700원) 삼각김밥을 한 개씩 구매했습니다. 남은 돈은 얼마일까요? 이를 알기 위해서는 먼저 가진 돈에서 물건의 가격을 빼는 '산술 연산'을 사용해야 합니다. 산술 연산자로는 다음과 같은 것이 있습니다.

구분	연산자의 종류	연산자의 사용
더하기 연산자	+	두 피연산자를 더함
빼기 연산자	−	두 피연산자를 뺌
곱하기 연산자	*	두 피연산자를 곱함
나누기 연산자	/	두 피연산자를 나눔
나머지 연산자	%	두 피연산자의 나머지를 구함

그럼 이제 산술 연산자를 사용하여 앞서 말한 예제를 코드로 구현해 보겠습니다.

코드 4-2-1 위의 예제를 구현한 코드

```
1   #include <stdio.h>
2
3   int main(){
4       int money = 5000;
5       int jeonjuGimbap = 1000;
6       int tunaGimbap = 700;
7
8       money = money - jeonjuGimbap - tunaGimbap;
9       printf("남은 금액은 %d원입니다.\n", money);
10
11      return 0;
12  }
```

실행 결과	X
남은 금액은 3300원입니다.	

❶ 4~6번 줄: 가지고 있던 금액과 전주 김밥 및 참치 김밥의 금액의 값을 가지도록 변수를 생성하고 초기화합니다.

❶ 8번 줄: money 변수에서 jeonjuGimbap과 tunaGimbap의 값을 뺍니다.

❶ 9번 줄: 남은 금액을 출력합니다.

 수학의 산술 연산자처럼 곱하기와 나누기가 더하기와 빼기보다 먼저 계산되는 건가요?

수학의 사칙 연산에서 곱하기와 나누기가 더하기와 빼기보다 높은 우선순위가 있는 것처럼 산술 연산자에도 우선순위가 존재합니다.

[산술 연산자]

가장 높은 우선순위를 가진 연산자는 소괄호이며, 그 다음으로 곱하기, 나누기, 나머지 연산자가 두 번째 우선순위를 가집니다. 더하기, 빼기 연산자는 산술 연산자 중 가장 낮은 우선순위를 가집니다.

()   ← 우선순위 높음

* / %

+ -   ← 우선순위 낮음

산술 연산자의 우선순위에 대해 조금 더 자세히 알고 싶다면 오른쪽 QR 코드를 통해 확인해 보세요.

jeonjuGimbap과 tunaGimbap의 금액을 먼저 더하고 계산을 하고 싶다면 수학에서 연산자에 우선순위를 부여하기 위해 괄호를 사용하는 것과 같이 C언어에서도 소괄호를 사용할 수 있습니다.

코드 4-2-2 산술 연산자에 우선순위를 제공하는 코드

```
1   #include <stdio.h>
2
3   int main(){
4       int money = 5000;
5       int jeonjuGimbap = 1000;
6       int tunaGimbap = 700;
7
8       money = money - (jeonjuGimbap + tunaGimbap);
9       printf("남은 금액은 %d원입니다.\n", money);
10
11      return 0;
12  }
```

실행 결과	X
남은 금액은 3300원입니다.	

❶ 1번 줄: 괄호를 사용해서 jeonjuGimbap과 tunaGimba 사이의 연산자인 더하기 표를 사용하여 산술 계산을 우선으로 진행하고 빼기 표를 사용한 연산을 진행합니다.

잠깐 대입 연산자는 항상 마지막에 실행되는 건가요?

네, 대입 연산자는 값을 계산하고 마지막으로 넣는 단계에서 활용하는 용도이기에 항상 마지막에 실행됩니다.

이번에는 나누기(/) 연산자와 나머지(%) 연산자를 사용하여 나눗셈을 구현하며 몫과 나머지를 구하는 코드를 작성해 보겠습니다.

코드 4-2-3 몫과 나머지 구하기 예제 코드

```c
#include <stdio.h>

int main(){
    short num1 = 123;
    short num2 = 11;

    printf("몫: %d, 나머지: %d\n", num1 / num2, num1 % num2);

    return 0;
}
```

실행 결과 ☒

```
몫: 11, 나머지: 2
```

❶ 4번 줄: num1 변수에 123을 저장합니다.
❶ 5번 줄: num2 변수에 11을 저장합니다.
❶ 7번 줄: / 연산자를 사용해 몫을, % 연산자를 사용해 나머지를 구하고 출력합니다.

나누기(/) 연산자는 정수형일 때는 몫을 반환합니다. 나머지를 구하고 싶을 때는 나머지(%) 연산자를 사용합니다.

코드 4-2-4 나머지 연산자를 사용해서 2의 배수인지 아닌지 판단하는 코드

```c
#include <stdio.h>

int main(){
    int num1 = 4;
    int num2 = 5;

    printf(" %d를 2로 나눈 나머지: %d\n", num1, num1 % 2);
    printf(" %d를 2로 나눈 나머지: %d\n", num2, num2 % 2);

```

```
10          return 0;
11   }
```

```
4를 2로 나눈 나머지: 0
5를 2로 나눈 나머지: 1
```

❍ 7번 줄: num1 % 2를 통해 num1의 값인 4를 2로 나눈 나머지를 구해 출력합니다.
❍ 8번 줄: num2 % 2를 통해 num2의 값인 5를 2로 나눈 나머지를 구해 출력합니다.

만약 숫자를 2로 나눈 나머지의 값이 1이라면 그 값은 홀수이고 0이라면 짝수입니다. 이처럼 나눈 나머지의 값을 활용한다면 변수의 값이 홀수인지 짝수인지 판단할 수 있습니다.

그러나 나누기 연산자가 항상 딱 떨어지는 몫을 계산하고 나머지 연산자가 나머지를 구해 주는 것은 아닙니다. 실수형일 때를 생각해 보세요. 3.141519....의 값을 2로 나누었을 때의 값은 1.570796...인 것처럼 소수점 자릿수가 존재하는 실수로 나옵니다. 따라서 정숫값을 정수로 나누면 몫은 정수가 나오지만 실숫값을 정수로 나눈 경우 실숫값인 결과가 나오게 됩니다.

코드 4-2-5   **실수형을 정수형으로 나눈 나머지 구하기를 시도하는 예제 코드(※ 실행 시 에러 발생)**

```
1    #include <stdio.h>
2
3    int main(){
4        int num1 = 4;
5        double num2 = 5.0;
6
7        printf(" %d를 2로 나눈 결과: %d\n", num1, num1 % 2);
8        printf(" %lf를 2로 나눈 결과: %d\n", num2, num2 % 2);
9
10       return 0;
11   }
```

```
4-2-5.c:8:58: error: invalid operands to binary expression ('double' and 'int')
    printf(" %lf를 2로 나눈 결과: %d\n", num2, num2 % 2);
                                              ~~~~~^~
1 error generated.
```

❍ 4번 줄: num1 변수에 4를 초기화합니다.
❍ 5번 줄: num2 변수에 5.0을 초기화합니다.
❍ 7번 줄: num1 변수의 값인 4를 2로 나눈 나머지를 출력합니다.
❍ 8번 줄: num2 변수의 값인 5.0을 2로 나눈 나머지를 구하려고 시도하지만 실수는 나머지가 존재할 수 없어 오류가 발생합니다.

42.5를 5로 나누면 실수형인 8.5가 나오듯이 실수형은 특정 수로 나누었을 때 그 결과가 실수형이 나오기에 나머지가 존재할 수 없습니다. 심지어 1.5를 0.5로 나누더라도 3.000000이라는 실숫값이 나오게 됩니다. 따라서 실수형에 대해 나머지 연산자를 사용할 수 없습니다.

이번에는 곱하기와 나누기 연산자를 함께 사용하는 예제 코드를 통해 알아보겠습니다.

코드 4-2-6 곱하기와 나누기 예제 코드

```
1   #include <stdio.h>
2
3   int main(){
4       float num1 = 4.26;
5       int num2 = 10;
6       int num3 = 5.0;
7
8       printf("num1 * num2 = %0.3f\n", num1 * num2);
9       printf("num1 * num2 / num3 = %0.3f\n", num1 * num2 / num3);
10
11      return 0;
12  }
```

실행 결과 ☒

```
num1 * num2 = 42.600
num1 * num2 / num3 = 8.520
```

❯ 4~6번 줄: num1에 4.26, num2에 10, num3에 5.0을 초기화합니다.
❯ 8번 줄: num1의 값 4.26과 num2의 값인 10을 곱한 결과를 소수점 세 번째 자릿수까지 출력합니다.
❯ 9번 줄: num1의 값 4.26과 num2의 값인 10을 곱하고 num3의 값인 5.0으로 나눈 결과를 소수점 세 번째 자릿수까지 출력합니다.

실수형과 정수형 변수를 곱하면 결과가 실수형으로 나오게 됩니다. 따라서 9번 줄과 같이 실수형 변수에 정수형 변수를 곱한 후, 정수형 변수로 나누더라도 그 결과는 실수형이 됩니다.

Q1 다음 보기 중 코드의 실행 결과로 알맞은 것을 고르세요.

코드

```
1   #include <stdio.h>
2
3   int main(){
4       printf("2 * 10.5 = %0.1f\n", 2 * 10.5);
5
6       return 0;
7   }
```

① 2 * 10.5 = 21.0
② 2 * 10.5 = 5
③ 2 * 10.5 = 5.0
④ 2 * 10.5 = 21

정답 ①번
별표(*)는 수를 곱하는 연산자입니다. 이때 0.1f이기에 소수점 첫 번째 자리까지 출력됩니다.

Q2 다음 코드의 실행 결과를 적어 보세요.

코드

```
1   #include <stdio.h>
2
3   int main(){
4       printf("%d, ", 10 / 3);
5       printf("%d\n", 10 % 2);
6
7       return 0;
8   }
```

정답 3, 0
4번 줄: 나누기 연산자를 사용해서 10을 3으로 나눈 몫을 구하여 출력합니다.
5번 줄: 나머지 연산자를 사용해서 10을 2로 나눈 나머지를 구하여 출력합니다.

4-3
관계 연산자

김변수 씨는 편의점에서 음료수를 사려고 합니다. 종류가 다른 음료수 2개가 있을 때 가격이 더 저렴한 것을 사고 싶어 합니다. 이때 두 제품의 가격을 비교하고 더 싼 제품을 찾아 구매할 것입니다.

이처럼 두 개 이상의 변수가 있을 때 어떤 것이 가장 큰지 혹은 서로 같은 값을 가지는지 등을 비교하여 관계를 나타내야 하는 경우가 있습니다. 이럴 때 사용하는 것이 바로 '관계 연산자'입니다. 관계 연산자는 값을 비교할 때 사용하기에 '비교 연산자'라고도 합니다.

관계 연산자는 연산 결과를 내보내는데 참(True) 또는 거짓(False)의 결과를 반환합니다. 관계 연산자가 표현하고 있는 상황이 맞다면 참, 아니면 거짓을 내보냅니다.

연산자	연산자의 사용
== 연산자	두 피연산자가 같으면 참을 반환
!= 연산자	두 피연산자가 다르면 참을 반환
〈 연산자	왼쪽 피연산자가 오른쪽 피연산자보다 작으면 참을 반환
〉 연산자	왼쪽 피연산자가 오른쪽 피연산자보다 크면 참을 반환
〈= 연산자	왼쪽 피연산자가 오른쪽 피연산자보다 작거나 같으면 참을 반환
〉= 연산자	왼쪽 피연산자가 오른쪽 피연산자보다 크거나 같으면 참을 반환

 참이랑 거짓을 내보낼 때 C언어에서는 어떤 표현법을 사용하나요?

C언어에서는 참일 때 1을, 거짓일 때 0을 반환합니다.

관계 연산자가 무엇인지 알았으니 이제 코드를 통해 관계 연산자 사용법을 확인해 보겠습니다.

크거나 작음을 비교하는 관계 연산자 예제 코드

```c
1   #include <stdio.h>
2
3   int main(){
4       short num1 = 3;
5       short num2 = 5;
6
7       printf(" 3 > 5 결과: %d\n", num1 > num2);
8       printf(" 3 < 5 결과: %d\n", num1 < num2);
9
10      return 0;
11  }
```

실행 결과   ☒

```
3 > 5 결과: 0
3 < 5 결과: 1
```

❷ 7번 줄: num1의 값 3이 num2의 값 5보다 큰지 비교합니다. 거짓이기 때문에 결과 0을 출력합니다.

❷ 8번 줄: num1의 값 3이 num2의 값 5보다 작은지 비교합니다. 참이기 때문에 결과 1을 출력합니다.

값이 같고 다름을 비교하는 관계 연산자 예제 코드

```c
1   #include <stdio.h>
2
3   int main(){
4       short num1 = 100;
5       short num2 = 300;
6
7       printf("num1 == num2 결과: %d\n", num1 == num2);
8       printf("num1 != num2 결과: %d\n", num1 != num2);
9
10      return 0;
11  }
```

실행 결과   ☒

```
num1 == num2 결과: 0
num1 != num2 결과: 1
```

❷ 7번 줄: ==을 사용해 100과 300이 같은지 판별합니다. 거짓이기 때문에 0을 출력합니다.

❷ 8번 줄: !=을 사용해 100과 300이 다른지 판별합니다. 참이기 때문에(서로 다르기 때문에) 1을 출력합니다.

!=은 연산자를 기준으로 양쪽의 값이 다를 때 1, 같을 때는 0을 반환합니다.

잠깐 **자료형이 다를 때 관계 연산자를 사용해 비교할 수 있나요?**

자료형이 다르더라도 같고 다름의 크기는 비교할 수 있기 때문에 가능합니다. 정수형과 실수형은 모두 숫자이기에 관계 연산자를 사용할 수 있으며 문자형의 경우에도 비교 연산자를 사용할 때는 아스키 코드에 의해 숫자 자료형과 관계 측정이 가능합니다.

지금까지는 같은 자료형을 가진 데이터의 비교를 진행했습니다. 이번에는 자료형이 다른 두 데이터를 관계 연산자를 이용하여 비교해 보겠습니다.

코드 4-3-3 | 정수와 문자를 비교하는 예제 코드

```
1   #include <stdio.h>
2
3   int main(){
4       short num = 65;
5       char c = 'A';
6
7       printf("num == c 결과: %d\n", num == c);
8       printf("num != c 결과: %d\n", num != c);
9
10      return 0;
11  }
```

실행 결과 ⊠

```
num == c 결과: 1
num != c 결과: 0
```

❷ 4~5번 줄: num에 65를, c에 'A'를 저장합니다.
❷ 7번 줄: num에 저장된 값 65와 c에 저장된 'A'의 아스키 코드 값 65가 '같은지' 비교합니다.
❷ 8번 줄: num에 저장된 값 65와 c에 저장된 'A'의 아스키 코드 값 65가 '다른지' 비교합니다.

[코드 4-3-3]과 같이 아스키 코드의 값을 이용하여 숫자와 문자를 비교할 수 있습니다. 그렇다면, 숫자 데이터가 정수형이 아닌 실수형 데이터라면 어떤 결과가 나올까요?

코드 4-3-4 | 실수와 문자를 비교하는 예제 코드

```
1   #include <stdio.h>
2
3   int main(){
```

```
 4        float num = 65.0;
 5        char c = 'A';
 6
 7        printf("num == c 결과: %d\n", num == c);
 8        printf("num != c 결과: %d\n", num != c);
 9
10        return 0;
11    }
```

```
num == c 결과: 1
num != c 결과: 0
```

❷ 4, 5번 줄: num에 65.0를 c에 'A'를 저장합니다.

❷ 7번 줄: c의 아스키 코드 값 65와 num 값 65.0와 같은지 비교합니다. 참이기 때문에 1을 출력합니다.

❷ 8번 줄: c의 아스키 코드 값 65와 num 값 65.0와 다른지 비교합니다. 거짓이기 때문에 0을 출력합니다.

크기를 비교하는 >와 < 연산자, 그리고 같음을 비교하는 == 연산자를 함께 사용하고 싶은 경우가 있을 것입니다. 크거나 같음, 작거나 같음을 비교하기 위해서는 원하는 크기 비교 연산자 뒤에 = 기호 하나를 이어 붙여 >= 또는 <=로 사용합니다.

코드 4-3-5 작거나 같음과 크거나 같음을 비교하는 예제 코드

```
 1    #include <stdio.h>
 2
 3    int main(){
 4        float num1 = 12345.0;
 5        int num2 = 12345;
 6
 7        printf("num1 >= num2 결과: %d\n", num1 >= num2);
 8        printf("num1 <= num2 결과: %d\n", num1 <= num2);
 9
10        return 0;
11    }
```

```
num1 >= num2 결과: 1
num1 <= num2 결과: 1
```

❷ 7번 줄: 12345.0 >= 12345를 만족하기에 1이 출력됩니다.

❷ 8번 줄: 12345.0 <= 12345를 만족하기에 1이 출력됩니다.

Q1 다음 보기 중 빈칸에 들어갈 코드로 알맞은 것을 고르세요.

코 드

```
1  #include <stdio.h>
2
3  int main(){
4      char a = 'a';
5      int num = 97;
6
7      printf("%d\n", _____);
8
9      return 0;
10 }
```

실행 결과   X

1

① a == num

② a != num

③ a 〉 num

④ a 〈 num

정답 ①번

4번 줄: 문자형 a 변수에 'a'를 저장합니다. 문자 'a'는 정수 97에 대응됩니다.

5번 줄: 정수형 num 변수에 97을 저장합니다. 정수 97은 문자 'a'에 대응됩니다.

4-4
논리 연산자

　김변수 씨는 편의점에서 고른 삼각김밥과 음료수를 구매하려고 하는데 만 65세 이상이거나 만 19세 미만이면 500원 할인해 준다고 합니다. 김변수 씨는 만 65세 이상은 아니지만 만 19세 미만이라는 조건은 만족했기 때문에 할인을 받을 수 있습니다.

　논리 연산자는 위 예제에서 '~이거나'와 같이 논리성을 붙여 주는 연산자입니다. 관계에 대해 논리적으로 만족하면 그 결과로 1을, 아니라면 0을 반환합니다. 논리 연산자의 종류로는 논리곱(AND), 논리합(OR), 논리부정(NOT) 연산자가 있습니다.

논리 연산자	경우	결과
&& (AND)	1 && 1	1
	1 && 0	0
	0 && 0	0
|| (OR)	1 || 1	1
	1 || 0	1
	0 || 0	0
! (NOT)	1	0
	0	1

　&& 연산자는 '그리고'를 의미하며 둘 다 만족하는 경우에만 그 결과가 참이 됩니다. 반면에 || 연산자는 '또는'으로 해석할 수 있는데 둘 다 만족하지 못하는 경우에만 결과가 0입니다. 그리고 논리를 부정하는 ! 연산자를 사용해 참·거짓을 나타내는 1과 0을 반대로 만들 수 있습니다.

　이제 코드를 통해 김변수 씨의 예제를 세부적으로 알아보겠습니다.

```
1   #include <stdio.h>
2
3   int main(){
4       int age = 15;
5
6       printf("김변수 씨는 65세 이상이거나 19세 미만이다. %d\n", age >= 65 || age < 19);
7
8       return 0;
9   }
```

실행 결과   ☒

김변수 씨는 65세 이상이거나 19세 미만이다. 1

◐ 6~7번 줄: age가 65보다 크거나 같음은 거짓이기에 'age >= 65'의 값은 0이고, age가 19보다 작음은 참이기에 'age < 19' 의 값은 1입니다. 둘 중 하나라도 참이기에 1을 반환합니다.

잠깐 논리 연산자를 사용할 때는 피연산자에 무조건 '1 또는 0의 값을 반환하는 관계 연산자 식'을 사용해야 하나요? 사용해야 하나요?

관계 연산자식을 사용해도 되지만 숫자 하나만 사용하거나 문자 하나만 사용해도 됩니다.

참고로 숫자는 논리 연산자와 함께 사용될 때 정수 0을 제외한 모든 숫자에서 참의 값인 1을 가집니다. 그리고 문자는 값 이 없을 때를 제외한 모든 문자에서 참의 값 1을 가집니다.

논리 연산자는 둘 또는 셋 이상의 논리 관계가 성립하는지 판단하는 과정에서 많이 사용합니다. 이번 에는 다수의 관계에서 논리적 구성이 만족하는지 확인하는 코드를 작성해 보겠습니다. 먼저, 가장 간단 한 형태인 '두 개의 관계'가 있는 상황입니다.

코드 4-4-2   두 개의 관계가 있을 때 논리적 구성이 둘 다 만족해야 할 때의 예제 코드

```
1   #include <stdio.h>
2
3   int main(){
4       int num1 = 100;
5       int num2 = 200;
6
7       printf("결과: %d\n", num1 > 10 && num2 > 10);
8
9       return 0;
10  }
```

❯ 8번 줄: num1 > 10은 참이고, num2 > 10도 참입니다. 따라서 && 연산에 의해 결괏값인 1을 출력합니다.

이번엔 두 개의 관계가 아니라 세 개의 관계를 AND(&&) 연산자로 어떻게 표현할 수 있는지 함께 알아보겠습니다.

코드 4-4-3   세 개의 관계에서 모두 참인지에 대한 논리성을 판단하는 예제 코드

```
1   #include <stdio.h>
2
3   int main(){
4       int num1 = 100;
5       int num2 = 200;
6       int num3 = 0;
7
8       printf("결과: %d\n", num1 > 10 && num2 > 30 && num3 > 10);
9
10      return 0;
11  }
```

❯ 8번 줄: num1 > 10은 참, num2 > 30도 참이지만 num3 > 10은 거짓입니다. 모두가 참은 아니기 때문에 0을 출력합니다.

논리곱을 의미하는 && 연산자를 사용한 경우에는 결괏값 1이 나오는 것을 확인할 수 있습니다.

그렇다면 이번에는 한 개라도 값이 1일 때 그 결과가 참이 되는 '또는'을 표현하는 OR(||) 논리 연산자에 대해 알아보겠습니다.

코드 4-4-4   관계가 하나라도 만족할 때 논리 결과가 참이 되는 예제 코드

```
1   #include <stdio.h>
2
3   int main(){
4       int num1 = 100;
5       int num2 = 200;
6       int num3 = 0;
7
8       printf("결과: %d\n", num1 > 10 && num2 > 30 || num3 > 10);
9
```

```
10      return 0;
11  }
```

❯ 8번 줄: num1 > 10 && num2 > 30의 결과는 1입니다. 이어서 ||에 의해 왼쪽과 오른쪽 연산 결과 중 하나라도 참이어서 결과는 1이 출력됩니다.

|| 연산자는 둘 중 하나라도 참이라면 1을 출력하고 있습니다. "비나 눈이 온다면 우산을 쓴다."라는 일상의 문장을 예시로 들 수 있습니다.

이번엔 참과 거짓의 결과를 바꾸는 연산자인 NOT(!) 논리 연산자에 대해 알아보겠습니다.

코드 4-4-5   **NOT(!) 논리 연산자를 사용한 반대 값을 출력하는 예제 코드**

```
1   #include <stdio.h>
2
3   int main(){
4       int num1 = 100;
5
6       printf("!%d에 대한 논리값은 %d입니다.\n", num1, !num1);
7
8       return 0;
9   }
```

실행 결과   ⊠
!100에 대한 논리값은 0입니다.

❯ 6번 줄: 100은 0보다 큰 정수이기 때문에 num1은 참 값인 1을 반환합니다. 따라서 !num1은 그 반대 결과인 거짓 값 0을 반환합니다.

! 연산자는 참인 경우에 거짓을, 거짓인 경우에 참을 반환하고 있습니다. 즉, 피연산자의 논리적 반대 값을 반환하는 연산자임을 알 수 있습니다.

위와 같이 논리 연산자를 사용하면 프로그램에서 다양한 조건을 확인하고 다양한 결과를 도출해 낼 수 있게 됩니다. 참과 거짓을 분류하는 논리 연산자를 연습하여 여러분이 원하는 조건을 만들어 보세요.

Q1 다음 보기 중 실행 결과로 알맞은 것을 고르세요.

코 드

```c
#include <stdio.h>

int main(){
    int num1 = 3 > 4;
    int num2 = 0;
    int num3 = 100;

    printf("실행 결과: %d", num1 && num2 || num3);

    return 0;
}
```

① 실행 결과: 1
② 실행 결과: 0.75
③ 실행 결과: 0
④ 실행 결과: 100
⑤ 컴파일 에러

정답 ①번

4번 줄: 3 > 4의 결과가 거짓이기 때문에 num1에 0이 저장됩니다.

5번 줄: num2에 0이 저장됩니다.

6번 줄: num3에 100이 저장됩니다.

8번 줄: num1과 num2 모두 거짓이기에 num1 && num2에서는 0이 나옵니다. 하지만 그 뒤로 이어지는 0 || num3에서 num3의 값이 100이므로 참(1)으로 인지되며, 둘 중 하나라도 1이기 때문에 || 연산 결과로 1이 나옵니다.

4-5
증감 연산자

이전에 배운 산술 연산자 +, −는 'a = b + 3' 같은 식의 '+ 3'처럼 변화시킬 값을 함께 사용해야 합니다. 하지만 이번에 배울 증감 연산자 ++, −−를 사용할 때는 변화시킬 값이 1로 고정됩니다. 1씩 늘어나거나 줄어드는 것이기 때문에 별도의 값을 지정해 줄 필요가 없습니다.

위치	연산자	과정
전위증감	++a	a에 1을 증가시키고 증가된 값이 결과로 반환
	−−a	a에 1을 감소시키고 감소된 값이 결과로 반환
후위증감	a++	a의 값이 반환된 후 a 값에 1을 증가시켜 a에 저장
	a−−	a의 값이 반환된 후 a 값에 1을 감소시켜 a에 저장

증감 연산자는 연산자가 대상으로부터 어디에 위치하는지에 따라 반환되는 값이 달라진다는 특징이 있습니다. 우선 산술 연산자와의 차이점을 코드로 알아보며 시작하겠습니다.

코드 4-5-1 산술 연산자와의 비교 코드

```
1  #include <stdio.h>
2
3  int main(){
4      int a = 3;
5      a = a + 1;
6      printf("a = a + 1 -> a = %d\n", a);
7
8      int b = 3;
9      printf("b++ -> b = %d\n", ++b);
10
11     return 0;
12 }
```

```
a = a + 1 -> a = 4
b++ -> b = 4
```

❶ 6번 줄: ++a는 a의 값에 1을 증가시킨 그 결과를 반환하기 때문에 a+1과 값이 동일합니다.

❶ 9번 줄: ++b는 b에 1을 더한 값을 먼저 반환하기 때문에 3에 1을 더한 값인 4를 출력합니다.

[코드 4-5-1]에서 증감 연산자가 산술 연산자에 비해 훨씬 간단한 형태를 띠고 있음을 확인했습니다. 증감 연산자를 사용할 때에는 목적에 따라 전위, 후위증감 연산자로 나뉩니다. 잘못 사용하는 경우, 의도와 다른 결과가 출력될 수 있습니다. 전위증감 연산자부터 차례대로 확인해 보겠습니다.

코드 4-5-2 전위증감 연산자 예제 코드

```
1   #include <stdio.h>
2
3   int main(){
4       int a = 10000;
5
6       printf("++a 결과: %d\n", ++a);
7       printf("a는 %d입니다.\n", a);
8       printf("--a 결과: %d\n", --a);
9       printf("a는 %d입니다.\n", a);
10
11      return 0;
12  }
```

```
++a 결과: 10001
a는 10001입니다.
--a 결과: 10000
a는 10000입니다.
```

❶ 6번 줄: ++a는 a에 1을 더하고 그 값을 반환하기에 출력 결과는 10001입니다.

❶ 7번 줄: a는 그대로 10001입니다.

❶ 8번 줄: --a는 a에서 1을 빼고 그 값을 반환하기에 출력 결과는 10000입니다.

❶ 9번 줄: a는 그대로 10000입니다.

전위증감 연산자는 출력 이전에 값을 변환합니다. 따라서 [코드 4-5-1]의 5번 줄에서 산술 연산자를 이용하여 출력 전 값을 변환하는 과정과 같습니다.

반면, 후위증감 연산자의 경우에는 다른 결과를 확인할 수 있습니다.

```c
#include <stdio.h>

int main(){
    int a = 10000;

    printf("a-- 결과: %d\n", a--);
    printf("a는 %d입니다.\n", a);
    printf("a++ 결과: %d\n", a++);
    printf("a는 %d입니다.\n", a);

    return 0;
}
```

실행 결과   X

```
a-- 결과: 10000
a는 9999입니다.
a++ 결과: 9999
a는 10000입니다.
```

❯ 6번 줄: a--는 a를 반환하고 나서 1을 빼 a의 값을 변경시킵니다. 따라서 여기에서는 기존 값인 10000을 출력합니다.

❯ 7번 줄: 6번 줄 a--에 의한 값 9999를 출력합니다.

❯ 8번 줄: a++는 a를 반환하고 나서 1을 더하여 a의 값을 변경시킵니다. 따라서 여기에서는 기존 값인 9999를 출력합니다.

❯ 9번 줄: 8번 줄 a++에 의한 값 10000을 출력합니다.

     후위증감의 경우, [코드 4-5-1] 5번 줄의 값을 변화시키는 코드가 출력 이후에 작성되어 있다고 볼 수 있습니다. [코드 4-5-3]과 같이 후위증감 연산자를 사용하는 경우, 기존에 변수에 저장되어 있던 값이 먼저 출력되고 그 이후에 값이 변환되는 과정을 거칩니다. 전위증감 연산자와 후위증감 연산자 중 무엇을 사용할 것인지는 여러분이 코드에서 의도한 목적에 따라 선택하면 됩니다.

 잠깐   **증감 연산자는 꼭 피연산자에 붙여 써야 하나요?**

     아니요, 그렇지는 않습니다. C언어에서 연산자와 피연산자 사이를 붙이거나 띄는 것은 코드의 동작에 영향을 주지 않습니다. 하지만 코드의 가독성을 위해 일관된 스타일을 유지하는 편이 좋습니다.

     보통 산술 연산자, 관계 연산자, 논리 연산자는 가독성을 위해 연산자와 피연산자 사이에 공백을 넣는 것이 일반적입니다. 하지만 증감 연산자는 연산자와 피연산자 사이에 공백을 넣지 않는 것이 일반적인 관례입니다.

     증감 연산자는 변수에 대한 증가나 감소를 나타내며, 이들은 피연산자에 바로 적용됩니다. 따라서 연산자와 피연산자를 붙여서 사용함으로써 증감 연산자가 피연산자에 직접 적용된다는 시각적인 표현을 강조할 수 있습니다.

Q1 다음 코드를 보고 빈칸에 들어갈 코드를 작성하세요.

코드

```
1   #include <stdio.h>
2
3   int main(){
4       int a = 3000;
5
6       printf("%d\n", a--);
7       printf("%d\n", a++);
8       printf("%d\n", ++a);
9
10      return 0;
11  }
```

실행 결과   X

```
3000
  (1)
  (2)
```

정답 (1) 2999, (2) 3001

6번 줄: a의 값인 3000을 반환하고 a의 값에 1을 감소시킵니다.

7번 줄: 5번 줄에서 후위 연산자를 사용한 연산인 a--에 의한 값인 2999를 출력합니다. 그런 다음 a의 값에 1을 증가시킵니다.

8번 줄: a의 값에 전위 연산자를 사용해 1을 증가시킨 결과를 반환하여 출력합니다.

4-6
더 알아보기 비트 연산자

 컴퓨터가 이해할 수 있는 2진수

우리가 사용하고 있는 gcc 컴파일러는 C언어를 컴퓨터가 이해할 수 있는 형태로 번역합니다. 챕터 2에서 잠깐 설명했듯이 컴퓨터는 0과 1 값을 가지는 비트(bit)라는 최소 단위를 해석하여 코드를 이해합니다. 우리가 사용하는 문자나 숫자를 모두 0 또는 1로 변경할 수 있고 그 비트끼리의 연산도 가능합니다.

 컴퓨터에서는 숫자나 문자를 어떻게 표현하나요?

우리가 일상생활에서 사용하는 숫자는 모든 자리에서 0~9까지의 숫자를 가집니다. 모든 자릿수가 0~9 사이의 숫자로 표현될 때 총 열 개의 숫자이기에 이를 '10진수'라고 합니다. 반면에 컴퓨터의 언어는 00001이나 110100처럼 각 자릿수가 0 또는 1로 나타나는 '2진수'로 표현됩니다.

10진수로 나타낸 숫자 10을 0과 1로만 구성하는 방법을 알아보겠습니다. 다음과 같이 2라는 숫자로 값을 나누는 과정을 통해 변환이 가능합니다.

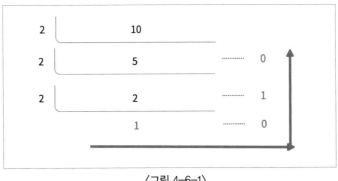

〈그림 4-6-1〉

10진수를 2진수로 변환할 때는 2로 나누는 과정 사이에 있는 나머지와 최종 몫을 사용합니다. 마지막 계산에서는 몫과 나머지로 나오는 숫자가 0과 1뿐입니다. 이처럼 최종 계산에서 0 또는 1이 나왔다면 그 값을 가장 첫 번째 값으로 하고 바로 직전의 나머지부터 초반의 나머지까지 차례대로 읽습니다. 그것이 바로 10진수를 2진수로 변환한 값입니다.

즉, 위의 예시에서 10진수로 표기된 10은 2진수로 변환하면 1010으로 나타낼 수 있습니다.

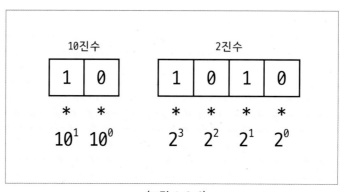

〈그림 4-6-2〉

비트 연산자 살펴보기

비트 연산은 0과 1 사이의 연산입니다. 언뜻 논리 연산자와 비슷해 보이지만 논리 연산자는 비트끼리의 연산이 아니라 참, 거짓 사이의 논리를 판별해 주는 연산자입니다. 이와 달리 비트 연산자는 0 또는 1 사이의 관계를 판단해 주기 위해 사용합니다. 비트 연산자의 종류로는 논리곱(AND), 논리합(OR), 배타적 논리합(XOR), 부정(NOT) 연산자가 있습니다.

비트 연산자	역할	예시
& (AND)	두 비트가 모두 1인지 체크	1 & 1, 00 & 10
| (OR)	하나라도 1인지 체크	0 | 0, 11 | 00
^ (XOR)	비트끼리 다른지 체크	0 ^ 0, 00 ^ 11
~ (NOT)	비트를 반전시킴	~ 0, ~ 11

코드를 살펴보며 비트 연산에 대해 조금 더 자세히 알아보겠습니다.

코드 4-6-1 두 수에 AND(&) 비트 연산을 하는 예제 코드

```
1    #include <stdio.h>
2
3    int main(){
4        short num1 = 3;
5        short num2 = 5;
6
7        printf("num1 & num2의 결과: %d\n", num1 & num2);
8
9        return 0;
10   }
```

실행 결과 [X]

num1 & num2의 결과: 1

▶ 7번 줄: 3을 비트로 변환한 값 11과 5를 비트로 변환한 값 101에 대해 & 비트 연산을 합니다. '11&101' 연산의 결과는 비트 0010이기에 비트 1을 가지는 10진수 1을 결괏값으로 반환합니다.

위 예제 코드에서 이루어진 AND(&) 비트 연산을 그림으로 살펴보자면 다음과 같습니다.

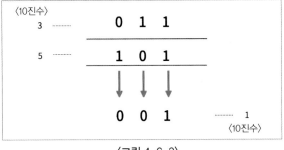

〈그림 4-6-3〉

3의 가장 첫 번째 비트인 0과 5의 가장 첫 번째 비트인 1에 & 연산자를 적용하면 둘 다 1이라는 비트가 아니기에 결괏값으로 0이 나옵니다. 두 번째 비트에서는 1과 0을 비교한 결과 0이 되고, 세 번째 연산은 1과 1이 만나 결과가 1로 나옵니다. 따라서 결과는 int 자료형의 공간 32비트(4바이트) 중 가장 마지막 비트만 1이 됩니다.

이번엔 OR(|) 비트 연산을 통해 결과를 확인해 보겠습니다. | 비트 연산은 두 비트 중 하나라도 1이라면 1의 결과를 갖습니다. [코드 4-6-1]과 [그림 4-6-3]에서 3과 5를 & 비트 연산한 결과는 1이었습니다. 만약 거기에 & 비트 연산 대신 | 비트 연산이 들어가면 어떨까요? 코드를 통해 어떤 결과가 나타나는지 확인해 보겠습니다.

코드 4-6-2 두 수에 OR(|) 비트 연산을 하는 예제 코드

```
1    #include <stdio.h>
2
3    int main(){
4        short num1 = 3;
5        short num2 = 5;
6
7        printf("num1 | num2의 결과: %d\n", num1 | num2);
8
9        return 0;
10   }
```

실행 결과   ☒

num1 | num2의 결과: 7

❥ **7번 줄:** 3의 비트 값 11과 5의 비트 값 101의 각 비트끼리 | 연산을 진행합니다. 첫 번째 연산(0 | 1) 결과 1, 두 번째 연산(1 | 0) 결과 1, 세 번째 연산(1 | 1)의 결과도 1로, 최종 결과 1110이 나옵니다. 111은 10진수로 변경하면 7입니다.

[코드 4-6-2]에서는 | 비트 연산을 통해 둘 중 하나라도 1이라면 1이라는 결과를 가져왔습니다. 따라서 모든 자릿수가 1이므로 7이라는 결과를 가지게 됩니다.

만약 아직 | 비트 연산이 이해되지 않는다면 [그림 4-6-3]처럼 직접 그림을 그려 보고, 연산의 결과를 작성해 보세요.

 잠깐 **0과 1로 표현된 2진수는 어떻게 10진수로 변경하나요?**

10진수를 2진수로 만들기 위해서 우리는 2로 반복해서 나눠 줬고 그때 나눈 나머지를 사용했습니다. 그 역과정을 할 때는 2를 반복해서 곱해 주면 됩니다.

앞에서 본 것처럼 5를 2진수로 나타내면 101입니다. 참고로 5라는 정수는 int 자료형을 사용하면 32비트(4바이트)로 표시됩니다. 하지만 여기서는 지면상 생략하고 맨 뒤 8비트 부분만 살펴보겠습니다.

0	0	0	0	0	1	0	1
2^7	2^6	2^5	2^4	2^3	2^2	2^1	2^0

101에서 가장 맨 처음 1 비트는 2*2인 4가 됩니다. 그다음 비트에서는 2를 한 번 곱해서 2인데 해당 위치의 비트가 0일 때는 무시합니다. 그리고 마지막 비트 1은 2를 0번 곱해서 1입니다. 각 과정을 거친 결과를 모두 더하면 5가 됩니다. 이렇게 2진수를 10진수로 변환할 수 있습니다.

핵심 정리

- C언어에서 변수를 조작하기 위해 연산자를 사용합니다.
- 변수에 값을 대입하기 위해서 대입 연산자를 사용할 수 있습니다.
- 값의 크기와 같은지, 다른지 등을 비교할 때 관계 연산자를 사용합니다. 참일 때는 1을 반환하고 거짓일 때는 0을 반환합니다.
- 관계들 사이에서 '그리고(AND)', '또는(OR)' 같이 논리적인 흐름을 체크하기 위해 논리 연산자를 사용합니다.
- 대상의 값에 변화를 먼저 주고 1씩 증감 연산을 하는 연산자를 전위 증감 연산자라고 하며 증감 연산이 대상 값의 변화 이전에 발생하면 후위 증감 연산자라고 합니다.
- 비트 연산자는 0과 1 사이의 연산을 통해서 변수의 값을 변경시키는 데 사용할 수 있습니다.

개념 다지기

4-1. 다음 보기 중 실행 결과의 빈칸에 알맞은 것을 고르세요.

코 드

```
1   #include <stdio.h>
2
3   int main(){
4       int a = 10000;
5       int b = 20000;
6       int c = 30000;
7
8       printf("(a < b) || (a > c) => %d\n", (a < b) || (a > c));
9       printf("(a == b) && (a != b) => %d\n", (a == b) && (a != b));
10      printf("(a < b) && (b < c) => %d\n", (a < b) && (b < c));
11
12      return 0;
13  }
```

실행 결과   X
```
(a < b) || (a > c) => _(1)_
(a == b) && (a != b) => _(2)_
(a < b) && (b < c) => _(3)_
```

① (1) 0, (2) 0, (3) 0
② (1) 0, (2) 0, (3) 1
③ (1) 0, (2) 1, (3) 1
④ (1) 1, (2) 0, (3) 0
⑤ (1) 1, (2) 0, (3) 1

4-2. 다음 코드의 실행 결과를 보고 빈칸에 알맞은 코드를 작성하세요.

코드

```
1   #include <stdio.h>
2
3   int main(){
4       int a = 10000;
5
6       printf("%d\n",  (1) );
7       printf("%d\n", a--);
8       printf("%d\n", a++);
9       printf("%d\n",  (2) );
10
11      return 0;
12  }
```

실행 결과   ☒

```
10000
10001
10000
10000
```

4-3. 다음 코드의 실행 결과를 보고 빈칸에 알맞은 논리 연산자를 작성하세요.

코드

```
1   #include <stdio.h>
2
3   int main(){
4       int a = 123456;
5       int b = 987654;
6       int result = a  (1)  !b;
7
8       printf("%d\n", result);
9
10      return 0;
11  }
```

실행 결과	X
0	

변수의 추천 과제 👍 개념을 복습하며 포트폴리오를 만들고 싶다면, 변수의 추천 과제를 해결해 보세요!

난이도	과제	페이지
★	[Part 2] 1-5. 색칠한 블록	378
★★★	[Part 2] 3-5. 곱셈 답지 만들기	458

챗GPT와 함께하는 코딩 학습

 연산자를 이용한 결과를 한눈에 보기

이번 챕터에서는 앞으로도 많이 사용될 연산자의 종류와 사용 방법에 대해 알아보았습니다. 내용이 많기 때문에 앞에서 배운 모든 연산자를 이용한 결과를 한눈에 볼 수 있는 코드를 작성해 달라고 부탁해 보겠습니다.

 산술 연산자, 관계 연산자, 논리 연산자, 증감 연산자를 한 번씩 차례대로 사용하면서, 변수의 값을 바꾸고 출력하는 코드를 작성해 줘.

 아래는 산술 연산자, 관계 연산자, 논리 연산자, 증감 연산자를 사용하여 변수의 값을 변경하고 출력하는 간단한 C언어 코드입니다.

코드	챗GPT가 정리한 연산자별 계산 결과

```
1   #include <stdio.h>
2
3   int main(){
4       // 변수 선언 및 초기화
5       int a = 5, b = 2;
6
7       // 산술 연산자(+, -, *, /, %) 사용
8       int sum = a + b;
9       int difference = a - b;
10      int product = a * b;
11      int quotient = a / b;
12      int remainder = a % b;
13
14      // 결과 출력
15      printf("산술 연산 결과:\n");
16      printf("덧셈: %d\n", sum);
17      printf("뺄셈: %d\n", difference);
18      printf("곱셈: %d\n", product);
19      printf("나눗셈: %d\n", quotient);
20      printf("나머지: %d\n", remainder);
21
22      // 관계 연산자(<, <=, >, >=, ==, !=) 사용
23      printf("\n관계 연산 결과:\n");
24      printf("%d < %d: %d\n", a, b, a < b);
```

```
25        printf("%d <= %d: %d\n", a, b, a <= b);
26        printf("%d > %d: %d\n", a, b, a > b);
27        printf("%d >= %d: %d\n", a, b, a >= b);
28        printf("%d == %d: %d\n", a, b, a == b);
29        printf("%d != %d: %d\n", a, b, a != b);
30
31        // 논리 연산자(&&, ||, !) 사용
32        printf("\n논리 연산 결과:\n");
33        printf("(%d > 0) && (%d < 10): %d\n", a, b, (a > 0) && (b < 10));
34        printf("(%d > 0) || (%d < 1): %d\n", a, b, (a > 0) || (b < 1));
35        printf("!(%d == %d): %d\n", a, b, !(a == b));
36
37        // 증감 연산자(++a, --b) 사용
38        printf("\n증감 연산 결과:\n");
39        printf("++a: %d\n", ++a);
40        printf("--b: %d\n", --b);
41
42        return 0;
43    }
```

실행 결과 ⓧ

```
산술 연산 결과:
덧셈: 7
뺄셈: 3
곱셈: 10
나눗셈: 2
나머지: 1

관계 연산 결과:
5 < 2: 0
5 <= 2: 0
5 > 2: 1
5 >= 2: 1
5 == 2: 0
5 != 2: 1

논리 연산 결과:
(5 > 0) && (2 < 10): 1
(5 > 0) || (2 < 1): 1
!(5 == 2): 1

증감 연산 결과:
++a: 6
--b: 1
```

이 코드는 주어진 변수 a와 b에 대해 각각의 연산자를 사용하여 값을 변경하고 결과를 출력합니다.

앞 페이지와 같이 많은 연산자를 사용하거나 내용을 정리하여 코드로 작성하고 싶은 경우, 생성형 AI 를 이용하면 쉽고 빠르게 결과를 얻을 수 있습니다.

CHAPTER

함수

"함수를 사용하면 자주 쓰는 편리한 기능을 쉽게 쓸 수 있어!"

5-1
함수란 무엇인가?

함수(Function)는 한 번 이해하고 나면 쉽고 편리한 기능이지만 처음 접할 때는 어려운 개념입니다. C언어에서는 코드의 흐름이 함수의 연속이라고 볼 수 있습니다. 즉, 함수를 명확히 이해하는 것이 코드의 흐름을 이해할 수 있는 것입니다. 이번 챕터에서는 함수의 개념과 더불어 함수를 사용하는 방법을 알아보겠습니다.

함수는 우리가 원하는 기능을 모아 둔 코드 덩어리입니다. 함수에 어떤 값을 입력했을 때 미리 작성해 둔 코드 덩어리가 실행되고 결과가 출력되는 형태이죠. 함수의 형태는 아래와 같습니다.

<table>
<tr><td>구문 설명 ✕</td><td>예시 ✕</td></tr>
<tr><td>

```
반환 자료형 함수 이름(매개변수) {
    실행문;
    return 반환값;
}
```
</td><td>

```
int sum(int a, int b) {
    int result = a + b;
    return result;
}
```
</td></tr>
</table>

위 예시처럼 우리가 함수에 어떤 값을 넣으면 함수 안에서 작업이 이루어지고 그 결과를 반환하는 것이 함수의 기본적인 형태입니다.

하지만 경우에 따라 매개변수나 반환값 없이 사용되는 함수도 있습니다. 반환값이 없는 함수는 void라는 자료형을 가지며, 다른 함수와 달리 반환하는 값이 존재하지 않습니다. void 함수는 return이 없는 형태라고 간단하게 이해하고 넘어가도 괜찮습니다.

 잠깐 그렇다면 main도 함수인가요?

맞습니다. 코드 5-1-1을 보면 main도 반환 자료형, 함수 이름, 매개변수, 실행문, 반환값 등 함수의 조건을 잘 갖추고 있습니다. C언어에서 main 함수는 코드(프로그램)가 실행될 때 가장 처음으로 한 번 작동(호출)되는 함수입니다. 따라서 C언어 코드에서 main 함수는 반드시 있어야 하며, 두 번 이상 작성되면 안 됩니다.

처음부터 매개변수와 반환값 모두 사용하는 함수를 이해하기는 조금 어려울 것입니다. 그러니 먼저 매개변수와 반환값이 없는 간단한 함수를 살펴보며 함수의 기초 개념에 대해 더 알아보겠습니다.

코드 5-1-1   함수를 이용하여 "Hello!"를 출력하는 코드

```c
#include <stdio.h>

void printHello();

int main(){
    printHello();

    return 0;
}

void printHello(){
    printf("Hello!");
}
```

실행 결과	X
Hello!	

❷ 3번 줄: 아래에서 정의한 printHello 함수를 컴파일러에게 알려 주기 위해 함수를 선언합니다.
❷ 6번 줄: printHello 함수를 호출합니다.
❷ 11~13번 줄: printHello라는 이름을 가진 함수를 정의합니다. void는 반환값이 없는 함수를 의미합니다.

[코드 5-1-1]에서 printHello 함수의 이름을 3번, 6번, 11번 줄에서 작성한 것을 볼 수 있습니다. 이 세 부분은 각각 함수 선언, 호출, 정의라는 서로 다른 역할을 합니다. 함수 선언은 컴퓨터에게 이 함수의 존재를 알리고, 함수 호출은 해당 함수를 불러와 실행되게 합니다. 그리고 함수 정의는 해당 함수가 수행할 내용을 담고 있습니다. 각각의 코드를 간단히 정리하자면 다음과 같습니다.

개념	설명
함수 선언	함수의 이름, 매개변수만을 포함하는 코드
함수 호출	함수를 불러와 실행하는 코드
함수 정의	함수의 이름, 매개변수, 함수 본체를 포함하는 코드

함수 정의는 함수의 본체 코드라고 볼 수 있습니다. 이 부분에서는 실제로 이 함수를 통해 동작하는 기능에 관한 코드를 작성합니다. 이와 다르게 함수 선언은 이러한 내용을 제외한 채 해당 함수의 이름과 매개변수만을 포함하는 코드입니다.

[코드 5-1-1]의 3번 줄처럼 main 함수 위에 이 함수를 선언하는 이유는 C언어가 위에서부터 코드를 차례차례 읽는 '절차지향' 언어이기 때문입니다.

절차지향 언어란, 프로그램을 일련의 절차나 순서로 구성하여 작성하는 방식을 말합니다. C언어의 컴파일러는 코드의 윗부분부터 차례대로 코드를 읽는 방식을 사용하는 대표적인 절차지향 프로그래밍 언어입니다. 따라서 우리가 정의한 함수를 사용하기 위해서는 main 함수 이전에 먼저 이 함수의 존재를 알려 주어야 합니다.

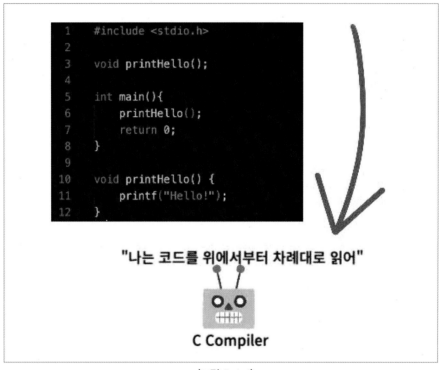

〈그림 5-1-1〉

만약 main 함수 앞에 함수를 선언해 주지 않으면 어떻게 될까요? 여러분도 쉽게 예상할 수 있듯 에러가 납니다. 코드 예시를 통해 살펴보겠습니다.

```c
1   #include <stdio.h>
2
3   int main(){
4       printHello();
5
6       return 0;
7   }
8
9   void printHello(){
10      printf("Hello!");
11  }
```

실행 결과 ☒

```
5-1-2.c:4:5: error: implicit declaration of function 'printHello' is invalid in C99 [-Werror,-Wimplicit-function-
declaration]
    printHello();
    ^
5-1-2.c:8:6: error: conflicting types for 'printHello'
void printHello(){
     ^
5-1-2.c:4:5: note: previous implicit declaration is here
    printHello();
    ^
2 errors generated.
```

[코드 5-1-2]의 9번 줄에서 printHello 함수를 분명히 정의했음에도 불구하고 에러가 발생합니다. 왜일까요? 앞서 말한 것처럼 C언어는 절차지향 언어입니다. 위에서 아래로 코드를 읽으며 main 함수를 가장 먼저 실행하기 때문에 [코드 5-1-2]에서 main 함수보다 아래에 있는 printHello 함수의 존재를 알 수 없습니다. 따라서 함수의 이름을 미리 선언하여 컴퓨터가 printHello 함수의 존재 여부를 알 수 있게 해 주어야 오류가 발생하지 않습니다.

잠깐

선언을 통해서만 함수의 존재를 알릴 수 있나요? 함수 정의를 main 함수 위에 써서 존재를 알리는 건 안 되나요?

가능합니다. C언어에서는 함수를 선언하지 않고 함수 정의만 main 함수 위에 적어도 코드가 정상적으로 동작합니다.

하지만 코드 가독성을 고려하면 함수 선언은 main 함수 위에, 함수 정의는 main 함수 아래에 해 두는 게 좋습니다. 이와 관련된 내용은 바로 뒤에 이어서 살펴볼 것입니다.

이번에는 지금까지 살펴본 것과 다르게 main 함수 위에 함수를 정의한 코드 예시를 살펴보겠습니다.

```
1    #include <stdio.h>
2
3    void printHello(){
4        printf("Hello!");
5    }
6
7    int main(){
8        printHello();
9
10       return 0;
11   }
```

실행 결과   X
Hello!

[코드 5-1-3]에서는 함수 선언 없이 정의만으로도 코드가 정상 실행되는 것을 볼 수 있습니다. 이는 C 언어 컴파일러가 main 함수까지 차례차례 코드를 읽는 과정에서 이미 printHello 함수를 확인했기 때문입니다.

이와 같이 함수를 작성하는 경우 함수의 이름을 한 번만 작성해도 문제가 없다는 장점이 있습니다. 하지만 main 함수 안에서 사용하는 함수가 다양해질수록 그 목록을 한눈에 알아보기 어렵다는 단점이 있습니다. 다음 두 그림을 보며 어떤 코드가 읽기 쉬운 코드인지 생각해 보세요.

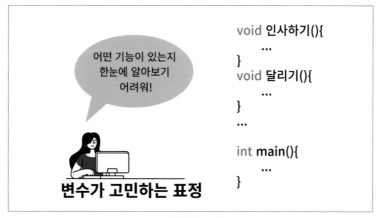

〈그림 5-1-2〉

〈그림 5-1-3〉

[그림 5-1-2]와 [그림 5-1-3]에서 볼 수 있듯이 함수를 선언해 두면 이 코드로 어떤 기능들을 수행할지 미리 파악할 수 있습니다. 즉 함수 선언은 사용자의 코드 이해도를 높이는 데 기여하는 중요한 요소입니다.

Q1 다음 보기 중 코드에 대한 설명으로 알맞은 것을 고르세요.

코드

```
1  int test(){
2      int a, b;
3
4      a = 10;
5      b = 5;
6
7      return a;
8  }
```

① 김변수: test 함수의 매개변수는 정수형 변수 a와 b야.

② 박함수: 함수의 이름은 int야.

③ 이매개: 함수는 a를 반환하고 있으니, 반환 자료형은 char야.

④ 최반환: test 함수를 호출하면 10을 반환해!

⑤ 시언어: test 함수를 호출하면 5를 반환해!

정답 ④번

test 함수는 정수형 데이터를 반환하는 int 자료형 함수입니다. test 함수는 매개변수를 가지고 있지 않습니다. return a;
를 통해 정수 자료형 변수 a에 저장된 10을 반환합니다.

Q2 다음 보기 중 '아무것도 반환하지 않는 함수의 자료형'으로 알맞은 것을 고르세요.

① int

② void

③ double

④ string

⑤ char

정답 ②번

void는 '진공', '공허'라는 의미를 담고 있는 단어로, void 함수는 아무것도 반환하지 않는 함수입니다.

Q3 다음 코드의 실행 결과를 보고 빈칸에 알맞은 코드를 작성하세요.

코 드

```
1   #include <stdio.h>
2
3   _____
4
5   int main(){
6       printHi();
7
8       return 0;
9   }
10
11  void printHi(){
12      printf("Hi!");
13  }
```

실행 결과   X

```
Hi!
```

정답 void printHi();

c언어는 절차지향 언어로, 위에서부터 차례대로 코드를 읽습니다. 따라서 main 함수 위에 printHi 함수를 선언해 주어야 이후 main 함수에서 printHi 함수의 존재를 알 수 있습니다.

5-2
매개변수와 반환값을 사용하는 함수

앞에서는 매개변수와 반환값이 없는 간단한 함수를 살펴보며 함수 선언, 호출, 정의에 대해 배웠습니다. 그럼 이제 본격적으로 매개변수와 반환값이 있는 함수에 대해 알아보겠습니다. 제빵 과정을 함수에 빗댄 아래 그림을 보면서 함수, 매개변수, 반환값이 무엇일지 유추해 보세요.

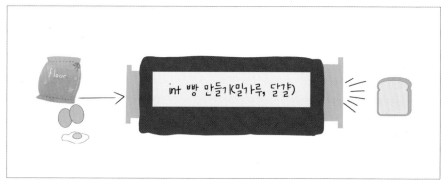

〈그림 5-2-1〉

[그림 5-2-1]에서 빵 만들기 기계는 재료를 받아 우리가 원하는 결과물로 바꾸어 줍니다. 즉 '빵 만들기'라는 이름을 가진 함수에 밀가루와 달걀을 넣은 결과로 우리는 빵이라는 결과물을 얻을 수 있습니다. 여기서 밀가루와 달걀은 매개변수, 즉 함수가 결과물을 만들기 위해 사용하는 재료입니다. 그리고 빵은 함수의 결과물인 반환값과 같습니다.

정리해 보면 함수는 필요한 재료를 받아 우리가 원하는 결과물을 얻을 수 있도록 작동하는 '분리된 코드 덩어리'입니다. 여기서 재료는 매개변수, 결과물은 반환값, 함수의 이름 앞에 붙은 반환 자료형은 반환값의 자료형입니다.

이제 매개변수와 반환값에 대한 개념을 확실히 익혔으니 코드로 살펴보겠습니다. 다음은 매개변수를 사용하는 함수가 있는 코드 예시입니다.

코드 5-2-1 매개변수를 출력하는 함수

```
1   #include <stdio.h>
2
3   void printNumber(int x);
4
5   int main(){
6       printNumber(99);
7
8       return 0;
9   }
10
11  void printNumber(int x){
12      printf("함수의 매개변수는 %d입니다.", x);
13  }
```

실행 결과   [X]

함수의 매개변수는 99입니다.

❷ 3번 줄: main 함수 아래에서 정의한 printNumber 함수와 매개변수 int x를 선언합니다.
❷ 6번 줄: printNumber 함수의 매개변수 int x에 인자로 99를 넣어 호출합니다.
❷ 11번 줄: int x를 매개변수로 가지는, void 자료형 함수 printNumber를 정의합니다.
❷ 12번 줄: 매개변수로 받은 x 값을 printf 출력 함수에 넣어 출력합니다.

printNumber 함수의 매개변수로 선언한 int x는 printNumber 함수 내부에서만 사용할 수 있는 변수입니다. 변수를 사용하는 범위에 대해서는 〈5-3. 변수의 사용 영역〉에서 세부적으로 다룰 예정입니다. 지금은 매개변수를 정의한 함수 내부에서만 매개변수를 사용할 수 있다는 것만 기억하면 됩니다.

여러분이 매개변수를 사용하며 헷갈릴 수 있는 내용을 살펴보겠습니다. 매개변수는 함수가 실행되는 동안만 사용되는 값입니다. 함수를 호출할 때마다 새로운 매개변수 값을 할당하여 사용하기 때문에 다른 결과를 얻을 수 있습니다.

이때 함수의 정의에서 정의되는 변수를 매개변수(Parameter)라고 하며, 함수를 호출할 때 전달하는 값은 인자(Argument)라고 합니다. 즉, 함수 호출 과정에서 매개변수에는 인자를 할당하여 사용한다고 볼 수 있습니다. 예시와 함께 설명하겠습니다.

```c
1   #include <stdio.h>
2
3   void printNumber(int x);
4
5   int main(){
6       printNumber(99);
7       printNumber(0);
8
9       return 0;
10  }
11
12  void printNumber(int x){
13      printf("\n함수의 매개변수는 %d입니다.", x);
14  }
```

실행 결과   ⊠

함수의 매개변수는 99입니다.
함수의 매개변수는 0입니다.

❯ 3번 줄: main 함수 아래에서 정의한 printNumber 함수와 매개변수 int x를 선언합니다.

❯ 6번 줄: printNumber 함수의 매개변수 int x에 99를 넣어 호출합니다.

❯ 7번 줄: printNumber 함수의 매개변수 int x에 0을 넣어 호출합니다. 매개변수 x에는 6번 줄에서 함수를 호출하며 사용한 99가 아닌, 0이라는 값이 새로 할당됩니다.

❯ 12번 줄: int x를 매개변수로 가지는, void 자료형 함수 printNumber를 정의합니다.

❯ 13번 줄: 매개변수로 받은 x 값을 printf 출력 함수에 넣어 출력합니다.

    함수는 우리가 원하는 특정 기능을 수행하는 코드 덩어리입니다. 따라서 printNumber라는 함수의 매개변수 int x에 원하는 값을 넣어 주면 해당 값에 맞는 결과를 출력합니다. 이 값이 앞에서 설명한 "인자"입니다. 이전에 int x 매개변수에 저장한 99라는 값은 7번 줄에서 0이라는 값으로 다시 할당되어 올바른 함수의 결과를 얻을 수 있었습니다.

이번엔 매개변수와 반환값을 모두 사용해 보겠습니다. 정수형 매개변수 두 개에 인자를 받아 두 인자의 합을 반환하는 함수를 작성해 보겠습니다.

코드 5-2-3 매개변수와 반환값을 모두 사용하는 함수

```
1   #include <stdio.h>
2
3   int sum(int x, int y);
4
5   int main(){
6       printf("두 값의 합은 %d입니다. ", sum(99, 1));
7
8       return 0;
9   }
10
11  int sum(int x, int y){
12      return x + y;
13  }
```

실행 결과   ☒

두 값의 합은 100입니다.

❷ 3번 줄: main 함수 아래에서 정의한 sum 함수와 매개변수 int x, y를 선언합니다.
❷ 6번 줄: sum 함수의 매개변수 int x에 99를, int y에 1을 넣어 호출합니다.
❷ 11번 줄: int형 반환값과 매개변수 int x, y를 가진 sum 함수를 정의합니다.
❷ 12번 줄: 매개변수로 받은 int x와 int y를 합하여 결괏값을 반환합니다.

[코드 5-2-3]에서 sum 함수는 매개변수 int x, y를 받아 더하고 결과로 이 정수형 데이터를 반환합니다. sum 함수는 int 자료형의 반환값을 가진 함수이므로 함수의 이름 앞에 작성하는 반환 자료형으로 int를 작성해야 합니다.

만약 반환 자료형을 잘못 작성하면 〈3-5. [더 알아보기] 형 변환〉에서 배운 형 변환이 일어나기 때문에 올바르지 않은 결과가 출력되거나 에러가 발생할 수 있습니다. 간단한 코드를 통해 살펴보겠습니다.

```
1   #include <stdio.h>
2
3   void sum(int x, int y);
4
5   int main(){
6       printf("두 값의 합은 %d입니다. ", sum(99, 1));
7
8       return 0;
9   }
10
11  void sum(int x, int y){
12      return x + y;
13  }
```

실행 결과   ☒

```
5-2-4.c:4:47: error: argument type 'void' is incomplete
 printf("두 값의 합은 %d입니다. ", sum(99, 1));
                                  ^
5-2-4.c:8:2: error: void function 'sum' should not return a value [-Wreturn-type]
 return x + y;
 ^       ~~~~~
2 errors generated.
```

▶ 6번 줄: sum 함수의 매개변수 int x에 99를, int y에 1을 넣어 호출합니다. 하지만, sum 함수의 반환 자료형이 void이므로 아무런 값을 반환할 수 없습니다. 따라서 에러가 발생합니다.

잠깐

함수를 따로 선언하니 너무 복잡한 것 같아요. 그냥 main 함수에 모든 기능을 넣으면 안 되나요?

가능합니다. 하지만 나중에 문제가 생겼을 때 어떤 부분에서 문제가 생긴 것인지 빠르게 파악하기 위해서는 기능을 각각의 함수로 분리하여 구성해 두는 게 좋습니다. 또한 같은 기능을 다른 코드에서 사용할 때 함수로 구현하면 다시 사용할 수 있기 때문에 함수를 사용하는 것이 편리합니다.

Q1 다음 보기 중 test 함수에 대한 설명으로 알맞은 것을 고르세요.

코드

```
1   int test(float a){
2       int b = (int)a;
3
4       return b;
5   }
```

① 김변수: test 함수의 반환 자료형은 int니까 매개변수로 float를 정의한 것은 잘못됐어.
② 박함수: 변수 b의 자료형이 float이었다면, 올바른 반환 자료형은 float이었을 거야.
③ 이매개: 2번 줄에서 실수형 변수 a의 값은 자동 형 변환으로 정수형 변수 b에 저장돼.
④ 최반환: b의 자료형과 a의 자료형이 다르기 때문에 에러가 발생해.
⑤ 시언어: 매개변수 a는 test 함수 안에서 사용되고 있지 않아.

정답 ②번
test 함수는 정수형 데이터를 반환하는 함수입니다. 2번 줄에서 정수형 변수 b에 매개변수로 받은 실수형 변수 a를 강제 형 변환하여 저장합니다. b는 정수형 변수이기 때문에 test 함수의 올바른 반환 자료형은 int입니다.
①번: 함수의 반환 자료형과 매개변수의 자료형 사이에는 어떠한 관계도 없습니다.
③번: 2번 줄의 방식은 강제 형 변환입니다.
④번: 2번 줄에서 형 변환을 실시하고 있기 때문에 에러가 생기지 않습니다.
⑤번: 2번 줄에서 a를 사용합니다.

Q2 다음 보기 중 빈칸에 알맞은 것을 고르세요.

코드

```
1   float correctType(int x){
2       int a = 3;
3       char b = 'k';
4       float c = 5.78;
5       long d = 351;
6
7       return __;
8   }
```

① a   ② b   ③ c   ④ d   ⑤ x

정답 ③번
correctType 함수의 반환 자료형은 float이므로 float 자료형 변수인
c가 올바른 반환값입니다.

Q3 다음 코드의 실행 결과를 적어 보세요.

코드

```c
1   #include <stdio.h>
2
3   int minus(int x, int y);
4
5   int main(){
6       int a = 10;
7       int b = 3;
8       int result = minus(a, b);
9
10      printf("%d", result);
11
12      return 0;
13  }
14
15  int minus(int x, int y){
16      return x - y;
17  }
```

실행 결과   ☒

――――――

정답 7

minus 함수는 매개변수 int x, y를 받아 x – y의 결과를 반환하는 함수입니다. main 함수에서 a에는 10, b에는 3이 저장되어 있으므로, 10에서 3을 뺀 값인 7이 결과로 출력됩니다.

5-3
변수의 사용 영역

앞에서 매개변수는 정의한 함수 내부에서만 사용할 수 있다고 이야기했습니다. 매개변수는 함수에서 정의한 변수의 한 종류입니다. 이번 섹션에서는 변수가 사용되는 '범위'에 대해 알아보겠습니다. 이해를 돕기 위해 먼저 글로벌 아이돌 김변수, 일반인 김변수 씨를 예시로 들어 설명하겠습니다.

전 세계를 오가며 활발히 활동하고 있는 글로벌 아이돌 김변수는 전 세계 사람들이 아는 톱스타입니다. 한국의 서울에 사는 김변수 씨는 funcA라는 회사를 다니는 회사원이며, 미국에 사는 김변수 씨는 funcB 대학교를 다니는 대학생입니다.

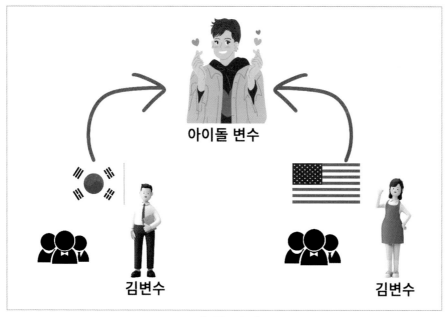

〈그림 5-3-1〉

글로벌 아이돌 변수에 대한 정보는 한국과 미국 사람들 모두 알고 있지만, 회사원과 대학생 김변수 씨에 대한 정보는 각각의 김변수 씨와 같은 나라 사람들밖에 알지 못합니다.

만약 미국의 funcB 대학교 사람들에게 김변수에 대해 물어본다면 대학생 김변수와 아이돌 변수에 대해 말할 수 있을 것입니다. 반면에 서울에 있는 funcA 회사에 다니는 사람에게 김변수에 대해 물어본다면 아이돌 변수와 회사원 김변수에 대해서는 알지만, 미국에 사는 대학생 김변수에 대해서는 알지 못할 것입니다.

즉 [그림 5-3-1]에서 아이돌 변수는 모두가 아는 '전역변수(Global Variable)'로 볼 수 있고, 한국과 미국에 사는 김변수는 각각의 나라에서만 아는 '지역변수(Local Variable)'로 볼 수 있습니다. 이를 구현한 코드를 살펴보겠습니다.

코드 5-3-1 전역변수와 지역변수의 특징을 보여 주는 코드

```
1   #include <stdio.h>
2
3   int idolByunsoo = 100; // 전역변수
4
5   void seoul();
6   void america();
7
8   int main(){
9       seoul();
10      america();
11
12      return 0;
13  }
14
15  void seoul(){
16      int kimByunsoo = 3; // 지역변수
17
18      printf("[서울]\n");
19      printf("김변수의 값: %d\n", kimByunsoo);
20      printf("아이돌 김변수의 값: %d\n", idolByunsoo);
21  }
22
23  void america(){
24      int kimByunsoo = 5; // 지역변수
25
26      printf("[미국]\n");
27      printf("김변수의 값: %d\n", kimByunsoo);
28      printf("아이돌 김변수의 값: %d\n", idolByunsoo);
29  }
```

실행 결과   X
```
[서울]
김변수의 값: 3
아이돌 김변수의 값: 100
[미국]
김변수의 값: 5
아이돌 김변수의 값: 100
```

❱ 3번 줄: 전역변수 idolByunsoo를 정의하고, 100이라는 정수형 데이터로 초기화합니다.

❱ 5, 6번 줄: seoul과 america 함수를 선언합니다.

❱ 9, 10번 줄: seoul과 america 함수를 호출하여 실행합니다.

❱ 16번 줄: seoul이라는 함수에서 kimByunsoo라는 변수를 정의합니다. 이 변수는 seoul 내에서만 유효합니다.

❱ 24번 줄: america라는 함수에서 kimByunsoo라는 변수를 정의합니다. 이 변수는 america 내에서만 유효합니다.

    [코드 5-3-1]에서 kimByunsoo라는 변수는 16, 24번 줄에 두 번 정의되었지만, 각각 다른 값을 출력하고 있습니다. 반면 idolByunsoo라는 이름을 가진 변수는 함수 바깥에서 선언되어 모든 함수에서 같은 값을 출력하고 있습니다. 이와 같이 함수 내에서만 유효한 변수를 지역변수, 코드 내에서 모두 사용 가능한 변수를 전역변수라고 합니다.

    지역변수의 유효 범위에 대해 더 상세하게 알아보겠습니다.

코드 5-3-2   다른 함수에 선언한 같은 이름의 변수가 다름을 보여 주는 코드

```c
1    #include <stdio.h>
2
3    void showValue();
4
5    int main(){
6        int x = 1;
7
8        printf("main 함수에 저장된 x 값: %d", x);
9        showValue();
10       printf("\nmain 함수에 저장된 x 값: %d", x);
11
12       return 0;
13   }
14
15   void showValue(){
16       int x = 7;
17
18       printf("\nshowValue 함수 내부에 저장된 x 값: %d", x);
19   }
```

```
main 함수에 저장된 x 값: 1
showValue 함수 내부에 저장된 x 값: 7
main 함수에 저장된 x 값: 1
```

◗ 3번 줄: main 함수 아래에서 정의한 showValue 함수를 선언합니다.

◗ 6번 줄: main 함수 내부에서 사용할 정수형 변수 x를 선언하고 x에 1을 초기화합니다.

◗ 8번 줄: main 함수 내부에 저장된 x 값을 출력합니다.

◗ 9번 줄: showValue 함수를 호출합니다.

◗ 10번 줄: main 함수 내부에 저장된 x 값을 출력합니다. showValue 함수 내부에서 x 안에 7을 저장했음에도 main 함수 내부의 x 값은 1을 유지하고 있습니다.

◗ 15번 줄: showValue라는 이름을 가진 void 함수를 정의합니다.

◗ 16번 줄: showValue 함수 내부에서만 사용할 수 있는 int x를 선언하고 7이라는 값을 할당합니다.

◗ 18번 줄: main 함수 내 변수와 같은 이름을 가진 변수 x가 있습니다. 하지만 여기서 x는 showValue 함수 안에서 정의한 새로운 변수입니다.

showValue 함수 안에서 선언한 int x와 main 함수에서 선언한 int x는 같은 이름을 가졌지만 다른 변수입니다. 예를 들어, 다음 그림을 보면서 생각해 보면 쉽게 이해할 수 있습니다.

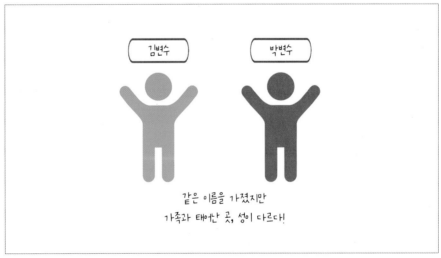

〈그림 5-3-2〉

[그림 5-3-2]의 두 사람은 모두 '변수'라는 이름을 가졌지만 태어난 곳도 가족도 성도 다릅니다. 이처럼 같은 이름을 가진 변수라고 하더라도 다른 함수에서 선언되었다면 서로 다른 변수입니다. 즉, 어떤 함수의 중괄호 안에서만 사용할 수 있는 변수를 지역변수라고 합니다.

지역변수와 반대로 괄호 안에서 사용되지 않고 코드 내의 모든 곳에서 사용할 수 있는 변수를 전역변수라고 합니다. 전역변수는 괄호 밖에서 선언하여 사용할 수 있습니다. 예시를 살펴보겠습니다.

```c
1    #include <stdio.h>
2
3    void showValue();
4    int globalVariable = 10;
5
6    int main(){
7        printf("main 함수에서 출력한 전역변수 값: %d", globalVariable);
8        showValue();
9
10       return 0;
11   }
12
13   void showValue(){
14       printf("\nshowValue 함수에서 출력한 전역변수 값: %d", globalVariable);
15   }
```

실행 결과 ☒

```
main 함수에서 출력한 전역변수 값: 10
showValue 함수에서 출력한 전역변수 값: 10
```

❷ 3번 줄: main 함수 아래에서 정의한 showValue 함수를 선언합니다.

❷ 4번 줄: 정수형 전역변수 globalVariable을 선언하고 10을 저장합니다.

❷ 7번 줄: 전역변수 globalVariable을 출력합니다. main 함수 내부에 변수를 선언하지 않았음에도 사용할 수 있습니다.

❷ 8번 줄: showValue 함수를 호출합니다.

❷ 13번 줄: showValue라는 이름을 가진 void 함수를 정의합니다.

❷ 14번 줄: 전역변수 globalVariable를 출력합니다. main 함수와 같이 변수를 선언하지 않았음에도 같은 값을 출력합니다.

전역변수는 위처럼 괄호 밖에 선언하는 과정을 통해 편리하게 사용할 수 있습니다. 하지만 전역변수를 사용하는 일은 가능한 한 피해야 합니다. 큰 프로그램을 작성하면 어떤 함수가 전역변수의 값을 변경하는지 알기 어렵습니다. 따라서 전역변수를 쓰면 나중에 버그가 발생할 때 그 원인을 찾기 어려워집니다. 또한 지역변수와 전역변수의 이름이 겹칠 가능성이 있기 때문에 우리가 의도하지 않은 결과가 나올 수 있습니다. 전역변수는 편리하게 사용할 수 있지만 꼭 필요한 경우가 아니라면 사용하지 않는 것을 권장합니다.

Q1 다음 코드의 실행 결과를 적어 보세요.

코드

```
1   #include <stdio.h>
2
3   void showValue(int x, int y);
4
5   int main(){
6       int a = 5;
7       int b = 10;
8
9       showValue(a, b);
10
11      return 0;
12  }
13
14  void showValue(int x, int y){
15      int a = 1;
16      int b = 2;
17
18      printf("%d, %d", x, b);
19  }
```

실행 결과   [X]

─────────

정답 5, 2

main 함수와 showValue 함수에서 각각 사용된 a와 b는 지역변수입니다. showValue에서 출력하는 x는 매개변수로 받은 main의 a 값(5)이고 b는 showValue 함수 안에서 선언한 변수 b입니다. 따라서 올바른 결과는 5, 2입니다.

5-4

더 알아보기 **재귀 함수**

지금까지 우리는 main 함수에 다른 함수들을 호출해 사용했습니다. 하지만 main 외의 함수에도 다른 함수를 호출할 수 있습니다. 다음 코드를 보세요.

코드 5-4-1 함수의 호출 과정을 보여 주는 코드

```c
#include <stdio.h>

void funcA();
void funcB();

int main(){
    printf("main 함수가 A를 호출합니다.\n");
    funcA();

    return 0;
}

void funcA(){
    printf("A가 호출되었습니다!\n");
    printf("A가 B를 호출합니다.\n");
    funcB();
}

void funcB(){
    printf("B가 호출되었습니다!\n");
}
```

실행 결과　　　　　　　　　　　　　　　　　　　　　　　　　　　　　　　　　　　　　 ☒

```
main 함수가 A를 호출합니다.
A가 호출되었습니다!
A가 B를 호출합니다.
B가 호출되었습니다!
```

● 8번 줄: main 함수가 funcA 함수를 호출합니다.
● 16번 줄: funcA 함수 내부에서 B 함수를 호출합니다.
main 함수에서 funcA를 호출하고 funcA에서 funcB를 호출하였기 때문에 실행 결과가 위와 같이 출력된 것입니다.

　　이처럼 함수는 호출하는 과정을 통해 사용할 수 있습니다. [코드 5-4-1]에서 funcB는 funcA에게 호출되어 실행됩니다. 현재 실행되고 있는 위치와 다른 위치에 있는 함수를 호출하는 방법을 사용한 것입니다.

　　함수는 현재 위치와 다른 함수를 호출할 수도 있지만 자기 자신을 호출할 수도 있습니다. 자기 자신을 호출하는 함수 형태를 재귀 함수라고 합니다.

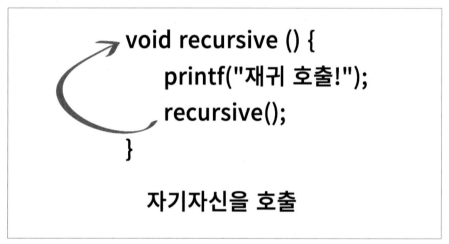

〈그림 5-4-1〉

　　[그림 5-4-1]과 같이 재귀 함수는 자기 자신을 호출하여 같은 기능을 수행하기 때문에 함수의 호출을 종료하는 조건 작성이 매우 중요합니다. 종료하는 조건이 없는 경우, 같은 기능을 무한히 반복하는 함수가 될 수 있기 때문에 유의하여 작성해야 합니다. 재귀 함수의 종료 조건을 작성하기 위해서는 조건문을 사용해야 하기 때문에 〈Chapter 6. 조건문〉의 내용을 여기서 잠깐 간단하게 설명하겠습니다.

구문 설명 [X]
| ```
if(조건문){
    실행문;
}
``` |

예시 [X]
| ```
if(a > 1){
    printf("hello!");
}
``` |

　　위 구문 설명 오른쪽의 코드 예시는 a가 1보다 크면 'hello!'를 출력하는 조건문입니다. 조건문은 이처럼 어떤 조건을 두고 그 조건을 만족하는 경우에 실행문을 실행하고 만족하지 않는 경우에는 실행문을 실행하지 않는 명령입니다.

예를 들어, 정수형 변수 n이 0과 같다면 '안녕하세요!'를 출력하는 코드를 아래와 같이 작성할 수 있습니다.

조건문을 사용하여 출력하는 코드(일부)

```
1  if (n == 0){
2      printf("안녕하세요!\n");
3  }
```

위와 같은 조건문을 사용하여 다섯 번 호출되는 경우 재귀 함수를 종료하는 코드를 작성하며 확인해 보겠습니다.

코드 5-4-2 **자기 자신을 호출하는 재귀 함수의 간단한 예**

```
1   #include <stdio.h>
2
3   void sayHello(int n);
4
5   int main(){
6       sayHello(5);
7
8       return 0;
9   }
10
11  void sayHello(int n){
12      if(n == 0){
13          return;
14      }
15
16      printf("안녕하세요!\n");
17      sayHello(n - 1);
18  }
```

실행 결과   X

안녕하세요!
안녕하세요!
안녕하세요!
안녕하세요!
안녕하세요!

❷ 6번 줄: main 함수에서 재귀 함수 sayHello를 호출하고 매개변수의 인자로 5를 전달합니다.
❷ 11번 줄: 재귀적으로 "안녕하세요!"를 출력할 함수 sayHello를 정의합니다.
❷ 12번 줄: n이 0이면 함수를 종료하는 종료 조건을 명시합니다.
❷ 17번 줄: 매개변수의 인자를 현재의 n보다 1만큼 더 작은 값으로 줄여, 재귀 호출합니다.
위 코드에서는 큰 수를 작은 수로 줄이는 과정을 통해 재귀 호출하고 있습니다.

[코드 5-4-2]에서는 sayHello 함수 안에 조건문을 추가하여 종료 조건을 명시했습니다. 만약 종료 조건을 작성하지 않는다면 어떤 일이 일어날까요?

코드 5-4-3 종료 조건을 작성하지 않은 재귀 함수 코드

```c
#include <stdio.h>

void sayHello();

int main(){
    sayHello();

    return 0;
}

void sayHello(){
    printf("안녕하세요!\n");
    sayHello();
}
```

실행 결과   [X]

```
안녕하세요!
안녕하세요!
안녕하세요!
...
안녕하세요!
zsh: segmentation fault
```

▶ 13번 줄: sayHello 함수 내부에서 자기 자신인 *sayHello* 함수를 호출하고 있습니다. 하지만 종료 조건이 없기 때문에 자기 자신을 무한히 호출합니다.

[코드 5-4-2]의 실행 결과를 확인해 보면, "안녕하세요!"를 무한히 출력하다가 "segmentation fault"가 출력되는 것을 볼 수 있습니다. segmentation fault는 컴퓨터가 허용한 것보다 더 많은 기능을 사용하여 문제가 생겼음을 알리는 에러 메시지입니다. 작성한 프로그램이 "안녕하세요!"를 무한히 출력하기 때문에 컴퓨터에서 허용한 범위보다 더 많은 기능을 사용한 것입니다.

종료 조건을 제대로 명시하지 않으면 컴퓨터의 기능에 영향을 끼칠 수도 있습니다. 이러한 문제들을 피하기 위해서는 종료 조건을 반드시 명시해야 합니다.

재귀 함수는 큰 문제를 작은 부분으로 나누어 실행할 수 있을 때 큰 도움이 될 수 있으며, 짧고 간단하게 생겼다는 장점이 있습니다. 하지만 구현하는 난이도가 높고, 코드를 이해하는 과정에 어려움이 있을 수 있습니다. 그러므로 문제의 특성에 맞게 적절하게 활용하는 것이 매우 중요한 함수입니다.

5 마무리

- 함수는 특정 기능을 수행할 수 있도록 분리해 놓은 코드 덩어리입니다.
- 매개변수란 다른 함수로부터 값을 전달받기 위해 선언한 변수를 말합니다.
- 반환값이란 함수가 특정 기능을 수행하고 자신을 호출한 곳에 반환하는 값을 의미합니다.
- C언어는 위에서부터 차례로 코드를 읽는 절차지향 언어입니다.
- 함수의 정의가 main 함수 아래에 있다면 main 함수 위에 함수의 이름과 매개변수를 선언해야 합니다.
- 지역변수는 어떤 함수의 중괄호 안에서만 사용할 수 있는 변수를 의미합니다.
- 전역변수는 모든 범위에서 사용할 수 있는 변수를 의미합니다. 중괄호 밖에서 선언하고 사용합니다.
- 재귀 함수란 자기 자신을 호출하는 함수입니다.
- 재귀 함수에는 종료 조건을 반드시 작성해야 합니다.

개념 다지기

5-1. 다음 코드의 실행 결과를 보고 빈칸에 알맞은 코드를 작성하세요.

코드

```
1   #include <stdio.h>
2
3   void printMe(int age, int height);
4
5   int main(){
6       int age, height;
7
8       printf("나이와 키를 차례대로 입력하세요: ");
9       scanf("%d %d", &age, &height);
10      printMe(__(1)__, __(2)__);
11
12      return 0;
13  }
14
15  void printMe(int age, int height){
16      printf("키: %d\n", __(3)__);
17      printf("나이: %d", __(4)__);
18  }
```

5-2. 다음 코드의 실행 결과를 적어 보세요.

코드

```
1   #include <stdio.h>
2
3   void printMultiply(int a, int b);
4
5   int main(){
6       int num1 = 5;
7       int num2 = 2;
8
9       printMultiply(num1, num2);
10
11      return 0;
12  }
13
14  void printMultiply(int a, int b){
15      int result = a * b ;
16
17      printf("%d * %d의 결과는 %d입니다.\n", a , b , result);
18  }
```

실행 결과   X

___ * ___ 의 결과는 ___ 입니다.

변수의 추천 과제

개념을 복습하며 포트폴리오를 만들고 싶다면, 변수의 추천 과제를 해결해 보세요!

난이도	과제	페이지
★★	[Part 2] 2-6. 피보나치 수	419
★★★	[Part 2] 3-3. 팩토리얼 구현하기	450

챗GPT와 함께하는 코딩 학습

 함수를 사용하면 어떤 장점이 존재하는지 확인해 보기

이번 챕터에서는 C언어에서 함수를 사용하는 방법에 대해 알아보았습니다. 챗GPT에게 함수를 사용했을 때 어떤 편리함이 있는지 물어보겠습니다.

 C언어에서 함수를 사용하면 어떤 편리함이 있는지 알려 줄래?

 C언어에서 함수를 사용하면 여러 가지 편리함이 있습니다. 몇 가지 주요한 이점은 다음과 같습니다.

1. 모듈화(Modularity): 함수를 사용하면 코드를 모듈화하여 작성할 수 있습니다. 각 함수는 특정 작업을 수행하며, 이러한 함수들을 조합하여 큰 프로그램을 구성할 수 있습니다. 이는 코드를 이해하기 쉽게 만들고 유지보수를 용이하게 합니다.

2. 재사용성(Reusability): 함수를 정의하면 해당 함수를 여러 곳에서 호출하여 재사용할 수 있습니다. 동일한 기능이 필요한 다양한 부분에서 함수를 호출하여 코드 중복을 피할 수 있습니다.

3. 코드의 가독성 향상: 함수를 사용하면 코드의 가독성이 향상됩니다. 각 함수는 특정 작업을 수행하며, 함수의 이름을 통해 해당 기능을 파악할 수 있습니다.

4. 유지보수 용이성: 함수는 독립적으로 개발되고 테스트되므로, 코드의 변경이나 유지보수가 필요한 경우 해당 함수만 수정하면 됩니다. 이는 전체 코드베이스에 미치는 영향을 최소화합니다.

5. 매개변수와 반환값을 통한 유연성: 함수는 매개변수를 통해 외부에서 값을 받아들이고, 반환값을 통해 결과를 돌려줍니다. 이를 통해 함수를 호출하는 곳에서 필요한 값을 전달하고, 함수가 계산한 결과를 다시 받아올 수 있습니다.

6. 코드의 구조화: 함수를 사용하면 프로그램의 구조를 명확하게 할 수 있습니다. 주요 기능을 하는 함수들은 각자의 역할을 가지며, 이들을 통해 전체적인 프로그램의 동작을 이해하기 쉬워집니다.

함수는 프로그래밍에서 중요한 구성 요소 중 하나이며, 모던 프로그래밍 언어에서는 이러한 이점을 활용하여 코드를 작성하는 것이 권장됩니다.

쉽게 말해 함수는 코드를 작은 조각들로 나눠 프로그램을 모듈화하고 재사용할 수 있게 하며, 코드 유지보수를 간편하게 합니다. 또한 매개변수와 반환값을 통해 유연성을 제공하며, 프로그램의 구조를 명확하게 해 주는 중요한 요소입니다.

간단한 기능을 가진 함수 만들기

함수의 편리성에 대해 확인해 보았으니, 이번에는 간단한 기능을 가진 함수를 만들어 달라고 이야기해 보겠습니다.

유치원생도 이해할 수 있을 만큼 간단한 기능을 가진 함수를 C언어로 만들어 줄래?

물론이죠! 아래는 유치원생도 이해할 수 있을 만큼 간단한 기능을 가진 C언어 함수의 예제입니다. 이 함수는 두 정수를 더한 결과를 출력하는 간단한 기능을 가지고 있습니다.

코드 ┃ **챗GPT가 작성한, 유치원생도 이해할 수 있는 쉬운 함수 예시 코드**

```
1   #include <stdio.h>
2
3   // 두 정수를 더하는 함수
4   int addTwoNumbers(int a, int b){
5       int sum = a + b;
6       return sum;
7   }
8
9   int main(){
10      // 두 정수 선언 및 초기화
11      int num1 = 5, num2 = 3;
12
13      // 함수 호출하여 결과 출력
14      int result = addTwoNumbers(num1, num2);
15      printf("%d + %d = %d\n", num1, num2, result);
16
17      return 0;
18  }
```

실행 결과   ⌧

5 + 3 = 8

addTwoNumbers 함수는 두 정수를 매개변수로 받아서 더한 후 그 결과를 반환합니다. main 함수에서는 두 정수를 초기화하고 이 함수를 호출하여 결과를 출력합니다. 이것은 매우 간단하지만 함수의 개념과 매개변수, 반환값을 이해하는 데 도움이 될 수 있습니다.

위와 같이 생성형 AI를 이용하여 코드 예시를 요청하고 살펴보는 것은 여러분의 코딩 실력 향상에 큰 도움이 될 것입니다. 다양한 코드를 확인해 보고 실력을 키워 보세요!

CHAPTER **6** 조건문

"코드가 내가 원할 때만 동작하도록 작성해 보자!"

6-1
조건문

조건문은 코드의 동작에 조건을 줘서 코드를 제어하는 문장입니다. 지금까지 변수와 연산자를 배우며 변수의 변화에 대한 기본적인 흐름을 살펴봤다면 이번 시간에는 조건문으로 변수의 값에 조건을 걸어 코드를 제어하는 연습을 해 보겠습니다.

조건문을 이해하기 전에 간단한 예시를 살펴봅시다.

☑ 갑각류 알레르기가 있다면? 갑각류를 먹을 수 없다.

☑ 갑각류 알레르기가 없다면? 갑각류를 먹을 수 있다.

위 예시처럼 일상생활 속에서 특정 조건에 따라 행동이 달라지는 경우를 많이 접합니다. 프로그래밍에서는 조건문을 사용해 조건에 따라 프로그램의 수행이 달라지도록 제어할 수 있습니다.

그렇다면 어떻게 사용할 수 있는지 구조부터 차근차근 학습해 보겠습니다.

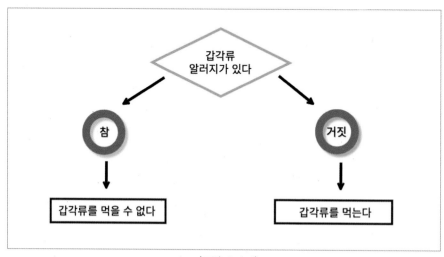

〈그림 6-1-1〉

[그림 6-1-1]는 갑각류 알레르기 예시를 나타낸 그림입니다. 우선 갑각류 알레르기가 있는지 없는지 판단합니다. 조건에 대해 결과가 '참'인 경우와 '거짓'인 경우, 총 두 가지로 나뉩니다. 조건이 '참'일 때는 "갑각류를 먹을 수 없다."라는 실행문으로, 조건이 '거짓'일 때는 "갑각류를 먹는다."라는 실행문으로 이어집니다.

이러한 과정을 코드로 표현하기 위해서는 아래와 같은 구문을 활용해야 합니다. 이번 챕터에서는 조건문 형태의 예시로 슈도코드를 추가하여 부가적인 설명을 진행하겠습니다. 슈도코드(Pseudo-code)는 의사코드라고 불리기도 하며, 프로그램의 진행 과정을 단계별로 작성한 일종의 해석 코드라고 볼 수 있습니다.

구문 설명 ☒
| ```
if(조건문){
    실행문 1;
} else{
    실행문 2;
}
``` |

예시 ☒
| ```
만약 조건문이 참이라면{
    실행문 1을 실행한다.
} 조건문이 거짓이라면{
    실행문 2를 실행한다.
}
``` |

조건문이 참이라면 if 옆 중괄호 안의 영역이 실행되어 실행문 1이 동작하고, 만약 참이 아니라면 else 옆 중괄호 안의 실행문 2가 실행됩니다. 코드 예시를 통해 조건문을 더 살펴보겠습니다.

코드 6-1-1 조건문을 사용해 흐름을 제어하는 예제 코드

```
1   #include <stdio.h>
2
3   int main(){
4       int isAllergy;
5
6       printf("갑각류 알레르기가 있다면 1, 없다면 0을 입력하세요:\n");
7       scanf("%d", &isAllergy);
8
9       if(isAllergy == 0){
10          printf("갑각류를 먹는다.\n");
11      } else{
12          printf("갑각류를 못 먹는다.\n");
13      }
14
15      return 0;
16  }
```

실행 결과 ☒
갑각류 알레르기가 있다면 1, 없다면 0을 입력하세요: 1 갑각류를 못 먹는다.

● **7번 줄**: 갑각류 알레르기가 있는지 없는지를 1 또는 0으로 입력받고 isAllergy에 저장합니다.

● **9번 줄**: isAllergy가 0인지 판단합니다. 참이 아니기 때문에 if문의 영역을 벗어나 else로 갑니다.

● **11번 줄**: else는 남은 모든 경우일 때 실행됩니다.

● **12번 줄**: else에 의해 실행되어 "갑각류를 못 먹는다."를 출력합니다.

 잠깐 **if문이 참일 때, 하나의 실행문만 가능한가요?**

아닙니다. if문의 실행 범위는 중괄호 사이의 모든 코드입니다. else의 실행 범위도 마찬가지입니다.

구문 설명	X

```
if(조건문1){
    실행문 1 ─────────────────────────────→ 조건문이 '참'일 때 실행
    실행문 2
    실행문 3
    ...
} else{
    실행문 1 ─────────────────────────────→ 조건문이 '거짓'일 때 실행
    실행문 2
    실행문 3
    ...
}
```

조건문을 작성할 때는 꼭 지켜 줘야 하는 문법이 존재합니다. 조건문에 대해 본격적으로 알아보기 전에 주의 사항을 살펴보겠습니다. 다음은 조건문이 반드시 소괄호 안에 있어야 한다는 것을 보여 주는 코드입니다.

코드 6-1-2 　**조건문을 소괄호로 감싸지 않은 경우(※ 실행 시 에러 발생)**

```c
1   #include <stdio.h>
2
3   int main(){
4       int isAllergy;
5
6       printf("갑각류 알레르기가 있다면 1, 없다면 0을 입력하세요: \n");
7       scanf("%d", &isAllergy);
8
9       if isAllergy == 0{ // 에러!
10          printf("갑각류를 먹는다.\n");
11      } else{
12          printf("갑각류를 못 먹는다.\n");
13      }
14
15      return 0;
16  }
```

```
error: expected '(' after 'if'
    if isAllergy == 0{
       ^
1 error generated.
```

❯ 9번 줄: 조건문은 반드시 괄호 안에 존재해야 하는데 그러지 않아 에러가 발생합니다.

또한 조건문의 실행 코드가 여러 줄일 때 실행 코드를 중괄호를 사용하여 묶어 줘야 의도한 코드를 적절히 실행할 수 있습니다.

코드 6-1-3   **조건문의 실행 범위를 명시하지 않은 코드**

```
1   #include <stdio.h>
2
3   int main(){
4       int isAllergy;
5
6       printf("갑각류 알레르기가 있다면 1, 없다면 0을 입력하세요:\n");
7       scanf("%d", &isAllergy);
8
9       if(isAllergy == 0)
10      printf("갑각류 알레르기가 없기에,\n");
11      printf("갑각류를 먹는다.\n");
12
13      return 0;
14  }
```

```
갑각류 알레르기가 있다면 1, 없다면 0을 입력하세요:
1
갑각류를 먹는다.
```

❯ 9번 줄: isAllergy가 1이기에 if문의 조건을 만족하지 않습니다. 거짓이므로 실행 문장 9번 줄을 건너뜁니다.
❯ 11번 줄: 이 부분은 '조건이 참일 때의 실행 문장'으로 인식되지 못합니다. 따라서 의도와는 다르게 "갑각류를 먹는다."라는 문장이 출력됩니다.

알레르기가 없을 때, 즉 isAllergy의 값이 0일 때는 if문의 조건이 참이기 때문에 그에 맞는 결과를 두 줄 출력하기를 의도했습니다. 그리고 1이 입력된 경우에는 아무것도 수행하지 않는 것을 원했습니다. 그러나 의도와 다르게 1을 입력했을 때 "갑각류를 먹는다."라는 문장이 출력되었습니다. 그 이유는 조건문 만족 시 실행할 구문들을 중괄호로 묶어 놔야 if문의 조건이 참일 때 수행할 구문으로 인식하기 때문입니다.

Q1 다음 보기 중 올바르지 않은 것을 고르세요.

① 조건문이 참일 때 실행 구문은 여러 줄 작성이 가능합니다.

② if문의 조건문은 중괄호를 사용하고 참일 때 실행시킬 구문은 소괄호를 사용해서 범위를 정해 줘야 합니다.

③ if문의 조건문에는 반드시 괄호를 빼먹으면 안 됩니다.

④ if문의 조건문이 참일 때 실행하고 거짓일 때 실행하지 않습니다.

정답 ②번

if문의 조건문은 소괄호를 사용해야 하며 참일 때 실행시킬 구문은 중괄호를 사용해서 범위를 정해 줘야 합니다.

6-2
if 조건문

조건이 참일 때만 실행시키고 참이 아닐 때는 신경 쓰고 싶지 않다면 else를 사용하지 않으면 됩니다.

구문 설명 [X]
| ```
if(조건문){
    실행문
}
``` |

예시 [X]
| ```
만약 n이 0이라면{
    "안녕!"을 출력한다.
}
``` |

위와 같이 하나의 조건을 가진 형태를 통해 조건문 작성을 연습해 보겠습니다. 다음은 갑각류 알레르기가 없는 경우만 "갑각류를 먹는다."를 출력하고 싶을 때 사용할 수 있는 코드입니다.

코드 6-2-1 조건 하나를 사용한 if문 예제 코드

```
1  #include <stdio.h>
2
3  int main(){
4      int isAllergy;
5
6      printf("갑각류 알레르기가 있다면 1, 없다면 0을 입력하세요: ");
7      scanf("%d", &isAllergy);
8
9      if(isAllergy == 0){
10         printf("갑각류를 먹는다.\n");
11     }
12
13     return 0;
14 }
```

실행 결과 [X]
갑각류 알레르기가 있다면 1, 없다면 0을 입력하세요: 1

▶ 9번 줄: isAllergy가 0일 때만 "갑각류를 먹는다."를 출력하기에 1을 입력하면 아무것도 출력되지 않습니다.

조건이 하나일 때 코드 제어하는 방법에 대해 알아보았습니다. 지금부터 〈Chapter 4. 연산자〉에서 배운 연산자를 사용해 여러 조건을 걸어 보겠습니다.

코드 6-2-2 | 조건 여러 개를 사용한 if문 예제 코드

```c
1   #include <stdio.h>
2
3   int main(){
4       float weight = 49.5;
5       float height = 168;
6
7       printf("키가 165cm 이상이고 몸무게가 50kg 미만이라면 '마름'을 출력합니다.\n");
8
9       if(weight < 50 && height >= 165){
10          printf("마름\n");
11      }
12
13      return 0;
14  }
```

실행 결과   [X]

키가 165cm 이상이고 몸무게가 50kg 미만이라면 '마름'을 출력합니다.
마름

❥ 9번 줄: weight가 50보다 작고 height가 165보다 크기 때문에 두 관계문 모두 참이 되어 조건식에는 1이 들어갑니다.
❥ 10번 줄: 마름이 출력됩니다.

관계 연산자에서 양수나 음수, 즉 0이 아닌 모든 숫자는 '참' 값인 1을 가지며 0일 때 '거짓'인 값인 0을 가지는데 이는 if문 소괄호 안 조건문에도 적용됩니다. if문의 조건문 값이 0일 때는 '거짓', 그리고 1일 때는 '참'입니다.

if문 안에 관계 연산자를 이용하여 조건을 작성해 봤습니다. 만약 [코드 6-2-2]보다 조건의 범위가 넓다면 어떨까요? 예를 들어, 학교에서 성적과 관련된 프로그램을 작성하기 위해서 아래 조건을 성립하는 조건문을 작성해야 한다고 가정해 보겠습니다.

〈각 등급 조건〉
☑ A등급: 90점 이상
☑ B등급: 70점 이상
☑ C등급: 70점 미만

사람들은 보통 이렇게만 적어 두어도 기존 경험을 바탕으로 90~100점을 A등급이라고 인식합니다. B등급은 90점 이상을 만족하지 않는다는 것을 알고 있죠. 하지만 컴퓨터는 if문에 'score >= 70'이라는 조건만

있다면 관계식이 참 값을 가지기에 100점이 입력된 경우에 'B등급' 역시 출력하게 되어 'A'와 'B' 모두 출력합니다. 따라서 A등급의 조건인 90점을 범위로 추가하여 두 번째 조건문에서 한 번 더 확인해 줘야 합니다.

〈각 등급 조건〉 수정 후

☑ A등급: 90점 이상

☑ B등급: 90점 미만이면서 70점 이상

☑ C등급: 70점 미만

이 조건식은 연산자를 활용해 다음과 같이 나타낼 수 있습니다.

코드 6-2-3　　if문을 여러 개 사용하는 예제 코드

```
1   #include <stdio.h>
2
3   int main(){
4       int score;
5
6       scanf("%d", &score);
7
8       if(score >= 90){
9           printf("A등급\n");
10      }
11
12      if(90 > score && score >= 70){
13          printf("B등급\n");
14      }
15
16      if(70 > score){
17          printf("C등급\n");
18      }
19
20      return 0;
21  }
```

실행 결과　　X
```
70
B등급
```

❸ 8번 줄: score가 90보다 크거나 같지 않기에 if문의 범위 밖으로 벗어납니다.

❸ 12번 줄: score가 90보다 작고 70보다 크거나 같음을 만족하기에 if문의 범위 안으로 들어가 코드를 수행합니다.

❸ 16번 줄: score가 70보다 작음을 만족하지 않기에 관계 연산의 결과는 0이기에 '거짓'으로 범위 밖으로 벗어납니다.

　여러 개의 조건이 있다면 if문을 여러 번 사용해서 조건에 맞는 결과가 나오도록 할 수 있음을 알아봤습니다.

Q1 다음 코드의 실행 결과를 적어 보세요.

코드

```
1   #include <stdio.h>
2
3   int main(){
4       int num = 12345;
5
6       if(num > 20000){
7           printf("20000보다 큽니다.\n");
8       }
9
10      if(num > 10000 && num < 20000){
11          printf("30000보다 작습니다.\n");
12      }
13
14      return 0;
15  }
```

정답 30000보다 작습니다.

6-3
else if와 조건문

if문만 여러 번 사용하면 직전의 if문을 다시 고려해야 합니다. 그러나 if, else if, else를 사용하면 직전의 조건을 다시 고려할 필요가 없습니다.

구문 설명 ☒
if(조건문 1){
실행문 1
} else if(조건문 2){
실행문 2
} else{
실행문 3
}

예시 ☒
만약 조건문 1이 참이라면{
실행문 1을 실행한다.
} 조건문 1이 거짓이고 조건문 2가 참이라면{
실행문 2를 실행한다.
} 조건문 1과 조건문 2가 모두 참이 아니라면{
실행문 3을 실행한다.
}

else if 부분은 if문의 조건이 만족하지 않았을 때 else if문의 조건을 만족하면 실행되고, if문과 else if문의 모든 조건이 거짓이라면 나머지 모든 경우를 else가 처리합니다.

 잠깐 else if는 if가 없어도 사용할 수 있나요?

if문이 있어야 else if를 사용할 수 있습니다. else if는 위의 조건문이 참이 아닐 때 실행되기 때문에 그 바로 위에 if문이 존재해야 합니다.

```c
1   #include <stdio.h>
2
3   int main(){
4       int score;
5
6       scanf("%d", &score);
7
8       if(score >= 90){
9           printf("A등급\n");
10      }
11
12      if(90 > score && score >= 70){
13          printf("B등급\n");
14      }
15
16      if(70 > score && score >= 50){
17          printf("C등급\n");
18      }
19
20      if(50 > score && score >= 30){
21          printf("D등급\n");
22      }
23
24      if(score < 30){
25          printf("F등급\n");
26      }
27
28      return 0;
29  }
```

실행 결과	X
40	
D등급	

❷ 8번 줄: score가 90점 이상일 때 중괄호 안의 코드를 실행합니다.

❷ 12번 줄: score가 90점 미만이고 70점 이상일 때 중괄호 안의 코드를 실행합니다.

❷ 16번 줄: score가 70점 미만이고 50점 이상일 때 중괄호 안의 코드를 실행합니다.

❷ 20번 줄: score가 50점 미만이고 30점 이상일 때 중괄호 안의 코드를 실행합니다.

❷ 24번 줄: score가 30점 미만일 때 중괄호 안의 코드를 실행합니다.

if문의 조건문에서 이전 조건들을 계속 사용하고 있습니다. B등급의 조건문에서는 A등급의 조건인 90을 다시 사용해서 "90보다 작고 70보다 크거나 같을 때"의 조건을 표현합니다. 또 C등급이나 D등급일 때도 마찬가지로 그 이전의 조건인 70과 50을 사용해서 관계 연산을 진행합니다.

if, else if, else를 사용해서 작성한 코드

```c
1    #include <stdio.h>
2
3    int main(){
4        int score;
5
6        scanf("%d", &score);
7
8        if(score >= 90){
9            printf("A등급\n");
10       } else if(score >= 70){
11           printf("B등급\n");
12       } else if(score >= 50){
13           printf("C등급\n");
14       } else if(score >= 30){
15           printf("D등급\n");
16       } else{
17           printf("F등급\n");
18       }
19
20       return 0;
21   }
```

실행 결과   ⊠

30
D등급

❯ 8번 줄: score 값이 90보다 크거나 같다면 실행 범위의 코드를 실행하고, 아니라면 10번 줄의 else if문으로 이동합니다.
❯ 10번 줄: score 값이 70보다 크거나 같다면 실행 범위의 코드를 실행하고, 아니라면 12번 줄의 else if문으로 이동합니다.
❯ 12번 줄: score 값이 50보다 크거나 같다면 실행 범위의 코드를 실행하고, 아니라면 14번 줄의 else if문으로 이동합니다.
❯ 14번 줄: 그 외의 나머지 모든 경우에는 중괄호 안의 코드를 실행합니다.

[코드 6-3-2]에서 if와 else if, else문을 사용하여 조건문을 작성하는 방법에 대해 알아보았습니다. 위 코드와 같이 else if는 두 개 이상 존재할 수 있습니다. 이전의 조건이 다음의 조건식에도 영향을 미치는 경우, 위와 같은 형태를 통해 편리하게 사용할 수 있습니다. 그렇다면, if와 else if만 사용하고 else를 사용하지 않는다면 어떻게 될까요? 예시 코드를 통해 확인해 보겠습니다.

if문과 else if문의 예제 코드

```c
1   #include <stdio.h>
2
3   int main(){
4       printf("100과 0 사이의 숫자에서 특정 숫자의 위치를 파악해 봅시다.\n");
5       int num = 80;
6
7       if(num >= 50){
8           printf("%d은(는) 절반 이상에 위치합니다.\n", num);
9       } else if(num >= 0){
10          printf("%d은(는) 절반 미만에 위치합니다.\n", num);
11      }
12
13      return 0;
14  }
```

실행 결과   ☒

100과 0 사이의 숫자에서 특정 숫자의 위치를 파악해 봅시다.
80은(는) 절반 이상에 위치합니다.

❯ 7번 줄: 80의 값을 가지는 변수 num은 50보다 크거나 같음을 만족하여 중괄호 안의 코드를 실행합니다.

❯ 9번 줄: 닫는 중괄호를 만나, if문이 모두 끝났음을 인지하고 if문의 조건이 참일 때 실행되는 영역을 빠져나옵니다. else if는 if문이 거짓일 때 실행됩니다. 지금은 if 조건문이 참이기 때문에 실행되지 않습니다.

[코드 6-3-3]과 같이 else를 사용하지 않아도 정상적으로 동작하는 것을 확인할 수 있습니다. 이번엔 if와 else만을 사용하여 두 가지 조건을 작성한 코드를 확인해 보겠습니다.

코드 6-3-4 **두 가지 조건을 if-else로 작성한 코드**

```c
1   #include <stdio.h>
2
3   int main(){
4       printf("100과 0 사이의 숫자에서 특정 숫자의 위치를 파악해 봅시다.\n");
5       int num = 30;
6
7       if(num >= 50){
8           printf("%d은(는) 절반 이상에 위치합니다.\n", num);
9       } else{
10          printf("%d은(는) 절반 미만에 위치합니다.\n", num);
11      }
12
13      return 0;
14  }
```

◆ 7번 줄: num은 50보다 작으므로, 조건문의 결과가 거짓입니다. 따라서 8번 줄을 실행하지 않고 넘어갑니다.
◆ 9번 줄: else에 의해 위 조건을 만족하지 않는 나머지 모든 경우에 30이라는 숫자가 포함되기 때문에 중괄호 안의 코드를
   실행합니다.
◆ 10번 줄: 30을 출력문에 넣고 결과를 출력합니다.
◆ 11번 줄: 닫는 중괄호를 만나, else 실행문이 모두 끝났음을 인지하고 빠져나옵니다.

[코드 6-3-4]에서는 if문에 조건을 작성하여 나머지는 모두 else의 실행문을 실행하게 하여 두 가
지 조건을 부여했습니다. 하지만 num의 값이 30이 아닌 –100이라고 가정해 보겠습니다. 이때에는 0
과 100 사이가 아니기 때문에 절반 이상도 미만도 아닌 범위 바깥에 있게 됩니다. 이것을 방지하기 위해
else에 조건을 추가하면 어떻게 될까요?

코드 6-3-5　　else에 조건식을 적은 코드(※ 실행 시 에러 발생)

```
1   #include <stdio.h>
2
3   int main(){
4       printf("100과 0 사이의 숫자에서 특정 숫자의 위치를 파악해 봅시다.\n");
5       int num = 30;
6
7       if(num >= 50){
8           printf("%d은(는) 절반 이상에 위치합니다.\n", num);
9       } else(num >= 0){
10          printf("%d은(는) 절반 미만에 위치합니다.\n", num);
11      }
12
13      return 0;
14  }
```

◆ 10번 줄: else 내에 조건문을 사용해서 에러를 발생시킵니다.

[코드 6-3-5]에서 나머지에 대한 조건을 부여하기 위해 else에 조건문을 사용했습니다. 이때 else에는 조건식을 부여할 수 없기 때문에 에러를 발생시킵니다. 만약 추가적인 조건을 부여하고 싶다면, 조건문을 사용할 수 있는 else if를 사용해 주세요.

앞선 예시와 반대로 else if에 조건문을 사용하지 않으면 어떻게 될까요? 여러분도 쉽게 예상할 수 있듯 에러가 발생합니다. 다음 코드로 확인해 보세요.

코드 6-3-6   **else if에 조건문을 넣지 않은 코드(※ 실행 시 에러 발생)**

```
1   #include <stdio.h>
2
3   int main(){
4       printf("100과 0 사이의 숫자에서 특정 숫자의 위치를 파악해 봅시다.\n");
5       int num = 30;
6
7       if(num >= 50){
8           printf("%d은(는) 절반 이상에 위치합니다.\n", num);
9       } else if{
10          printf("%d은(는) 절반 미만에 위치합니다.\n", num);
11      }
12
13      return 0;
14  }
```

실행 결과   ☒

```
error: expected '(' after 'if'
    else if{
          ^
1 error generated.
```

❯ 9번 줄: else if에는 조건문이 필요하지만 조건문을 작성하지 않았기에 에러를 발생시킵니다.

Q1 다음 보기 중 빈칸에 들어갈 값으로 알맞은 것을 고르세요.

코드

```
1    #include <stdio.h>
2
3    int main(){
4        int num = _____;
5
6        if(num < 10000){
7            printf("num < 10000은 참입니다.\n");
8        } else if(num < 20000){
9            printf("num < 20000은 참입니다.\n");
10       } else{
11           printf("그 외 나머지");
12       }
13
14       return 0;
15   }
```

실행 결과   X

num < 20000은 참입니다.

① 1

② 9999

③ 0

④ 12345

⑤ 20000

정답 ④번

6번 줄: 변수 num의 값 12345는 10000보다 크기 때문에 조건문을 만족하지 않습니다.

8번 줄: 변수 num의 값 12345는 20000보다 작아서 조건문을 만족합니다.

6-4
switch 조건문

조건문에는 if, else if, else 구문 이외에도 switch가 존재합니다.

<table>
<tr>
<td>

구문 설명 ☒

```
switch(변수){
    case(경우 1):
        실행문 1
        break;
    case(경우 2):
        실행문 2
        break;
    default:
        기본으로 실행되는 구문
}
```

</td>
<td>

예시 ☒

```
'변수'의 값을 확인하여{
    변수의 값이 case '경우 1'의 값과 같다면:
        실행문 1을 실행하고
        switch문을 종료한다.
    변수의 값이 case '경우 2'의 값과 같다면:
        실행문 2를 실행하고
        switch문을 종료한다.
    변수의 값이 모든 case에 부합하지 않는다면:
        기본으로 실행되는 구문을 실행한다.
}
```

</td>
</tr>
</table>

switch문을 작성할 때에는 판단의 기준이 되는 변수를 switch 옆 소괄호 안에 적어 주고, 해당 변수의 값이 가질 수 있는 경우를 case 옆 소괄호 안에 적어 주면 됩니다. 이때 원하는 case문을 switch문의 중괄호 안에 작성하면, 실행될 때 해당하는 값의 case를 찾아 실행 구문을 동작시킵니다.

case문 뒤에는 콜론으로 구분하고 문장을 적어 줍니다. 하위 실행 문장들은 가독성을 높이기 위해 탭(tab) 키를 눌러 들여쓰기로 구분해 적어 주고, break를 만나면 switch문 자체를 빠져나옵니다.

 잠깐 default는 언제 실행되는 건가요?

> 이것을 이해하기 위해서는 switch case문의 동작을 먼저 이해해야 합니다. switch 구문이 시작되면 if문처럼 한 줄씩 내려가며 비교하지 않고 switch문의 조건으로 사용한 변수의 값에 해당하는 case로 바로 점프해서 가게 됩니다. 해당 case문부터 switch문의 중괄호의 끝까지 계속 실행합니다. 따라서 빠져나오게 해 주는 break가 중요합니다. 만약 break가 걸리지 않고 switch문이 끝날 때까지 실행되면 기본으로 default가 무조건 실행됩니다.

switch문은 if문의 동작 방식과 차이가 존재합니다. if문과의 비교를 통해 차근차근 알아보겠습니다.

코드 6-4-1 **0과 1의 입력에 따른 출력 코드(if문 사용)**

```c
1   #include <stdio.h>
2
3   int main(){
4       int num;
5
6       printf("0 또는 1 숫자를 입력하세요: ");
7       scanf("%d", &num);
8
9       if(num == 0){
10          printf("0을 입력했습니다.\n");
11      } else if(num == 1){
12          printf("1을 입력했습니다.\n");
13      }
14
15      return 0;
16  }
```

실행 결과   ☒

0 또는 1 숫자를 입력하세요: 1
1을 입력했습니다.

❱ 9번 줄: num이 0일 때 중괄호 안의 코드를 실행합니다.
❱ 11번 줄: num이 1일 때 중괄호 안의 코드를 실행합니다.

[코드 6-4-1]에서 if문을 사용하여 변수의 값을 확인하기 위해서는 변수의 이름과 값을 통해 '변수 == 값'이라는 조건을 매번 작성해 주어야 합니다. 이때, switch문을 사용한다면 어떨까요?

 switch case에 연산자를 사용할 수 있나요?

switch case에는 연산자를 사용할 수 없습니다. 연산자를 사용한 비교나 논리 제어가 필요하지 않다면 if문을 사용한 것보다 가독성을 높일 수 있다는 것이 장점입니다.

switch case를 사용한 0과 1의 입력에 따른 출력 코드

```c
#include <stdio.h>

int main(){
    int num;

    printf("0 또는 1 숫자를 입력하세요: ");
    scanf("%d", &num);

    switch(num){
        case(0):
            printf("0을 입력했습니다.\n");
            break;
        case(1):
            printf("1을 입력했습니다.\n");
            break;
    }

    return 0;
}
```

실행 결과   ☒

```
0 또는 1 숫자를 입력하세요: 1
1을 입력했습니다.
```

❯ **9번 줄**: 조건의 대상이 될 변수를 num으로 설정했고 현재 값은 1입니다. 따라서 case문 중에서 값을 1로 가지는 13번 줄로 이동합니다.

❯ **13번 줄**: 조건 대상의 값을 1로 가지기에 실행 구문을 수행합니다.

❯ **14번 줄**: 해당하는 결과를 출력합니다.

❯ **15번 줄**: break를 통해서 switch case를 종료합니다.

[코드 6-4-2]와 같이 변수의 값을 통해 실행문을 결정해야 되는 경우에 switch문은 if문보다 편리하게 사용됩니다. 따라서 if문은 보통 범위에 대한 조건을 작성할 때, switch문은 특정 값에 대한 조건과 실행문을 부여할 때 사용합니다.

 잠깐 **만약에 break를 빼면 어떻게 되나요?**

1을 입력한 경우에는 문제가 되지 않습니다. 마지막 case이기 때문입니다. 그러나 0을 입력한 경우에는 "1을 입력했습니다."가 출력되어 문제가 됩니다. 0을 입력하면 num 값이 0이기에 [코드 6-4-2]에서 10번 줄로 바로 이동하고 그 밑의 코드를 쭉 수행합니다. 따라서 10~16번 줄까지, 즉 switch문의 닫는 중괄호가 보일 때까지 코드를 동작합니다.

switch문에서 break를 적절히 사용하지 않으면 의도치 않은 결과를 보게 됩니다. 다음은 [코드 6-4-2]에서 break를 사용하지 않은 경우의 코드 예시입니다.

코드 6-4-3   **break문을 사용하지 않았을 때의 코드**

```
1   #include <stdio.h>
2
3   int main(){
4       int num;
5
6       printf("0 또는 1 숫자를 입력하세요: ");
7       scanf("%d", &num);
8
9       switch(num){
10          case(0):
11              printf("0을 입력했습니다.\n");
12          case(1):
13              printf("1을 입력했습니다.\n");
14      }
15
16      return 0;
17  }
```

실행 결과   ⊠

```
0 또는 1 숫자를 입력하세요: 0
0을 입력했습니다.
1을 입력했습니다.
```

▶ 9번 줄: 조건의 대상이 될 변수 num의 값이 0이기 때문에 0의 조건을 가지는 case문으로 이동합니다.

▶ 10번 줄: 조건 대상의 값을 0으로 가지기에 실행 구문을 수행합니다.

▶ 11번 줄: 해당하는 결과를 출력합니다.

▶ 12번 줄: num이 1은 아니지만, case(0)의 구문에 break가 없어서 계속 이어서 수행됩니다.

▶ 13번 줄: 해당하는 결과를 출력합니다.

switch case 구문은 조건을 하나씩 비교하는 것이 아니라 조건에 맞는 case문을 바로 찾아서 그 위치로 점프하고 그 아래의 구문들을 모두 실행합니다. 이때, 원하는 case문만 실행하려면 break문을 사용해 멈춰야 합니다.

이번엔 default문을 사용하여 조건으로 작성한 case에 모두 부합하지 않는 경우를 처리해 보겠습니다.

```
1   #include <stdio.h>
2
3   int main(){
4       int num;
5
6       printf("0 또는 1 숫자를 입력하세요: ");
7       scanf("%d", &num);
8
9       switch(num){
10          case(0):
11              printf("0을 입력했습니다.\n");
12              break;
13          case(1):
14              printf("1을 입력했습니다.\n");
15              break;
16          default:
17              printf("기본으로 실행됩니다.\n");
18      }
19
20      return 0;
21  }
```

실행 결과   X

0 또는 1 숫자를 입력하세요: 3
기본으로 실행됩니다.

❷ 9~15번 줄: 변수 num 값 3이 조건문의 대상이 되고 이때 case문에서 해당하는 조건을 찾을 수 없습니다.

❷ 16번 줄: 기본으로 default가 실행됩니다.

❷ 17번 줄: 해당하는 결과를 출력합니다.

default 구문은 break에 걸리지 않는 이상 기본으로 수행될 코드를 정의하는 데 활용할 수 있습니다.

switch문에 대해서 간단히 알아보았습니다. 이번에는 실생활에서 볼 수 있는 상황을 코드로 작성하기 위해 현재 월을 입력받아 계절을 출력하는 프로그램을 작성해 보겠습니다.

봄, 여름, 가을, 겨울을 각 계절에 맞춰서 출력하는 코드

```c
1  #include <stdio.h>
2
3  int main(){
4      int month;
5
6      printf("1~12까지의 숫자 중 계절을 알고 싶은 달을 입력하세요: ");
7      scanf("%d", &month);
8
9      switch(month){
10         case 1:
11         case 2:
12         case 12:
13             printf("겨울\n");
14             break;
15         case 3:
16         case 4:
17         case 5:
18             printf("봄\n");
19             break;
20         case 6:
21         case 7:
22         case 8:
23             printf("여름\n");
24             break;
25         case 9:
26         case 10:
27         case 11:
28             printf("가을\n");
29             break;
30         default:
31             printf("없는 계절을 입력하셨습니다.\n");
32     }
33
34     return 0;
35 }
```

실행 결과   ☒

1~12까지의 숫자 중 계절을 알고 싶은 달을 입력하세요: 9
가을

❯ 9번 줄: 입력받은 수 9를 저장하는 변수 month를 조건의 대상으로 설정하고 9의 case인 25번째 줄로 넘어갑니다.

❯ 25~28번 줄: 25번 줄부터 시작해서 break를 만나기 전까지의 코드가 실행됩니다.

❯ 29번 줄: break를 만나서 switch case를 빠져나갑니다.

Q1 다음 보기 중 사용자가 입력한 숫자로 올바르지 않은 것을 고르세요.

코드

```c
#include <stdio.h>

int main(){
    int month;

    printf("1~12월 중 일수가 궁금한 달 하나를 입력하세요.");
    scanf("%d", &month);

    switch(month){
        case 2:
            printf("28일 혹 29일일 수 있습니다.\n");
            break;
        case 4:
        case 6:
        case 9:
        case 11:
            printf("30일이 존재합니다.\n");
            break;
        case 1:
        case 3:
        case 5:
        case 7:
        case 8:
        case 10:
        case 12:
            printf("31일이 존재합니다.\n");
            break;
        default:
            printf("유효하지 않습니다.\n");
    }

    return 0;
}
```

실행 결과   ☒

1~12월 중 일수가 궁금한 달 하나를 입력하세요.
——
30일이 존재합니다.

① 2

② 4

③ 6

④ 9

⑤ 11

정답 ①번

month 변수의 값이 2인 경우에는 10번 줄로 넘어가고 11번, 12번의 줄을 실행하기에 "28일 혹 29일일 수 있습니다."
를 출력합니다.

코드를 작성할 때 중요하게 고려해야 하는 요소는 가독성(Readability)과 재사용성(Reusability)입니다. 가독성은 코드가 읽기 쉽고 이해하기 쉬운 정도를 말합니다. 가독성이 높은 코드일수록, 작성한 사람뿐만 아니라 다른 사람도 쉽게 이해할 수 있으므로 협업에 큰 도움이 될 수 있습니다.

상황에 맞게 작성한 if문과 switch문은 가독성을 높이는 코드가 될 수 있습니다. 앞서 〈6-4. switch 조건문〉에서 if문은 범위에 대한 조건을 작성할 때, switch문은 특정 값에 대한 조건과 실행문을 부여할 때 사용한다고 잠깐 언급했습니다. 그렇다면 어떤 경우에 if문과 switch문을 사용해야 하는지 조금 더 구체적으로 알아보겠습니다.

switch문을 권장하는 경우

switch문은 입력이나 조건의 범위가 이미 정해져 있고 정수나 문자와 같은 특정 값의 조건일 때 특히 유용합니다. switch case로 1부터 5 중에서 하나의 숫자만을 고르는 경우, 범위 내의 특정 값에 대한 내용이므로 switch문의 조건에 사용되는 변수의 값을 확인하여 쉽게 코드의 실행을 유추할 수 있습니다.

예를 들어, 5지선다형의 정답을 고르는 프로그램을 작성하는 경우 다음과 같이 코드를 작성할 수 있습니다.

```c
#include <stdio.h>

int main(){
    int input;

    printf("1부터 5 중에서 하나의 숫자를 입력하세요.\n");
    scanf("%d", &input);

    switch(input){
        case(1):
            printf("1을 입력했습니다.\n");
            break;
        case(2):
            printf("2를 입력했습니다.\n");
            break;
        case(3):
            printf("3을 입력했습니다.\n");
            break;
        case(4):
            printf("4를 입력했습니다.\n");
            break;
        case(5):
            printf("5를 입력했습니다.\n");
            break;
        default:
            printf("1부터 5까지의 숫자를 입력하세요.\n");
    }

    return 0;
}
```

실행 결과   X

1부터 5 중에서 하나의 숫자를 입력하세요.
3
3을 입력했습니다.

❯ 4번 줄: switch문에 사용할 변수 input을 선언합니다.

❯ 10~24번 줄: 각 case의 조건에 input의 값을 작성하고, 다른 실행문을 실행합니다.

❯ 25, 26번 줄: 1부터 5 사이의 값이 아닌 경우, default문을 통해 처리합니다.

위와 같이 비교해야 하는 값의 범위가 작고 정해져 있는 경우, switch문을 사용하는 것이 적합하다고 볼 수 있습니다.

if문은 조건식에 연산자를 사용할 수 있습니다. 따라서 변수에 대해서 조건을 걸거나 논리 연산을 해야 하는 복잡한 조건식을 다룰 때 특히 유용합니다. 0부터 100까지처럼 switch문으로 작성하기에는 범위가 지나치게 넓을 때, 그리고 특정 조건이 부합하는지 확인해야 할 때 if문을 사용하면 가독성 높은 코드를 작성할 수 있습니다.

코드 6-5-2 정수의 홀수 짝수를 판별하는 코드

```
1   #include <stdio.h>
2
3   int main(){
4       int number;
5
6       printf("숫자를 입력하세요: ");
7       scanf("%d", &number);
8
9       if(number % 2 == 0){
10          printf("짝수입니다.\n");
11      } else{
12          printf("홀수입니다.\n");
13      }
14
15      return 0;
16  }
```

실행 결과   ⊠

숫자를 입력하세요: 5
홀수입니다.

❷ 4번 줄: 값을 입력받을 정수형 변수 number를 정의합니다.

❷ 7번 줄: 사용자에게 값을 입력받습니다.

❷ 9번 줄: 입력받은 값을 2로 나누고 남은 나머지가 0이라면 짝수로 판단합니다.

❷ 11번 줄: 짝수가 아니라면 홀수라고 판단합니다.

위와 같이 정수의 범위가 정해져 있지 않은 경우, int의 표현 범위를 모두 만족하는 switch문을 작성하는 것에는 한계가 존재하기 때문에 if문을 사용하는 것이 적합하다고 볼 수 있습니다. 위와 같이 범위가 넓거나 정해져 있지 않고 특정 조건에 따라 결과가 정해지는 경우에는 if문을 사용할 것을 권장합니다.

- 코드의 동작에 조건을 주고 코드를 제어하기 위해 사용하는 구문을 조건문이라고 합니다.
- 조건문 if의 조건식은 소괄호를 활용하고 조건문 만족 시 실행시킬 코드의 범위는 중괄호 사이에 작성해야 합니다.
- if, else if, else가 있을 때 if문의 조건을 만족하지 않는다면 else if문으로 가고 또 만족하지 않는 다면 else의 실행 구문을 동작시킵니다.
- if문과 else if문은 조건문 없이 실행되지 못하지만, else는 그 외의 나머지 경우를 모두 실행하기에 조건문이 있으면 안 됩니다.

개념 다지기

6-1. 다음 코드의 실행 결과로 알맞은 것을 고르세요.

코드

```c
#include <stdio.h>

int main(){
    int n = 100;

    if(n < 1000){
        printf("1000보다 숫자가 작습니다.\n");
    }

    if(n > 200){
        printf("200보다 숫자가 큽니다.\n");
    } else if(n > 100){
        printf("100보다 숫자가 큽니다.\n");
    } else{
        printf("100보다 숫자가 작습니다.\n");
    }

    return 0;
}
```

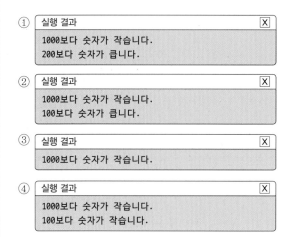

① 실행 결과 ☒

1000보다 숫자가 작습니다.
200보다 숫자가 큽니다.

② 실행 결과 ☒

1000보다 숫자가 작습니다.
100보다 숫자가 큽니다.

③ 실행 결과 ☒

1000보다 숫자가 작습니다.

④ 실행 결과 ☒

1000보다 숫자가 작습니다.
100보다 숫자가 작습니다.

6-2. 빈칸에 알맞은 코드와 실행 결과를 적어 보세요.

코드

```
1   #include <stdio.h>
2
3   int main(){
4
5       char c1 = 'A';
6       char c2 = 'A';
7
8       if(c1 > c2){
9           printf("c1 > c2는 참입니다.\n");
10      }
11      else if(c1 == c2){
12          printf("c1 == c2는 참입니다.\n");
13      }
14      ___(1)___ {
15          printf("나머지에 해당됩니다.\n");
16      }
17
18      return 0;
19  }
```

실행 결과 ☒

_____(2)_____

6-3. 다음 보기 중 실행 결과로 알맞은 것을 고르세요.

코드

```c
#include <stdio.h>

int main(){
    char grade = 'C';

    switch(grade){
        case 'A':
            printf("A등급은 80~100점 사이입니다.\n");
            break;
        case 'B':
            printf("B급은 60~80점 사이입니다.\n");
            break;
        case 'C':
            printf("C등급은 40~60점 사이입니다.\n");
        default:
            printf("할 수 있습니다! 파이팅~!\n");
    }

    return 0;
}
```

① **실행 결과** ☒

A등급은 80~100점 사이입니다.
B급은 60~80점 사이입니다.
C등급은 40~60점 사이입니다.
할 수 있습니다! 파이팅~!

② **실행 결과** ☒

C등급은 40~60점 사이입니다.
할 수 있습니다! 파이팅~!

③ **실행 결과** ☒

C등급은 40~60점 사이입니다.

④ **실행 결과** ☒

할 수 있습니다! 파이팅~!

변수의 추천 과제   개념을 복습하며 포트폴리오를 만들고 싶다면, 변수의 추천 과제를 해결해 보세요!

난이도	과제	페이지
★	[Part 2] 1-6. 알파벳 사이의 거리	382
★	[Part 2] 1-8. 홀짝 구분하기	388
★★	[Part 2] 2-9. 점수에 따른 등급 산출하기	431

챗GPT와 함께하는 코딩 학습

이번 챕터에서는 조건문을 통해 상황에 따라 다른 결과를 출력하는 다양한 코드를 작성해 보았습니다. 앞에서 배운 내용을 기반하여 조건문을 사용해서 여행지를 선택하는 코드를 작성해 달라고 이야기해 보겠습니다.

여행지를 선택하는 코드를 조건문을 이용해서 작성해 줘.

물론이죠! 여러 가지 선택지 중에서 사용자의 선택을 통해 여행지를 선택하는 조건문 코드입니다.

코드	챗GPT가 작성한 조건문을 이용하여 여행지를 선택하는 코드

```
1   #include <stdio.h>
2
3   int main(){
4       printf("어느 나라로 여행을 떠나고 싶나요?\n");
5       printf("1. 일본\n");
6       printf("2. 프랑스\n");
7       printf("3. 미국\n");
8
9       int userChoice;
10      printf("번호를 선택하세요: ");
11      scanf("%d", &userChoice);
12
13      if(userChoice == 1){
14          printf("일본으로 여행을 떠납니다. 즐거운 여행되세요!\n");
15      } else if(userChoice == 2){
16          printf("프랑스로 여행을 떠납니다. 로맨틱한 여행되세요!\n");
17      } else if(userChoice == 3){
18          printf("미국으로 여행을 떠납니다. 다양한 경험이 기다리고 있겠네
19  요!\n");
20      } else{
21          printf("올바른 번호를 선택하세요.\n");
22      }
23
24      return 0;
25  }
```

```
실행 결과                                                          ☒
어느 나라로 여행을 떠나고 싶나요?
1. 일본
2. 프랑스
3. 미국
번호를 선택하세요: 1
일본으로 여행을 떠납니다. 즐거운 여행되세요!
```

이 코드에서는 사용자에게 여행지 선택지를 제시하고, 사용자가 선택한 번호에 따라 다른 메시지를 출력합니다. 코드를 실행하면 사용자에게 여행지를 선택하라는 문구가 나오고, 사용자가 1, 2, 3 중에서 선택하면 해당하는 나라에 대한 메시지가 출력됩니다. 그 외의 숫자를 선택하면 "올바른 번호를 선택하세요."라는 메시지가 출력됩니다.

위와 같이 구체적인 목적과 조건을 생성형 AI에게 부여하고, 해당 목적과 조건에 맞는 코드를 답변받을 수 있습니다.

 다른 조건과 방식을 부여하여 다른 코드 작성하기

이번에는 새로운 조건을 부여하여 다른 코드를 확인해 보겠습니다.

 위에서 작성한 코드를 switch문으로 바꿔 줘.

 물론이죠! 아래는 switch문을 사용하여 앞서 작성한 여행 선택 코드를 수정한 예제입니다.

코드	이전의 코드를 switch문으로 바꾼 코드

```
1   #include <stdio.h>
2
3   int main(){
4       printf("어느 나라로 여행을 떠나고 싶나요?\n");
5       printf("1. 일본\n");
6       printf("2. 프랑스\n");
7       printf("3. 미국\n");
8
9       int userChoice;
10      printf("번호를 선택하세요: ");
11      scanf("%d", &userChoice);
12
13      switch(userChoice){
```

```
14          case 1:
15              printf("일본으로 여행을 떠납니다. 즐거운 여행되세요!\n");
16              break;
17          case 2:
18              printf("프랑스로 여행을 떠납니다. 로맨틱한 여행되세요!\n");
19              break;
20          case 3:
21               printf("미국으로 여행을 떠납니다. 다양한 경험이 기다리고 있겠
22      네요!\n");
23              break;
24          default:
25              printf("올바른 번호를 선택하세요.\n");
26              break;
27      }
28      return 0;
29  }
```

실행 결과   ⊠

어느 나라로 여행을 떠나고 싶나요?
1. 일본
2. 프랑스
3. 미국
번호를 선택하세요: 3
미국으로 여행을 떠납니다. 다양한 경험이 기다리고 있겠네요!

---

switch문은 여러 조건을 처리할 때보다 간결하게 코드를 작성할 수 있습니다. 이 경우에
는 각각의 case가 사용자가 선택한 번호에 대응되며, default는 사용자가 1, 2, 3 이외의
숫자를 선택했을 때의 동작을 정의합니다.

바로 앞에서 본 것처럼 같은 결과를 출력하고 같은 원리를 가졌으나 다른 형태로 구성된 코드를 확인
하는 것도 가능합니다. 다양한 코드를 확인해 보는 것은 앞으로 코드를 작성할 때 다양한 방법에 대해
미리 알아볼 수 있으므로, 더 좋은 코드를 작성할 수 있는 연습이 될 수 있습니다. 생성형 AI를 이용하
여 다양한 코드를 만들어 보고 어떤 것이 더 좋은 코드인지 비교해 보세요.

CHAPTER

반복문

"원하는 만큼 편리하게 코드를 실행해 보자!"

7-1
반복문을 왜 사용해야 할까

우리가 프로그래밍 언어를 이용하여 코드를 작성할 때 같은 기능을 반복해서 사용하는 경우가 있습니다. 두세 번 정도 반복되는 경우라면 직접 코드를 작성할 수도 있겠지만 10번, 아니면 100번 반복처럼 너무 많이 반복되는 코드를 일일이 적으면 코드를 작성하는 효율성이 떨어집니다.

반복문을 사용하지 않은 경우와 사용한 경우에 어떤 차이가 있는지 코드 예시를 통해 살펴보겠습니다.

코드 7-1-1 반복문을 사용하지 않고 0부터 29까지 출력하는 코드

```
1   #include <stdio.h>
2
3   int main(){
4       printf("0\n");
5       printf("1\n");
6       printf("2\n");
…       ···         ─────────────→ 지면상 printf("3\n");부터 printf("27\n");까지의 출력문은
32      printf("28\n");                생략했습니다.
33      printf("29\n");
34
35      return 0;
36  }
```

실행 결과   ☒
```
0
1
2
··· ──→ 지면상 3~27까지는 생략했습니다.
28
29
```

[코드 7-1-1]를 보면, 코드를 작성하는 프로그래머도 반복적인 일을 하기 때문에 피로를 증가시키고 코드의 직관성과 가독성도 해치고 있습니다. 또한 오타로 인해 올바르지 않은 결과를 출력할 수 있는 가능성도 존재합니다.

반면에 [코드 7-1-2]는 [코드 7-1-1]과 내용, 길이가 모두 다릅니다.

코드 7-1-2 | 반복문을 사용하여 0부터 29까지 출력하는 코드

```
1  #include <stdio.h>
2
3  int main(){
4      for(int i = 0; i < 30; i++){
5          printf("%d\n", i);
6      }
7
8      return 0;
9  }
```

실행 결과   X
```
0
1
2
...  ← 지면상 3~27까지는 생략했습니다.
28
29
```

[코드 7-1-1]은 총 30개의 출력 함수를 사용하여 0부터 29까지 출력하지만, [코드 7-1-2]에서는 반복문을 사용하여 4번 줄부터 6번 줄까지의 코드만으로 출력을 반복할 수 있습니다.

반복문은 특정 작업을 반복적으로 수행해야 할 때 효율적으로 코드를 작성하기 위해 사용합니다. 반복문은 일정한 패턴이나 조건에 따라 작업을 반복하여 처리할 수 있기 때문에, 짧고 간결한 코드를 작성할 수 있다는 장점이 있습니다. 이처럼 반복문은 사람이 하기 힘든 규칙적이고 반복적인 일을 쉽고 빠르게 도와줄 수 있습니다.

 잠깐 **짧은 코드가 무조건 좋은 코드인가요?**

짧고 간결한 코드가 항상 좋은 것은 아닙니다. 코드의 길이 자체보다는 코드를 얼마나 읽기 쉽고 이해하기 쉬운지가 더 중요한 부분입니다. 코드의 길이를 줄이려는 노력보다 가독성이 좋고 효과적인 코드를 작성하는 것이 중요합니다.

7-2
for 반복문

for 반복문은 C언어의 반복문 중 하나로 for문이라고 부릅니다. for문은 원하는 횟수만큼 코드를 반복하기 위해 사용합니다. for 반복문의 기본 구조는 다음과 같습니다.

구문 설명 ⊠

for(초기화식; 조건식; 증감식){
　　실행문
}

예시 ⊠

초기화식을 통해 반복문에 사용하는 변수의 값을 초기화한다.{
　　조건식에 만족한다면:
　　　　실행문을 실행한다.
　　　　증감식을 통해 변수의 값을 바꾼다.
　　조건식에 만족하지 않는다면:
　　　　반복문을 종료한다.
}

초기화식이란 반복문이 시작할 때 처음 한 번만 실행되는 부분입니다. 일반적으로 반복문에 사용하는 변수를 초기화하는 코드가 자주 위치합니다. C언어에서 초기화식에 int i = 0;이라는 코드를 가장 많이 사용합니다.

 왜 int i = 0;이라는 초기화식을 가장 많이 사용하나요? 1이 아니라 0부터 시작하는 이유가 궁금해요.

0부터 시작하는 코드를 가장 많이 사용하는 이유에는 다양한 의견이 존재합니다. 먼저, 컴퓨터의 메모리 주소가 0부터 시작하며, 앞으로 배울 배열과 포인터 또한 0부터 시작하는 주소를 가지고 있기 때문입니다.

또한 반복문은 배열을 순회하는 기능에 많이 사용합니다. 따라서 반복문의 초깃값을 0으로 하면 배열의 첫 번째 요소부터 순회할 수 있기 때문에 편리하다는 장점이 존재합니다.

예제 코드와 함께 반복문을 사용하는 방식에 대해 차근차근 알아보겠습니다.

```
1    #include <stdio.h>
2
3    int main(){
4        for(int i = 0; i < 5; i++){
5            printf("%d번 반복!\n", i);
6        }
7
8        return 0;
9    }
```

실행 결과 　　　　　　　　　　　　　　　　　　　　　　　　　　　　　　　　　　　　　　　 ⊠

```
0번 반복!
1번 반복!
2번 반복!
3번 반복!
4번 반복!
```

▶ 4번 줄: 정수형 변수 i를 초기화식에 선언했습니다.

▶ 5번 줄: 0부터 1씩 숫자가 증가하며 5번 출력합니다.

반복문의 초기화식 안에 변수를 선언하지 않고 사용할 수도 있습니다. [코드 7-2-2]를 보며 확인해 보겠습니다.

코드 7-2-2 ▸ 초기화식을 생략하고 사용하는 for문

```
1     #include <stdio.h>
2
3     int main(){
4         int i = 0;
5         for( ; i < 5; i++){
6             printf("%d번 반복!\n", i);
7         }
8
9         return 0;
10    }
```

실행 결과 　　　　　　　　　　　　　　　　　　　　　　　　　　　　　　　　　　　　　　　 ⊠

```
0번 반복!
1번 반복!
2번 반복!
3번 반복!
4번 반복!
```

● 4번 줄: 정수형 변수 i를 선언했습니다.
● 5번 줄: 초기화식을 생략하고 for문을 작성했습니다.

 이처럼 for문 밖에 있는 변수를 이용하여 반복문을 사용할 수도 있습니다. 하지만 일반적으로는 for문 초기화식에 변수를 추가하여 이용하는 방식을 사용합니다.

 for문의 초기화식에서 변수를 선언하여 반복문을 구성하는 경우, 선언한 변수는 〈Chapter 5. 함수〉에서 배웠던 지역변수입니다. 따라서 중괄호 안에서만 사용할 수 있습니다. 만약 밖에서 사용한다면 존재하지 않는 변수를 사용하려고 하기 때문에 에러가 발생합니다.

코드 7-2-3	초기화식에 변수를 선언하고 반복문 밖에서 변수를 사용한 경우(※ 실행 시 에러 발생)

```
1   #include <stdio.h>
2
3   int main(){
4       for(int i = 0; i < 5; i++){
5           printf("%d번 반복!\n", i);
6       }
7       printf("반복문에서 사용한 i의 값: %d", i);
8
9       return 0;
10  }
```

실행 결과   ☒

```
7-2-3.c:7:55: error: use of undeclared identifier 'i'
    printf("반복문에서 사용한 i의 값: %d", i);
                                      ^
1 error generated.
```

● 4번 줄: 정수형 변수 i를 선언했습니다.

 이처럼 for문 안에서 사용하는 변수가 초기화식에서 선언되었다면, 이 변수는 for문 안에서만 사용할 수 있는 지역변수임을 기억해야 합니다.

 조건식이란 반복문이 실행되는 조건을 나타냅니다. 조건이 참일 경우 반복문의 실행 문장이 실행되고, 조건이 거짓이면 반복문이 종료됩니다.

 만약 int i = 0이라고 초기식을 작성했다면, i < 5라는 코드를 조건식에 추가하여 반복할 수 있습니다. i가 0인 경우에는 5보다 작기 때문에 조건식의 결과는 참입니다. 따라서 반복문의 실행 문장이 실행됩니다. 예시를 살펴보면서 알아보겠습니다.

조건식의 결과를 확인할 수 있는 코드

```c
1   #include <stdio.h>
2
3   int main(){
4       for(int i = 0; i < 3; i++){
5           printf("조건식은 %d < 3으로 참입니다. ", i);
6           printf("조건식의 실행문이 실행됩니다!\n");
7       }
8       printf("조건식의 결과가 거짓으로 반복문이 실행되지 않습니다.");
9
10      return 0;
11  }
```

실행 결과   ☒

조건식은 0 < 3으로 참입니다. 조건식의 실행문이 실행됩니다!
조건식은 1 < 3으로 참입니다. 조건식의 실행문이 실행됩니다!
조건식은 2 < 3으로 참입니다. 조건식의 실행문이 실행됩니다!
조건식의 결과가 거짓으로 반복문이 실행되지 않습니다.

❯ 4번 줄: 초기화식에서 선언한 변수 i가 3보다 작은 경우를 조건식으로 선언했습니다.

❯ 5번 줄: 출력 함수에 형식 지정자를 사용하여 초기화식에서 사용하는 i의 값을 이용하여 조건식을 확인할 수 있습니다.

잠깐   i < 3일 때 1부터 2까지 두 번 아닌가요? 왜 세 번인가요?

　　int i = 0이라는 초기화식인 경우, i가 0부터 시작하여 1, 2로 바뀌기 때문에 세 번입니다. 아래에서 배울 증감식에 따라 결과
가 다르지만 보통 3번 반복을 위해 for(int i = 0; i < 3; i++)와 같이 작성합니다.

[코드 7-2-4]에서는 for문 초기화식에서 선언한 i 변수를 조건식에 사용하여 반복문의 실행 조건을
작성했습니다. 코딩 입문자들이 처음 반복문을 사용하는 경우 많이 실수하는 부분이 바로 조건식입니
다. 특히, 조건을 반대로 작성하여 실행이 안 되는 경우가 있습니다. 예시를 확인해 보겠습니다.

조건식을 반대로 설정하는 경우

```c
1   #include <stdio.h>
2
3   int main(){
4       for(int i = 0; i > 3; i++){
5           printf("왜 반복문이 실행되지 않나요?");
6       }
7       printf("프로그램이 종료되었습니다.");
8
9       return 0;
10  }
```

실행 결과	X
프로그램이 종료되었습니다.	

◑ **4번 줄**: 초기화식에서 선언한 변수 i가 3보다 크지 않으므로 조건식의 결과는 거짓입니다. 반복문을 종료합니다.

[코드 7-2-5]처럼 조건문을 잘못 작성한 경우에는 반복문이 실행되지 않습니다. for문의 초기화식에서 int i 변수는 0입니다. 따라서 조건식에서 0 > 3의 결과가 거짓이 되므로 반복문이 실행되지 않는 것을 볼 수 있습니다.

C언어 컴파일러는 논리적으로 잘못 작성된 코드는 에러라고 판단하지 않습니다. 그러니 처음 사용할 때 조건문의 실행 문장이 실행되지 않는다면 조건식을 다시 한번 확인하기 바랍니다.

증감식이란 각 반복마다 반복문의 조건식에 사용하는 변수를 증가시키거나 감소시키는 코드입니다. 이 식을 통해 조건이 언젠가는 거짓이 되도록 만들어 반복을 종료시킵니다. 조건식에 사용하는 변수의 값에 변화가 있어야 반복문에서 탈출할 수 있으며, 탈출이 되지 않는 반복문은 실행 문장을 무한히 반복하기 때문에 프로그램이 종료되지 않습니다.

코드 7-2-6 **증감식을 설정해 주지 않아 결과가 멈추지 않는 코드(※실행 시 주의하세요!)**

```
1   #include <stdio.h>
2
3   int main(){
4       for(int i = 0; i < 3;){
5           printf("반복문이 멈추지 않아요!\n");
6       }
7
8       return 0;
9   }
```

실행 결과	X
반복문이 멈추지 않아요!	
반복문이 멈추지 않아요!	
반복문이 멈추지 않아요!	
반복문이 멈추지 않아요!	
...	

◑ **4번 줄**: 증감식을 설정해 주지 않았기 때문에 for문의 조건식이 늘 참입니다. 따라서 for문의 실행 문장을 무한 반복합니다.

당황하지 마세요. C언어 코드의 결과가 실행되는 터미널을 클릭하고 '컨트롤(Ctrl)' 키와 'C' 키를 동시에 눌러 종료하면 됩니다. 'Ctrl + C'는 현재 터미널에서 실행되고 있는 프로그램을 종료시키는 명령어의 단축키입니다.

[코드 7-2-6]처럼 무한으로 반복되는 반복문을 무한 루프(Infinite loop)라고 합니다. 무한 루프는 프로그램의 실행이 멈출 수 없는 상태로 빠질 수 있기 때문에 위험합니다. 따라서 프로그램을 개발할 때 무한 루프가 발생하지 않도록 주의해야 합니다. 프로그램의 무한 루프를 방지하기 위해 반복문의 조건식과 증감식을 잘 설정하여 종료할 수 있는 조건을 설정하는 것이 매우 중요합니다.

| 코드 7-2-7 | 증감식을 설정하여 조건을 변화시키는 코드 |

```
1   #include <stdio.h>
2
3   int main(){
4       for(int i = 0; i < 1; i++){
5           printf("드디어 반복문이 멈춘다!");
6       }
7
8       return 0;
9   }
```

실행 결과　　　[X]

드디어 반복문이 멈춘다!

▶ 4번 줄: for문의 조건식이 i < 1입니다. 증감식을 통해 i 값이 증가하면 0에서 1로 증가하게 되고, 그 다음 조건식에서는 1 < 1이 되어 거짓이 됩니다. 따라서 출력문이 한 번만 실행되고 반복문이 종료됩니다.

처음 for 문을 작성할 때, [코드 7-2-6]처럼 증감식을 제대로 설정하지 않아 문제가 생기는 경우도 많이 발생합니다. 이런 경우에 반복문이 멈추지 않아서 프로그램이 종료되지 않는 경우가 발생하기 때문에 [코드 7-2-7]과 같이 올바른 증감식을 작성해야 합니다.

for문 활용 기초: 구구단 3단 프로그램 만들기

구구단을 좋아하는 변수는 구구단 3단을 외우고 있습니다. "3 * 1 = 3, 3 * 2 = 6, …" 특정한 패턴이 보이지 않나요? 3과 수식은 동일한데, 수식의 오른쪽 숫자만 1씩 증가하며 변화하고 있습니다.

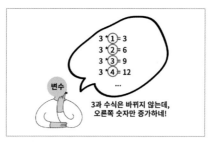
〈그림 7-2-1〉

앞에서 배운 증감식을 이용하면 구구단 3단을 출력하는 프로그램을 쉽게 작성할 수 있습니다. 이번에는 구구단을 좋아하는 김변수 씨를 위해 구구단 3단을 출력하는 코드를 작성해 보겠습니다.

코드 7-2-8   **for문을 사용하여 구구단 3단을 출력하는 코드**

```
1   #include <stdio.h>
2
3   int main(){
4       for(int i = 1; i < 10; i++){
5           int gugu = 3 * i;
6           printf("3 * %d = %d\n", i, gugu);
7       }
8
9       return 0;
10  }
```

실행 결과   X

```
3 * 1 = 3
3 * 2 = 6
3 * 3 = 9
3 * 4 = 12
3 * 5 = 15
3 * 6 = 18
3 * 7 = 21
3 * 8 = 24
3 * 9 = 27
```

❯ 4번 줄: for문의 초기화식이 int i = 1이기 때문에 변수는 i = 1부터 시작합니다. 또한 조건식에 i < 10으로 하여 i가 9인 경우까지만 반복문을 실행할 수 있도록 구성합니다.

❯ 5번 줄: 정수형 변수 gugu를 선언하고 3단을 출력하기 위해 3 * i의 값을 저장합니다. 매 반복마다 3 * i 값으로 새롭게 저장됩니다.

❯ 6번 줄: 출력 함수에 i와 gugu를 이용하여 결과를 보여 줍니다.

for문은 실행 횟수를 정확히 지정하여 사용할 수 있는 특징을 가지고 있습니다. 앞으로 배울 while 반복문, do-while 반복문과 차이를 비교하며 공부해 보세요.

Q1 다음 코드의 실행 결과를 보고 빈칸에 알맞은 코드를 작성하세요.

코 드

```
1   #include <stdio.h>
2
3   int main(){
4       for(int i = 1; i < ___; i++){
5           int gugu = 5 * i;
6           printf("%d\n", gugu);
7       }
8
9       return 0;
10  }
```

실행 결과	X
5	
10	
15	

정답 4

실행 결과는 5, 10, 15로, 실행문이 총 세 번 반복되었습니다. 초기식의 변수가 int i = 1이기 때문에 i = 1, 2, 3일 때 조건식이 참임을 알 수 있습니다. 따라서 빈칸에는 4가 들어가야 합니다.

Q2 다음 코드를 실행했을 때 출력문의 출력 횟수로 알맞은 것을 고르세요.

코드

```
1  #include <stdio.h>
2
3  int main(){
4      for(int i = 10; i < 15; i--){
5          printf("for문은 반복문!");
6      }
7
8      return 0;
9  }
```

① 0번   ② 4번   ③ 5번

④ 6번   ⑤ 무한히 출력된다. (무한 루프)

정답 ⑤번

초기화식에서 선언한 변수의 초깃값은 10이고 조건식은 15보다 작은 경우에 참입니다. 여기서 증감식은 i의 값을 줄이고 있으므로 반복 횟수만큼 변수 i의 값을 줄입니다. 따라서 늘 15보다 작으므로 무한 루프에 빠지게 됩니다.

7-3
while 반복문

while문은 for 반복문과 달리 조건식만 있으면 반복할 수 있는 형태입니다.

<table>
<tr><td>구문 설명   [X]

while(조건식){
    실행 문장 ┐→ while 반복문의 실행 문장에는 반드시 종료 조건에
}   └─ 닿을 수 있도록 변화식이 추가되어야 합니다!</td><td>예시   [X]

조건식이 만족하지 않을 때까지{
    실행 문장을 실행한다.
}</td></tr>
</table>

while문은 while의 오른쪽 소괄호 안에 있는 조건식이 만족하지 않을 때까지 실행 문장을 실행합니다. 예제를 통해 사용 방법을 익혀 보겠습니다.

코드 7-3-1   while문으로 반복문을 사용하는 방법

```c
#include <stdio.h>

int main(){
    int i = 0;

    while(i < 30){
        printf("%d\n", i);
        i++;
    }

    return 0;
}
```

실행 결과   [X]
```
0
1
2
...  ──── 지면상 3~27까지는 생략했습니다.
28
29
```

● 4번 줄: while문의 조건에 사용할 정수형 변수 i를 선언하고 0을 할당합니다.
● 6번 줄: while문의 조건식에 i < 30을 넣어 30보다 작은 경우 실행 문장을 실행하도록 구성합니다.
● 8번 줄: while문 탈출 조건을 만족하기 위해 i의 증감식을 넣습니다.

 잠깐 **조건식이 항상 참인 경우라면 어떻게 되나요?**

> <7-2. for 반복문>에서 설명했던 무한 루프에 빠지게 됩니다. while문은 for문과 달리 증감식을 추가하는 곳이 따로 없기 때문에 반드시 반복문 내에 증감식이나 조건문을 사용하여 반복을 종료할 수 있는 종료 조건을 작성해야 합니다. 조건문을 사용한 종료 조건은 <7-5. [더 알아보기] break와 continue 제어문>에서 배울 예정입니다.

 ## while문 작성 시 유의 사항

while문은 조건식만 존재하기 때문에 형태가 어렵지 않지만 자주 실수하는 부분들이 있습니다.

    1. 실행 문장이 실행되지 않는 경우
    2. 반복문이 무한히 실행되는 경우

while문은 조건식을 만족하지 않는 순간이 올 때까지, 즉 조건식을 만족하는 동안에는 계속해서 실행 문장이 실행됩니다. 따라서 while문 작성 시 자주 범하는 실수로는 위 두 가지가 대표적입니다. 조건식을 잘못 작성하여 실행 문장이 실행되지 않거나, 아니면 반복문이 무한히 실행되는 것이죠.

세부적인 예시 코드를 보며 어떤 상황을 조심해야 하는지 차근차근 살펴보겠습니다.

코드 7-3-2 **while문의 조건식을 잘못 작성한 경우**

```
1   #include <stdio.h>
2
3   int main(){
4       int i = 5;
5
6       while(i < 5){
7           printf("이 while문은 아무것도 실행되지 않지롱!");
8           i--;
9       }
10
11      return 0;
12  }
```

실행 결과 　　　　　　　　　　　　　　　　　　　　　　　　　　　　　　[X]

└─● 아무것도 출력되지 않습니다.

❍ 4번 줄: while문의 조건에 사용할 정수형 변수 i를 선언하고 값을 5로 초기화합니다.

❍ 6번 줄: while문의 조건식에 i < 5라는 조건식을 사용합니다. 하지만 i의 값이 5이므로 조건식을 만족하지 않아, 반복문이
실행되지 않습니다.

 ## 반드시 한 번은 실행되는 do-while문

while문은 조건식의 결과가 참인 경우에만 실행 문장을 실행합니다. 처음 while문이 실행되더라도 조
건식이 만족하지 않는다면, while문의 실행 문장이 실행되지 않습니다. 하지만 첫 조건을 만족하지 않
더라도 반드시 한 번 실행되는 while문이 있습니다. 바로 do-while문입니다.

<table>
<tr><td>

구문 설명　　　　　　　　　　　　　　　　　　🗙

```
do{
     실행 문장 ──────▶ do-while 반복문의 실행 문장에는
} while(조건식);        반드시 종료 조건에 닿을 수 있도록
                        변화식이 추가되어야 합니다!
```
</td><td>

예시　　　　　　　　　　　　　　　　　　🗙

```
do{
     printf("안녕! 1을 입력하면 인사 그만할게~!\n");
     scanf("%d", &input);
} while(input != 1);
```
</td></tr>
</table>

[코드 7-3-2]와 같이 조건식을 잘못 작성하더라도, do-while문은 반드시 한 번은 실행됩니다. 예시
코드를 통해 사용 방법을 알아보겠습니다.

코드 7-3-3　　do-while문을 통해 조건문을 실행하는 경우

```
1    #include <stdio.h>
2
3    int main(){
4        int i = 1;
5
6        do{
7            printf("난 조건이 틀려도 한 번은 실행돼!");
8        } while(i > 5);
9
10       return 0;
11   }
```

실행 결과　　　　　　　　　　　　　　　　　　　　　　　　　　　　　🗙

난 조건이 틀려도 한 번은 실행돼!

❍ 4번 줄: do-while문의 조건에 사용할 정수형 변수 i를 선언하고 1로 초기화합니다.

❍ 7번 줄: do 괄호 안의 실행 문장은 조건식이 거짓이더라도 반드시 한 번은 실행됩니다.

❍ 8번 줄: 조건식이 i > 5이므로 i의 값인 1이 조건식을 만족하지 않음을 알 수 있습니다.

do-while문은 반복 조건을 평가하기 전에 먼저 do 괄호 안의 실행 문장을 실행하고, 그 후에 조건을 검사하여 조건이 참인 동안 계속해서 실행 문장을 반복 실행하는 구조입니다. 이러한 특성으로 인해 do-while 반복문은 반복문의 실행 문장을 최소한 한 번은 실행할 필요가 있을 때 사용됩니다. 하지만 최소한 한 번은 실행해야 하는 경우가 드물기 때문에 do-while문은 잘 사용되지 않습니다.

이번엔 while문을 사용하며 실행 문장 안에서 while문의 조건식으로 사용하는 변수에 값을 대입하여 무한 루프에 빠지는 사례를 살펴보겠습니다.

코드 7-3-4 실행 문장 안에 조건식의 변수에 값을 대입하여 문제가 생기는 경우(※실행 시 주의하세요!)

```
1    #include <stdio.h>
2
3    int main(){
4        int i = 0;
5
6        while(i < 3){
7            i = 1;
8            printf("무한 루프다! Ctrl + C 키를 눌러서 종료해!\n");
9            i++;
10       }
11
12       return 0;
13   }
```

실행 결과   ☒

```
무한 루프다! Ctrl + C 키를 눌러서 종료해!
무한 루프다! Ctrl + C 키를 눌러서 종료해!
무한 루프다! Ctrl + C 키를 눌러서 종료해!
...
```

❷ 6번 줄: while문의 조건식으로 i < 3을 작성했습니다.
❷ 7번 줄: 반복문이 실행될 때마다 i는 1로 설정됩니다.
❷ 9번 줄: i의 값을 변화시키지만 다음 반복에서 i는 다시 1이 되기 때문에 조건식인 i < 3을 만족합니다. 따라서 무한 루프입니다.

[코드 7-3-4]와 같이 조건식을 만족하기 위해 종료 조건을 작성했지만, 6번 줄의 정수형 변수 i는 실행 문장이 실행될 때마다 1로 설정되고 있습니다. 9번 줄의 증감식으로 2가 되지만 다시 실행 문장이 실행되면 1로 설정되기 때문에 무한 루프에 빠지게 됩니다.

[코드 7-3-4]처럼 조건식에 사용하는 변수를 실행 문장에서 초기화하여 무한 루프에 빠지는 경우도 존재하지만, 조건식에 사용하는 변수에 값을 초기화하지 않아 반복문이 실행되지 않는 경우도 존재합니다. 다음 코드를 보세요.

코드 7-3-5 조건식에 사용하는 변수를 초기화하지 않아 실행 문장이 실행되지 않는 코드

```c
1   #include <stdio.h>
2
3   int main(){
4       int i;
5       printf("%d\n", i);
6
7       while(i == 3){
8           printf("오잉? 이건 왜 실행이 안 될까?");
9           i++;
10      }
11      printf("코드가 종료되었습니다.");
12
13      return 0;
14  }
```

실행 결과   ☒
150683744
코드가 종료되었습니다.

❯ 4번 줄: 조건식에 사용할 정수형 변수 i를 선언했으나, 값을 초기화하지 않았습니다.
❯ 6번 줄: while문의 조건식에 i가 3보다 작은 경우를 작성했으나, i에 저장된 값이 올바르지 않아 실행 문장이 실행되지 않습니다. 우연의 일치로 i가 저장된 메모리 주소에 3이 저장되어 있다면 실행될 수 있습니다.

[코드 7-3-5]는 조건식에 사용하는 변수의 값을 초기화해 주지 않아 반복문이 실행되지 않은 코드입니다. 4번 줄의 정수형 변수 i처럼 초기화하는 값이 존재하지 않는다면, 컴퓨터에서는 메모리에 저장되어 있던 알 수 없는 값을 반환합니다. 만약 i에 우연히 3이 저장되어 있다면 실행될 수 있겠지만, 이 또한 의도한 것이 아니기 때문에 일관성이 없는 코드라고 볼 수 있습니다.

우리가 의도한 대로 흐름을 만들기 위해 변수를 초기화하는 것은 프로그래밍에서 일관성을 제공하는 중요한 과정입니다. C언어에서도 변수를 선언할 때 초기화하는 것을 권장하며, 이를 통해 예상하지 못한 흐름이나 에러를 피할 수 있습니다.

이번엔 증감식을 사용하지 않아 종료 조건을 만족할 수 없는 경우를 살펴보겠습니다.

| 코드 7-3-6 | 조건식을 사용했으나 조건식의 결과가 늘 참인 경우의 코드(※실행 시 주의하세요!) |

```
1   #include <stdio.h>
2
3   int main(){
4       int i = 0;
5
6       while(i < 3){
7           printf("또 한 번 무한 루프에 빠졌다! 도망쳐!\n");
8       }
9
10      return 0;
11  }
```

| 실행 결과 | X |

```
또 한 번 무한 루프에 빠졌다! 도망쳐!
또 한 번 무한 루프에 빠졌다! 도망쳐!
또 한 번 무한 루프에 빠졌다! 도망쳐!
...
```

❷ 4번 줄: 조건식에 사용할 정수형 변수 i를 선언하고, 0으로 초기화했습니다.
❷ 6번 줄: i < 3이라는 조건식을 사용했지만, i의 값이 변화하지 않으므로 무한 루프입니다.

위 코드와 같이 조건식과 변수의 초기화도 작성했지만 조건식의 종료 조건이 만족할 수 없는 경우라면 무한 루프에 빠질 수 있습니다. 정수형 변수를 사용하여 조건식을 작성하는 경우, 종료 조건을 만족할 수 있도록 증감식을 추가하는 것이 매우 중요합니다.

while문의 잘못된 사용 사례는 크게 '무한 루프에 빠지는 상황'과 '실행 문장이 실행될 수 없는 상황' 두 가지라고 볼 수 있습니다. while문과 같은 반복문을 사용할 때 가장 중요한 것은 실행 문장을 실행하며 종료 조건을 만족할 수 있는지, 첫 조건식을 만족할 수 있는지에 대한 여부입니다. 위 두 가지만 잘 작성한다면 반복문을 사용하며 별다른 문제가 생기지 않습니다.

while문 활용 기초: 구구단 3단 프로그램 만들기

올바르지 않은 코드 예시를 보며 while문을 작성할 때 유의해야 하는 사항들을 살펴봤습니다. 이제는 올바른 while문 작성을 통해 연습하겠습니다.

구구단을 좋아하는 김변수 씨는 이전에 for문을 이용하여 구구단 3단을 출력하는 코드를 작성했습니다. while문을 배운 김변수 씨는 이전의 경험을 살려, while문을 사용하여 구구단 3단을 출력하는 코드를 작성하기로 했습니다.

while문을 사용하여 구구단 3단을 출력하는 코드

```c
#include <stdio.h>

int main(){
    int i = 1;

    while(i < 10){
        printf("3 * %d = %d\n", i, i * 3);
        i++;
    }

    return 0;
}
```

실행 결과   ☒

```
3 * 1 = 3
3 * 2 = 6
3 * 3 = 9
3 * 4 = 12
3 * 5 = 15
3 * 6 = 18
3 * 7 = 21
3 * 8 = 24
3 * 9 = 27
```

❯ 4번 줄: while문의 조건식에 사용할 정수형 변수 i를 선언하고 1로 초기화합니다.

❯ 6번 줄: i < 10을 조건식으로 작성합니다.

❯ 7번 줄: i와 i * 3의 결과를 출력합니다.

❯ 8번 줄: i의 증감식을 이용하여 i의 값을 1씩 증가시킵니다.

　이 코드는 우리가 앞서 for문으로 작성한 [코드 7-2-8]과 같은 결과를 보여 주지만 코드의 작성 방식이 다릅니다. for문은 실행 횟수를 구체적으로 지정할 수 있어 프로그래머가 지정한 범위 내에서 사용이 가능하지만, while문은 원하는 목표를 만족할 때까지 반복할 수 있습니다.

　두 반복문에 기능적으로 큰 차이가 존재하는 것이 아니기 때문에 코드의 가독성과 만들어야 하는 프로그램의 특성을 고려해야 합니다. 직접 작성하며 연습해 보기 바랍니다.

Q1 다음 코드의 실행 결과를 보고 빈칸에 알맞은 코드를 작성하세요.

코드

```
1   #include <stdio.h>
2
3   int main(){
4       int i =  (1) ;
5
6       while(i <  (2) ){
7           printf("5 * %d = %d\n", i, i *  (3) );
8            (4) ;
9       }
10      return 0;
11  }
```

실행 결과   X

```
5 * 3 = 15
5 * 4 = 20
5 * 5 = 25
```

정답 (1) 3, (2) 6, (3) 5, (4) i++

구구단 5단의 3부터 출력하고 있으므로, i는 3으로 초기화되었음을 알 수 있습니다. 3부터 5까지 출력하고 반복문을
종료하기 때문에 while문의 조건식은 i < 6입니다. i * 5를 통해 5단의 결과를 보여 주고, i의 증감식으로 i++를 넣어
반복문이 종료될 수 있도록 합니다.

Q2 다음 보기 중 코드에 대한 설명으로 알맞은 것을 고르세요.

코드

```
1   #include <stdio.h>
2
3   int main(){
4       int i = 100;
5       i = i + 10;
6
7       while(i > 105){
8           printf("내가 과연 실행될까?");
9           i++;
10      }
11
12      return 0;
13  }
```

① 김변수: while문의 조건식 결과가 거짓이 될 수 없는 코드야. 무한 루프에 빠지겠군!

② 박함수: "내가 과연 실행될까?"가 총 5번 출력될 거야.

③ 이매개: 조건식에 사용한 i는 100으로 초기화되었으니, while문은 실행되지 않아.

④ 최반환: 4번 줄에서 초기화되었지만, 5번 줄에서 i는 10으로 값이 바뀌었어.

⑤ 시언어: 5번 줄에서 110이 되었으니 조건식을 만족해서 반복문은 실행되지 않아.

정답 ①번

4번 줄: 조건식에 사용되는 정수형 변수 i를 100으로 초기화합니다.

5번 줄: i에 저장되어 있던 값 100에 10을 더해 저장합니다. i는 110입니다.

7번 줄: i의 값은 110이므로 조건식을 만족하고 반복문이 실행됩니다.

9번 줄: i의 값을 증가시키고 있으므로 조건식은 항상 참입니다. 따라서 무한 루프에 빠진 코드입니다.

7-4
중첩 반복문

반복문을 여러 번 겹쳐서 사용하는 방법이 존재합니다. 이를 중첩 반복문이라고 부릅니다. 이중 중첩, 삼중 중첩 등 반복문이 중첩되는 횟수에 따라 이름이 달라집니다. 우리는 이중 중첩 반복문을 살펴보며 중첩 반복문 사용 방법을 연습하겠습니다.

지금까지는 구구단 중 하나의 단만 지정하여 출력할 수 있었습니다. 하지만 중첩 반복문을 사용하면 김변수 씨가 좋아하는 구구단을 2단부터 9단까지 출력할 수 있습니다.

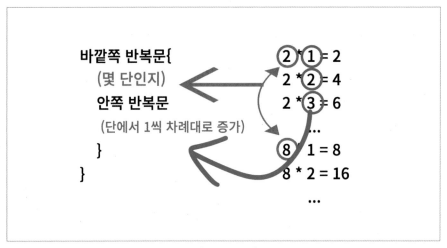

〈그림 7-4-1〉

위와 같은 형식으로 바깥쪽 반복문에서는 단수를 차례로 늘려가며 반복하며, 안쪽 반복문에서는 단 내에서 1부터 9까지 출력할 것입니다. 따라서 바깥쪽 반복문은 2단부터 9단까지 존재하므로 2부터 9까지 반복하는 반복문을 작성하고, 안쪽 반복문은 1부터 9까지 반복하는 반복문을 작성하면 됩니다. 위 내용을 구현한 코드를 확인해 보겠습니다.

```c
1  #include <stdio.h>
2
3  int main(){
4      for(int i = 2; i < 10; i++){
5          printf("%d단: ", i);
6          for(int j = 1; j < 10; j++){
7              printf(" %d", i * j);
8          }
9          printf("\n");
10     }
11
12     return 0;
13 }
```

실행 결과 ☒

```
2단:  2 4 6 8 10 12 14 16 18
3단:  3 6 9 12 15 18 21 24 27
4단:  4 8 12 16 20 24 28 32 36
5단:  5 10 15 20 25 30 35 40 45
6단:  6 12 18 24 30 36 42 48 54
7단:  7 14 21 28 35 42 49 56 63
8단:  8 16 24 32 40 48 56 64 72
9단:  9 18 27 36 45 54 63 72 81
```

● 4번 줄: 단수를 나타낼 반복문으로 초기화식에 선언한 정수형 변수 i가 단을 나타내는 값이 됩니다. 2단부터 9단까지 반복합니다.

● 5번 줄: 출력 함수를 통해 몇 단인지 보여 줍니다.

● 6번 줄: 중첩 반복문을 작성하여 구구단의 결과를 연산할 수 있도록 구성합니다. 초기화식에 정수형 변수 j를 추가하여 i * 1, i * 2 ... i * 9까지 반복할 수 있도록 조건식과 증감식을 구성합니다.

● 7번 줄: i와 j의 값을 곱하여 구구단의 결과를 출력할 수 있도록 합니다.

잠깐 [코드 7-4-1]에서 int i 변수가 중첩된 반복문 안쪽에서 사용됐어요! 사용할 수 없는 거 아닌가요?

이전에 지역변수에 대해 이야기하며 중괄호 내부에서만 유효하다고 했습니다. 현재 안쪽의 반복문 또한 중괄호에 포함된 형태로, 중첩 반복문 내부에서는 바깥쪽의 반복문의 초기화식에서 선언한 정수형 변수 i를 사용할 수 있습니다. 하지만 안쪽 반복문의 초기화식에서 선언한 정수형 변수 j는 바깥쪽 반복문에서 사용할 수 없습니다.

이런 중괄호의 범위를 잘 확인하는 것이 중요합니다.

중첩된 반복문은 바깥쪽 반복문이 한 번 실행될 때마다 안쪽 반복문이 여러 번 실행되는 구조를 가지며 다차원적인 작업을 수행할 수 있습니다. 중첩 반복문은 주로 다차원 배열이나 패턴을 출력하는 작업에 많이 사용됩니다. 이번엔 중첩 반복문에서 많이 사용하는 패턴을 출력해 보겠습니다.

반복문을 연습하기 위해 별 모양 피라미드 출력을 가장 많이 사용합니다. 먼저 가장 간단한 피라미드의 원리를 살펴보겠습니다.

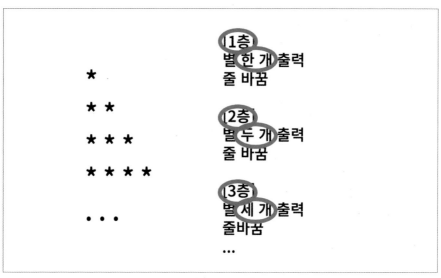

〈그림 7-4-2〉

[그림 7-4-2]에서 각 층마다 층수에 따라 별 개수가 결정되고 있는 것을 볼 수 있습니다. 위와 같은 형태를 구성하기 위해서는 '층을 늘리는 반복문'과 '별을 반복해서 출력할 반복문'이 필요합니다. 우리는 바깥쪽 반복문에서 층수를 변화시키고, 안쪽 반복문에서 별을 출력하는 방식으로 코드를 작성해 보겠습니다.

코드 7-4-2 별 모양 피라미드를 출력하는 코드

```
1   #include <stdio.h>
2
3   int main(){
4       for(int i = 0; i < 5; i++){
5           for(int j = 0; j <= i; j++){
6               printf("*");
7           }
8           printf("\n");
9       }
10
11      return 0;
12  }
```

```
*
**
***
****
*****
```

● 4번 줄: 피라미드의 높이를 결정하는 반복문으로 반복 횟수만큼 피라미드의 층이 쌓입니다.

● 5번 줄: 피라미드 층의 너비를 결정하는 반복문으로, 4번 줄에서 선언한 초기화식의 변수 int i를 조건식에 사용합니다. 예를 들어 현재 위에서 두 번째 층인 경우, 안쪽 반복문은 '*'을 두 번 반복하여 출력합니다.

위와 같이 별 모양을 이용하여 피라미드를 쌓는 예제는 굉장히 다양합니다. C언어를 공부하며 많은 사람이 반복문을 연습하기 위해 별 모양 피라미드를 출력합니다. 아래는 중첩 반복문을 응용한 별 모양 피라미드의 예제입니다.

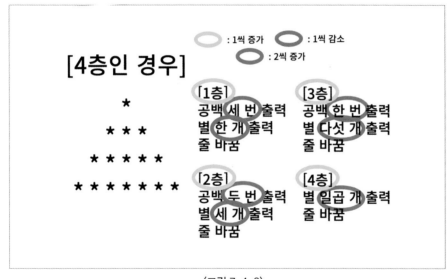

〈그림 7-4-3〉

[그림 7-4-3]에서 각 층에 따라 변경되는 요소는 공백과 별의 개수입니다. 따라서 층을 나타내는 반복문 안에서 공백과 별의 개수를 조절하는 반복문을 이용해 출력하면 구현이 가능합니다. 여기서 공백은 '(총 층계) - (현재 층)'만큼 출력하고 있으며, 별 개수는 '(현재 층) * 2 - 1'만큼 출력하고 있습니다.

이처럼 반복문을 구성할 때 가장 중요한 것은 패턴을 확인하고 이를 코드로 표현하는 일입니다. 위 내용을 구현한 코드를 통해 조금 더 상세하게 알아보겠습니다.

| 코드 7-4-3 | 좀 더 예쁜 별 모양 피라미드를 출력하는 방법 |

```
1   #include <stdio.h>
2
3   int main(){
4       for(int i = 0; i < 5; i++){
5           for(int j = 0; j < 5 - i; j++){
6               printf(" ");
7           }
8           for(int k = 0; k < i * 2 + 1; k++){
9               printf("*");
10          }
11          printf("\n");
12      }
13
14      return 0;
15  }
```

실행 결과   [X]

```
    *
   ***
  *****
 *******
*********
```

❯ **4번 줄**: 피라미드의 높이를 결정하는 반복문으로, 반복 횟수만큼 피라미드 층을 쌓습니다.

❯ **5번 줄**: 피라미드의 앞쪽 공백을 결정하는 반복문입니다. 층의 높이에 따라 공백의 반복 횟수가 결정됩니다. 위에서 가까운 층일수록 앞쪽 공백이 늘어납니다.

❯ **8번 줄**: '*' 출력 횟수를 결정하는 반복문입니다. 피라미드의 층에 따라 2배만큼 곱해 주고, 1을 더해 홀수인 층이 출력됩니다.

위 반복문은 언뜻 보면 삼중 중첩 반복문 같아 보이지만 이중 중첩 반복문입니다. 반복문 안에 반복문이 있고 안쪽 반복문 안에 또 반복문이 있어야 삼중 중첩 반복문입니다. 현재는 반복문 안의 두 반복문이 나열된 형태이므로 이중 중첩 반복문입니다.

중첩 반복문은 두 번 이상 중첩할 수 있지만 반복문을 많이 중첩할수록 코드를 이해하기가 어려워지고 성능이 크게 떨어집니다. 따라서 꼭 필요한 경우에만 중첩 반복문을 사용하고, 가능하면 중첩된 코드를 분리하는 것이 효율적입니다.

Q1 다음 보기 중 빈칸에 들어갈 코드로 알맞은 것을 고르세요.

코드

```
1   #include <stdio.h>
2
3   int main(){
4       for(int i = 5; i > 0; i--){
5           for(int j = 0; j < ____; j____){
6               printf("*");
7           }
8           printf("\n");
9       }
10
11      return 0;
12  }
```

실행 결과 ☒

```
*****
****
***
**
*
```

① i, --
② 5, ++
③ i, ++
④ 5, --
⑤ i - 1, ++

정답 ③번

피라미드가 역순으로 출력되고 있습니다. int i = 5로 초기식에 초기화했으므로, 5층인 경우에 5번, 4층인 경우 4번, ···, 차례차례 줄어들고 있습니다. 따라서 안쪽 반복문의 반복 횟수는 층입니다. 그러므로 안쪽 조건식에는 j < i가 들어갑니다. j는 0으로 초기화되었으므로, 증감식에는 ++를 넣어 무한 루프에 빠지지 않도록 주의합니다.

7-5

더 알아보기 **break와 continue 제어문**

반복문을 사용하면서 어떤 조건이나 상황에서 반복문을 탈출하거나 반복을 건너뛰는 것이 필요한 경우가 있습니다. 이때 break와 continue 제어문을 사용합니다.

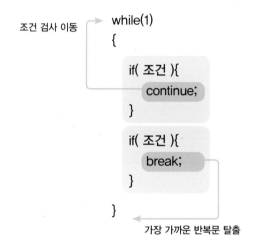

반복문을 즉시 종료시키는 break 제어문

break 제어문은 반복문 내에서 실행되면 반복문을 즉시 종료시키는 역할을 합니다. break문이 실행되면 해당 반복문의 실행문을 빠져나와 바로 다음 문장으로 이동합니다. break문은 while문에서 유용하게 사용할 수 있습니다.

반복문에서 break를 사용하여 반복을 종료하는 코드

```c
1    #include <stdio.h>
2
3    int main(){
4        int i = 0;
5
6        while(i < 5){
7            i++;
8            printf("%d\n", i);
9            if(i == 3){
10                printf("반복을 종료한다!");
11                break;
12            }
13        }
14
15        return 0;
16   }
```

실행 결과   ☒

```
1
2
3
반복을 종료한다!
```

❶ 6번 줄: i가 5보다 작은 경우 반복합니다.

❶ 9번 줄: i의 값이 3인 경우 조건문을 실행합니다.

❶ 11번 줄: break문을 통해 while문을 종료합니다. i의 값이 3인 경우, while문을 종료시키고 15번 줄로 이동합니다.

[코드 7-5-1]에서 6번 줄의 while문은 5보다 작은 경우 반복하기 때문에 다섯 번 반복하도록 코드를 작성했으나, 9번 줄의 break문으로 인해 세 번 만에 반복문이 종료되었습니다. break문이 없었다면 1부터 5까지 출력하는 실행 결과를 확인할 수 있을 것입니다. 이처럼 break문은 특정한 상황에 반복을 종료해 우리가 원하는 만큼만 반복할 수 있도록 제어합니다.

break문을 활용해 재미있는 코드들을 만들 수 있습니다. 예제를 통해 break문을 연습해 보겠습니다.

매일 일기를 쓰는 김변수 씨는 일기에 비밀번호를 설정하여 자신만의 일기 프로그램을 만들고자 합니다.

[비밀번호 또는 0을 누르기 전까지 계속 반복되는 코드]

- 비밀번호 5050

- 비밀번호를 잊어버렸음을 나타내는 입력 0

- 비밀번호가 틀렸거나 잘못된 번호를 입력하는 경우, 무한히 반복

위와 같은 원리를 가진 코드를 작성해 보겠습니다.

```c
#include <stdio.h>

int main(){
    int password = 5050;
    int input;

    while(1){
        printf("비밀번호를 대라! 모르겠다면 0을 입력해라!: ");
        scanf("%d", &input);
        if(input == password){
            printf("정답이다!");
            break;
        }
        if(input == 0){
            printf("다시 한 번 알아와!");
            break;
        }
        printf("에잇! 비밀번호가 틀렸잖아!\n");
    }

    return 0;
}
```

실행 결과 (비밀번호를 올바르게 입력한 경우)   ☒

```
비밀번호를 대라! 모르겠다면 0을 입력해라!: 5050
정답이다!
```

실행 결과 (비밀번호를 틀리고 0을 입력한 경우)   ☒

```
비밀번호를 대라! 모르겠다면 0을 입력해라!: 1234
에잇! 비밀번호가 틀렸잖아!
비밀번호를 대라! 모르겠다면 0을 입력해라!: 0
다시 한 번 알아와!
```

❷ **4번 줄**: 비밀번호를 설정합니다. 정수형 변수이기 때문에 첫 숫자는 0이 될 수 없습니다.

❷ **7번 줄**: while(1)을 통해 반복문을 무한 반복하도록 구성합니다.

❷ **9번 줄**: input 변수에 사용자가 입력한 값을 저장합니다. scanf 함수는 반복문 안에서도 사용자가 입력하기 전까지는 다음 코드를 실행하지 않습니다. 사용자의 입력이 있을 때까지 기다립니다.

❷ **10번 줄**: input 변수의 값과 password 변수의 값이 같으면 비밀번호를 올바르게 입력한 것이므로 조건문 안에 break문을 추가하여 반복문을 종료합니다.

❷ **14번 줄**: 0을 입력하는 경우를 조건문으로 추가하여 break문을 작성합니다. 반복문을 종료하는 조건입니다.

왜 while(1)이 무한 루프인가요?

컴퓨터는 0과 1로 이루어진 기계입니다. 컴퓨터에게 1은 '참(맞다)', 0은 '거짓(틀리다)'의 의미를 가지고 있습니다. 따라서 1은 조건식에서 항상 참을 반환하기 때문에 반복문을 무한으로 실행하게 됩니다. while(1)을 사용할 때에는 break;를 추가하여 반복문의 종료 조건을 명시해야 합니다.

반복문과 조건문, break문을 사용하여 프로그램의 흐름을 원하는 대로 제어할 수 있다면 [코드 7-5-2]와 같이 일상에서 사용할 수 있는 프로그램을 만들 수 있습니다. break문은 반복문의 흐름을 제어할 수 있는 좋은 도구입니다.

 뒤 코드를 건너뛰고 반복의 조건문으로 돌아가는 continue 제어문

이번엔 continue 제어문에 대해 배워 보겠습니다. continue문은 반복문 내에서 실행하면 해당 반복문의 블록 내부에서 그 이후의 코드를 건너뛰고 반복문의 다음 반복 단계로 이동합니다. continue문은 반복문에 예외 상황을 추가하여 사용할 때 유용합니다.

코드 7-5-3 2와 5를 제외하고 숫자를 세는 코드

```c
#include <stdio.h>

int main(){
    int i = 1;

    while(i <= 10){
        if(i == 2 || i == 5){
            printf("난 오이가 싫어! 2와 5는 제외해!\n");
            i++;
            continue;
        }
        printf("%d\n", i);
        i++;
    }

    return 0;
}
```

```
1
난 오이가 싫어! 2와 5는 제외해!
3
4
난 오이가 싫어! 2와 5는 제외해!
6
7
8
9
10
```

❥ 6번 줄: 정수형 변수 i가 10 이하인 동안 반복문을 반복합니다.

❥ 7번 줄: i의 값이 2이거나 5인 경우, 조건문의 실행 문장을 실행합니다.

❥ 9번 줄: i의 값이 2거나 5인 경우에도 i의 증감식을 추가해야 무한 루프에 빠지지 않습니다.

❥ 10번 줄: continue문을 통해 다음 반복을 실행합니다.

continue문을 사용하면 [코드 7-5-3]처럼 예외를 설정할 수 있습니다. continue문을 사용하며 조심해야 하는 부분이 존재합니다. 다음 두 코드 예시를 보며 설명하겠습니다.

코드 7-5-4   **for문에서 continue문을 사용하는 경우**

```
1    #include <stdio.h>
2
3    int main(){
4        for(int i = 0; i < 5; i++){
5            if(i == 2){
6                continue;
7            }
8            printf("%d\n", i);
9        }
10
11       return 0;
12   }
```

```
0
1
3
4
```

❥ 4번 줄: 0부터 4까지 반복하는 for 반복문입니다.

❥ 5번 줄: i의 값이 2인 경우 조건문을 실행합니다.

❥ 6번 줄: continue 제어문을 통해 다음 반복 실행 문장을 실행합니다.

이와 같이 for문 안에 continue 제어문을 넣는 경우, for문의 증감식으로 인해 실행 문장에 증감식을 넣어 주지 않아도 무한 루프에 빠지지 않습니다. 하지만 앞선 [코드 7-5-3]과 같이 while문에 continue문을 사용하는 경우, continue문 이전에 증감식을 사용하지 않아 무한 루프에 빠지는 경우가 많습니다. 다음 코드를 통해 확인해 보겠습니다.

코드 7-5-5　while문에서 continue문 위에 증감식을 넣지 않은 코드(※실행 시 주의하세요!)

```
1   #include <stdio.h>
2
3   int main(){
4       int i = 0;
5
6       while(i < 5){
7           if(i == 2){
8               printf("%d는 제외합니다.\n", i);
9               continue;
10          }
11          printf("%d\n", i);
12          i++;
13      }
14
15      return 0;
16  }
```

실행 결과　　⊠

```
0
1
2는 제외합니다.
2는 제외합니다.
...
2는 제외합니다.
```

▶ 9번 줄: continue문을 사용하여 다음 반복 실행 문장을 실행하지만, 실행 문장 내부에 조건식에 사용된 변수 i를 바꿔 주는 증감식이 존재하지 않습니다. 따라서 무한 루프입니다.

위와 같이 while문을 사용하는 경우 조건문에 사용된 증감식을 올바르게 넣어 주어야 무한 루프에 빠지지 않습니다. continue문은 예외를 설정할 수 있는 좋은 도구가 될 수 있지만 while문에서 사용하는 경우 종료 조건이 있는지 다시 한번 확인하기 바랍니다.

break문과 continue문은 모든 반복문에 영향을 주나요? 중첩 반복문에서 어디까지 적용되는 건지 잘 모르겠어요!

break문과 continue문은 가장 가까운 반복문의 실행에만 영향을 줍니다. [코드 7-5-6]을 통해 조금 더 세부적으로 살펴보겠습니다.

코드 7-5-6 | break와 continue문의 범위를 보여 주는 코드

```c
#include <stdio.h>

int main(){
    int i = 0;

    while(i < 5){
        for(int j = 100; j > 95; j--){
            break;
            printf("%d\n", j);
        }
        i++;
        printf("%d\n", i);
    }

    return 0;
}
```

실행 결과 ☒

```
1
2
3
4
5
```

위 코드에서 break는 for문에서만 적용되고 있음을 볼 수 있습니다. 이처럼 break문과 continue문은 자신이 속한 반복문 중 가장 가까운 반복문의 실행에만 영향을 줍니다. 처음에는 많이 헷갈릴 수 있는 개념이지만 직접 작성해 보며 연습하면 쉽게 이해할 수 있을 것입니다.

break와 continue문의 활용

지금까지는 break 또는 continue문 하나만을 사용하여 반복문을 구성했습니다. 이번에는 break와 continue문을 모두 사용하여 조금 더 깊게 이해해 보겠습니다. 아래 예제는 5 미만의 홀수를 출력하는 코드를 break와 continue문을 활용하여 작성한 코드입니다.

코드 7-5-7   **break와 continue문을 함께 사용한 코드**

```c
1   #include <stdio.h>
2
3   int main(){
4       for(int i = 0; i < 10; i++){
5           if(i % 2 == 0){
6               continue;
7           }
8           if(i == 5){
9               break;
10          }
11          printf("%d\n", i);
12      }
13
14      return 0;
15  }
```

실행 결과   ☒

```
1
3
```

---

❷ 4번 줄: i를 0으로 초기화하고, i의 값이 10 미만이라면 반복하며, 한 번 반복할 때마다 i를 1씩 늘립니다.

❷ 5, 6번 줄: i가 짝수인 경우, continue를 통해 다음 반복으로 넘어갑니다.

❷ 8, 9번 줄: i가 5인 경우, break를 통해 반복문을 종료합니다.

[코드 7-5-7]에서 반복문은 0부터 9까지 반복하도록 구성했지만 i가 짝수인 경우에는 continue를, i가 5일 때에는 break를 통해 반복문에 변화를 주었습니다.

실제로 여러분이 코드를 작성할 때에는 위와 같은 형식으로 코드를 작성할 일이 많지는 않습니다. 하지만 지금은 이제 막 배워 나가는 단계이니 continue와 break문의 흐름을 파악하여 사용 방식을 익혀 보기 바랍니다.

Q1 실행 결과를 보고 빈칸에 알맞은 코드를 작성하세요.

코 드

```
1   #include <stdio.h>
2
3   int main(){
4       int i = 1;
5
6       while(i <= 10){
7           if(i ==  (1) ){
8               i++;
9                (2)    ;
10          }
11          if(i ==  (3) ){
12               (4)    ;
13          }
14          printf("%d\n", i);
15          i++;
16      }
17
18      return 0;
19  }
```

실행 결과   X

```
1
2
4
5
6
```

정답 (1) 3, (2) continue, (3) 7, (4) break

실행 결과가 1, 2, 4, 5, 6이므로, 3이 예외로 설정되었습니다. while문 안에서 continue문 위에는 증감식을 반드시 추가해야 하므로 위 빈칸에는 3, continue가 들어갑니다. 이후 6까지 출력되고 일곱 번째에서 종료되었으므로 아래 빈칸은 반복문을 종료하는 조건인 7, break입니다.

CHAPTER 7 마무리

핵심 정리

- 반복문은 특정 작업을 반복적으로 수행해야 할 때 효율적으로 코드를 작성하기 위해 사용합니다.
- for 반복문은 초기화식, 조건식, 증감식을 통해 반복 횟수를 지정할 수 있습니다.
- for 반복문은 반복 횟수를 지정할 수 있다는 특징이 존재합니다.
- while 반복문은 조건식에 주어진 조건이 참인 동안 실행 문장을 반복하는 반복문입니다.
- while 반복문에 종료 조건을 명시하지 않으면 무한 루프에 빠질 수 있습니다.
- do-while 반복문은 반드시 한 번은 실행되는 반복문입니다.
- break 제어문이 반복문 안에서 실행되면 실행 문장이 포함된 반복문을 종료합니다.
- continue 제어문이 반복문 안에서 실행되면 지금 실행되는 반복 횟수를 건너뛰고 다음 반복의 실행 문장을 실행합니다.
- continue 제어문을 while 반복문 안에서 사용하는 경우, 증감식이나 종료 소건이 있는지 잘 확인해야 합니다.

개념 다지기

7 – 1. 다음 보기 중 빈칸에 들어갈 코드로 알맞은 것을 고르세요.

코드

```
1   #include <stdio.h>
2
3   int main(){
4       for(___; ___; ___){
5           printf("반복문 쉽다!\n");
6       }
7
8       return 0;
9   }
```

실행 결과   ☒

반복문 쉽다!
반복문 쉽다!
반복문 쉽다!

<보기>

ㄱ. i < 3   ㄴ. i++   ㄷ. int i = 0

① ㄱ, ㄴ, ㄷ   ② ㄱ, ㄷ, ㄴ   ③ ㄴ, ㄱ, ㄷ
④ ㄴ, ㄷ, ㄱ   ⑤ ㄷ, ㄱ, ㄴ

7-2. 다음 코드의 실행 결과를 적어 보세요.

코드

```
1   #include <stdio.h>
2
3   int main(){
4       int i = 4;
5
6       while(i > -5){
7           printf("%d\n", i);
8           i = i - 2;
9       }
10
11      return 0;
12  }
```

실행 결과   ⊠

7-3. 실행 결과를 보고 빈칸에 알맞은 코드를 작성하세요.

코드

```
1   #include <stdio.h>
2
3   int main(){
```

```
4       int i = 1;
5
6       while(i < 10){
7           if(____(1)____){
8               i++;
9               __(2)__;
10          }
11          if(__(3)__){
12              __(4)__;
13          }
14          printf("5 * %d = %d\n", i, i * 5);
15          i++;
16      }
17
18      return 0;
19  }
```

실행 결과   [X]

```
5 * 1 = 5
5 * 3 = 15
5 * 4 = 20
5 * 6 = 30
```

변수의 추천 과제 👍 개념을 복습하며 포트폴리오를 만들고 싶다면, 변수의 추천 과제를 해결해 보세요!

챗GPT와 함께하는 코딩 학습

　이번 챕터에서는 for, while 반복문을 활용해 반복적인 작업을 쉽게 구성하는 방법에 대해 알아보았습니다. 생성형 AI를 활용하여 반복문을 활용한 재미있는 게임을 만들어 보세요.

 반복문을 활용하여 간단한 게임 만들기

 반복문을 활용해서 간단한 게임을 만들어 줘.

 아래는 반복문을 사용하여 만든 간단한 게임입니다. 사용자에게 간단한 수학 문제를 계속해서 제출하고, 사용자가 정답을 입력할 때까지 반복하는 코드입니다.

코드	챗GPT가 만든 수학 문제 게임 코드

```c
1   #include <stdio.h>
2   #include <stdlib.h>
3   #include <time.h>
4
5   int main(){
6       srand(time(NULL));// 난수 발생을 위한 초기화
7
8       int userAnswer, correctAnswer, score = 0;
9
10      printf("수학 문제를 푸세요! 종료하려면 0을 입력하세요.\n");
11
12      do{
13          // 두 개의 랜덤 정수 생성
14          int num1 = rand() % 101;
15          int num2 = rand() % 101;
16
17          // 문제 출제 및 사용자에게 입력 받기
18          correctAnswer = num1 + num2;
19          printf("%d + %d = ? (종료: 0) ", num1, num2);
20          scanf("%d", &userAnswer);
21
22          // 정답 확인 및 점수 증가
23          if(userAnswer == 0){
24              printf("프로그램을 종료합니다. 총 점수: %d\n", score);
```

```
25              break;
26          } else if(userAnswer == correctAnswer){
27              printf("정답입니다! 점수 +1\n");
28              score++;
29          } else{
30              printf("틀렸습니다. 정답은 %d입니다. 점수 -1\n", correctAnswer);
31          score--;
32          }
33      } while(1);
34
35      return 0;
36  }
```

이 코드에서는 무한 루프를 사용하여 사용자에게 수학 문제를 계속해서 제출하고, 사용자가 0을 입력할 때까지 반복합니다. 정답이 맞으면 점수가 증가하고, 틀리면 점수가 감소합니다. 사용자가 0을 입력하면 프로그램이 종료됩니다.

위 코드에는 stdlib.h 헤더파일을 이용하여 랜덤한 난수를 만드는 코드가 포함되어 있습니다. 바로 6번째 줄의 srand(time(NULL))와 14, 15번째 줄의 rand()입니다.

이처럼 창의적인 코드를 제안하고, 해당 코드를 통해 새로운 라이브러리나 내용을 분석하고 파악하는 과정을 통해 특정 기능을 구현할 수 있는 식견을 넓힐 수 있습니다. 재미있고 다양한 코드를 만들어 보며 코딩에 흥미를 높여 보는 것은 어떨까요?

MEMO

CHAPTER

8 배열과 문자열

"배열과 문자열을 알면, 컴퓨터의 구조가 보인다!"

8-1
배열이란?

김변수 씨는 새 학기를 기념하여 읽고 싶은 책 100권을 구매했습니다. 다음 날, 구매한 책 중에 한 권을 찾기 위해 쌓아둔 책에서 원하는 책을 찾는 것이 매우 어려웠습니다. 이를 해결하기 위해 책장에 책을 차례대로 꽂아 두기로 했습니다.

〈그림 8-1-1〉

C언어 프로그래밍에서도 위와 같은 상황을 찾아볼 수 있습니다. 하나의 변수에는 하나의 값만 할당하여 사용할 수 있습니다. 하지만 100개 이상의 값을 저장하여 사용해야 하는 경우, 100개의 변수를 선언하고 값을 할당하여 사용해야 하기 때문에 코드가 복잡해집니다. 이때 배열을 사용하면 한 번에 100개 이상의 값도 편리하게 저장할 수 있습니다. 배열을 사용하면 데이터를 효율적으로 관리할 수 있으며 코드도 간결하게 작성할 수 있습니다.

배열이란, 같은 타입의 변수들을 여러 개 저장할 수 있는 메모리 공간입니다. 배열에 저장되는 값 하나하나를 '요소'라고 부르며 각 변수들이 저장되는 위치를 '인덱스'라고 합니다. 배열의 기본적인 형태는 다음과 같습니다.

구문 설명 ☒
자료형 배열 이름[저장 공간 크기]

예시 ☒
`int array[5];`

배열은 대괄호를 사용하여 배열의 크기, 즉 저장하려는 원소 개수를 알려 주어야 합니다. 또한 다른 변수들과 마찬가지로 저장하려는 원소의 자료형과 배열의 이름을 정해 주어야 합니다. 예를 들어, 정수형 값을 다섯 개 저장하고 싶다면 int array[5] = {1,2,3,4,5} 코드를 사용할 수 있습니다.

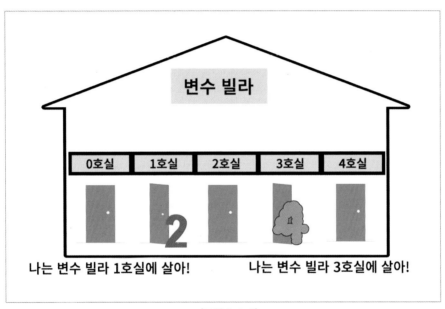

〈그림 8-1-2〉

[그림 8-1-2]에서 변수 빌라에는 방이 총 다섯 개가 존재하고 각 방에는 1, 2, 3, 4, 5라는 값이 차례대로 저장되어 있습니다. 이처럼 방 다섯 개가 모여 있는 전체 공간은 배열과 유사합니다. 이때 방 번호처럼 각 공간의 위치를 배열의 인덱스로 볼 수 있습니다. 특정 방에 접근하여 값을 읽거나 재할당하기 위해서는 '배열 이름[인덱스]' 표현을 사용할 수 있습니다. [그림 8-1-2]로 예를 들면, '변수빌라[1]'에는 2가 저장되어 있다고 볼 수 있습니다.

'인덱스', 즉 방의 위치는 맨 앞인 0에서 시작하여 1씩 증가합니다. 만약에 1이라는 값이 저장된 방에 접근하고 싶다면 array[0]을 통해 1이 들어 있는 첫 번째 방에 접근할 수 있습니다.

그러면 이제 배열을 생성하는 코드를 작성하며 배열의 사용법을 연습해 보겠습니다.

배열을 사용하여 여러 개의 값을 저장할 수 있는 공간을 만드는 코드

```c
1  #include <stdio.h>
2
3  int main(){
4      int array[5];
5
6      printf("array[5]의 size는? %lu\n", sizeof(array));
7
8      return 0;
9  }
```

실행 결과   ☒

array[5]의 size는? 20

❷ 4번 줄: int형 숫자 5개를 담을 배열 array를 생성합니다.

❷ 6번 줄: C언어에서 기본으로 제공하는 sizeof 함수를 사용해 array의 크기를 구합니다. 그리고 큰 정수의 단위로 나오는 경우를 대비하여 부호 없는 long형 형식 지정자 %lu를 사용합니다.

배열이 차지하는 메모리 크기를 알고 싶을 때에는 sizeof 함수를 사용하면 됩니다. sizeof 함수는 알고자 하는 값의 바이트 단위 크기를 구하는 기능을 가지고 있습니다.

위 [코드 8-1-1]에서 sizeof 함수를 사용하여 array 배열의 크기를 구한 결과는 20입니다. 이는 정수 (int)형 변수를 담을 공간 다섯 개를 생성했기 때문입니다. int 자료형의 메모리 크기가 4바이트이기 때문에 array 배열의 총 크기는 4*5로 20바이트가 되는 것입니다.

 잠깐 int의 메모리 크기가 4바이트라는 게 무슨 의미인가요?

메모리란 컴퓨터에서 값을 저장하기 위해 만들어 놓은 공간을 의미합니다. 변수를 생성하면 변수의 값을 저장할 공간인 메모리 공간을 할당받는데 이것을 '메모리 할당'이라고 합니다.

<Chapter 2. 변수와 자료형>에서는 변수의 자료형에 따라 저장 공간의 크기가 다르기 때문에 저장할 수 있는 값에 제한이 있음을 보여 주고 있습니다. 이때 int를 사용하면 그 변수는 4바이트의 메모리 공간을 할당받습니다.

[코드 8-1-1]에서는 배열을 생성하고 배열의 크기를 확인해 보았습니다. 배열에 값을 할당할 때에는 초기화할 때 한 번에 값을 할당하는 방법과 각 인덱스에 접근하여 하나씩 할당하는 방법이 존재합니다. 먼저, 초기화하면서 값을 할당할 때에는 다음과 같이 작성하면 됩니다. 선언하고 중괄호 내에 저장할 값들을 작성해 주는 방법입니다.

이번에는 초기화하면서 값을 할당한 후 배열에 저장된 데이터를 출력하는 코드를 작성해 보겠습니다.

코드 8-1-2 배열을 사용하여 여러 개의 값을 저장할 수 있는 공간을 만드는 동시에 값을 넣는 코드

```
1   #include <stdio.h>
2
3   int main(){
4       int array[5] = {1, 2, 3, 4, 5};
5
6       printf("%d %d %d %d %d\n", array[0], array[1], array[2], array[3], array[4]);
7
8       return 0;
9   }
```

실행 결과	☒
1 2 3 4 5	

▶ 4번 줄: int형 숫자 5개를 담을 배열 array에 1, 2, 3, 4, 5 값을 넣어 생성합니다.
▶ 6번 줄: 배열 array의 값을 출력하기 위해 인덱스를 사용해 값에 접근하여 하나씩 출력합니다.

배열에서 값이 어디에 위치하는지 알려 줘야 컴퓨터가 값을 제대로 찾아올 수 있고, 따라서 배열의 인덱스를 사용해 값을 가져와야 합니다. 인덱스는 0부터 시작하기 때문에 만약 int 자료형 변수 다섯 개를 담을 공간을 만들어 놨다면 인덱스는 0부터 4까지 존재합니다. 이러한 인덱스를 활용해 배열에 담긴 값들을 읽을 수 있습니다.

 잠깐 배열의 공간을 만들고 값을 정해 주지 않은 상태에서 해당 메모리 공간은 비어 있나요? 아니면 0이 들어 있나요?

배열을 생성할 때 값을 지정하지 않으면 '알 수 없는 값'이 들어 있습니다. 이 값은 해당 위치의 메모리에서 사용되었던 마지막 데이터로, 의도와 상관없는 값이 들어 있게 됩니다.

[코드 8-1-2]에서 배열을 생성하고 초기화와 동시에 값을 할당했습니다. 만약 배열을 생성하고 아무런 값을 지정해 주지 않는다면 어떻게 될까요?

코드 8-1-3 배열에 값을 할당하지 않는 상황에 대한 예제 코드

```c
#include <stdio.h>

int main(){
    int array[5];

    for(int i = 0; i < 5; i++){
        printf("%d ", array[i]);
    }

    return 0;
}
```

실행 결과 ☒

```
1 51063612 -1603207167 47595276 1
```

❍ 4번 줄: int형 숫자 다섯 개를 담을 배열 array를 생성합니다. 이때 값을 정해 주지 않아서 메모리 공간에는 알 수 없는 값이 들어 있습니다.

❍ 6번 줄: 배열 array가 다섯 개의 칸이 있으니 인덱스는 0부터 4까지 존재합니다. 반복문의 i 변수가 0부터 4까지 가능하도록 설정합니다.

❍ 9번 줄: array의 인덱스를 사용해 값을 가져오고 %d 형식 지정자로 저장된 정숫값을 출력합니다. 알 수 없는 값은 매번 바뀔 수 있습니다.

배열을 생성하고, 아무런 값을 할당하지 않아도 컴파일 에러가 발생하지 않습니다. 하지만 예상할 수 없는 데이터가 들어 있기 때문에 의도와 다른 결과가 출력될 수 있습니다.

이번엔 배열에 값을 한 번에 할당하는 것이 아닌, 배열의 인덱스를 통해 하나씩 값을 할당하는 방법을 알아보겠습니다. 배열의 요소에 저장된 값을 변경하기 위해서는 아래와 같은 방식을 사용할 수 있습니다.

구문 설명 ☒	예시 ☒
배열 이름[인덱스] = 저장할 값;	array[2] = 3;

위와 같이 저장할 위치에 대한 인덱스를 넣어 주고, 변수에 값을 할당하는 것과 같이 대입(=) 연산자를 이용하면 됩니다. 이전 챕터에서 배열에 값을 할당할 때 반복문을 자주 사용한다고 이야기했습니다. 이번 예제에서는 반복문을 이용하여 배열의 값을 하나씩 변경하는 코드를 작성해 보겠습니다.

```
1    #include <stdio.h>
2
3    int main(){
4        int array[5];
5
6        for(int i = 0; i < 5; i++){
7            array[i] = i + 1;
8            printf("array[%d]의 값은? %d\n", i, array[i]);
9        }
10
11       return 0;
12   }
```

실행 결과   ☒

```
array[0]의 값은? 1
array[1]의 값은? 2
array[2]의 값은? 3
array[3]의 값은? 4
array[4]의 값은? 5
```

❯ 7번 줄: array의 인덱스를 사용해 그 안의 값을 대입 연산자 오른쪽의 값으로 변경합니다.

배열에 값을 할당해 줘야 알 수 없는 값이 존재하지 않고 우리가 의도한 값이 존재할 수 있습니다.

만약 배열의 값을 전부 같은 값으로 저장하고 싶다면 어떻게 해야 할까요? 배열은 맨 처음 값을 초기화하면 나머지 모든 값이 0으로 초기화되는 특성이 있습니다. 따라서 전체를 0으로 초기화하고 싶다면 첫 요소만 0으로 할당하면 배열의 모든 요소를 0으로 만들 수 있습니다. 그러나 0이 아닌 다른 값으로 초기화하고 싶다면 인덱스로 접근해서 모든 값을 하나하나 할당해야 합니다.

배열의 첫 요소에 값을 초기화하면 다른 모든 값이 0으로 초기화된다고 이야기했습니다. 그렇다면, 첫 요소에 값에 0이 아닌 다른 값을 할당하면 어떻게 될까요?

코드 8-1-5   첫 번째 값만 100으로, 나머지를 0으로 초기화하는 코드

```
1    #include <stdio.h>
2
3    int main(){
4        int array[5] = {100};
5
6        for(int i = 0; i < 5; i++){
7            printf("array[%d]의 값은? %d\n", i, array[i]);
8        }
9
```

```
10        return 0;
11    }
```

실행 결과   ⊠

```
array[0]의 값은? 100
array[1]의 값은? 0
array[2]의 값은? 0
array[3]의 값은? 0
array[4]의 값은? 0
```

▶ **4번 줄**: int형 숫자 다섯 개를 담을 배열 array를 생성하며 인덱스 0의 값을 100으로 설정합니다. 이때 array[0]은 100으로, 나머지는 전부 0으로 초기화됩니다.

위와 같이 배열의 요소 중 맨 처음 값을 초기화하면 첫 요소가 어떤 값이든 나머지 값은 0으로 초기화되는 것을 알 수 있습니다.

char 자료형 배열도 마찬가지입니다. int 배열에서 첫 번째 값을 정해 주면 나머지는 0으로 초기화된 것처럼 char 배열도 첫 번째 값을 할당하면 나머지는 공백으로 초기화됩니다. 공백은 정수 0에 해당합니다.

코드 8-1-6   첫 번째 값을 정해 주고 나머지를 공백으로 초기화하는 코드

```
1     #include <stdio.h>
2
3     int main(){
4         char array[5] = {'a'};
5
6         for(int i = 0; i < 5; i++){
7             printf("array[%d]의 값은? %c\n", i, array[i]);
8         }
9
10        return 0;
11    }
```

실행 결과   ⊠

```
array[0]의 값은? a
array[1]의 값은?
array[2]의 값은?
array[3]의 값은?
array[4]의 값은?
```

▶ **4번 줄**: char형 문자 다섯 개를 담을 배열 array를 생성하며 인덱스 0의 값을 'a'로 설정합니다. 이때 array[0]은 'a'로, 나머지는 전부 공백으로 초기화됩니다.

Q1 다음 코드의 실행 결과를 작성하세요.

코 드

```
1   #include <stdio.h>
2
3   int main(){
4       char array[10] = {'a','b','c'};
5
6       array[4] = 'd';
7       printf("%c %c\n", array[2], array[3]);
8
9       return 0;
10  }
```

실행 결과   X
───────

정답 c

배열의 인덱스를 활용해 값을 할당하고 가져올 수 있습니다. 인덱스가 2일 때는 세 번째에 위치한 'c'를 가져오고 인 덱스가 3일 때는 할당한 것이 없기에 공백 문자를 가져옵니다.

배열은 인덱스를 통해 값을 할당하거나 읽을 수 있습니다. 이때 인덱스를 변경시키면서 값에 다가갈 때 반복문을 함께 사용하면 코드의 가독성과 개발 편의성이 높아집니다.

열 개의 정수를 담을 수 있는 배열을 생성하고 배열에 1부터 10까지의 수를 저장하기 위해서 배열 이름[인덱스] = 값;을 열 줄에 걸쳐서 적는다고 생각해 보세요. 작성 중 실수할 수도 있고 시간도 오래 걸립니다. 이때 우리가 배운 반복문을 사용하면 쉽게 저장할 수 있습니다.

코드 8-2-1 for문을 사용해 1~10까지의 수를 저장하는 코드

```
1  #include <stdio.h>
2
3  int main(){
4      int array[10];
5
6      for(int i = 0; i < 10; i++){
7          array[i] = i + 1;
8          printf("%d ", array[i]);
9      }
10
11     return 0;
12 }
```

실행 결과   [X]

1 2 3 4 5 6 7 8 9 10

❯ 4번 줄: int형 숫자 10개를 담을 배열 array를 생성합니다.

❯ 6번 줄: array의 인덱스는 0부터 9까지 존재하기에 for문의 변수가 0부터 1씩 증가하며 9까지 변할 수 있도록 for문을 설정합니다.

❯ 7번 줄: i 값에 해당하는 array의 인덱스의 값이 i 값에 1을 더한 것으로 저장됩니다.

반복문을 사용하여 배열의 요소에 접근하는 경우, 반복문의 변수를 활용하여 다양한 값을 할당할 수 있습니다. 이번에는 반복문에서 사용하는 변수를 이용하여 정수형 숫자를 10단위로 저장하고 출력하는 코드를 살펴보겠습니다.

코드 8-2-2 반복문을 이용하여 배열 인덱스에 접근하고 값을 할당하는 코드

```
1   #include <stdio.h>
2
3   int main(){
4       int n = 5;
5       int array[n];
6
7       for(int i = 0; i < n; i++){
8           array[i] = (i + 1) * 10;
9           printf("%d ", array[i]);
10      }
11
12      return 0;
13  }
```

실행 결과 ☒

```
10 20 30 40 50
```

❷ 4번 줄: 배열의 크기로 사용할 변수 n에 5를 저장합니다.

❷ 5번 줄: 변수 n의 값 5를 크기로 하는 int형 숫자 배열을 생성합니다.

❷ 7번 줄: 배열의 크기가 n이기에 인덱스는 0부터 n-1까지 존재합니다. 이에 알맞게 for문의 변수 i를 0부터 1씩 증가하고 n-1까지 가능하도록 설정합니다.

❷ 8번 줄: 배열 array의 인덱스와 동일한 i에 1을 더한 값에 10을 곱하여 배열에 차례대로 저장합니다.

2차원 배열

1차원 배열은 숫자나 문자를 여러 개 저장하기 위해 사용했다면 2차원 배열은 이런 1차원 배열을 여러 개 저장하기 위해 사용합니다. 이때 반복문을 사용하면 2차원 배열을 다루기 쉽습니다.

먼저 복도와 방을 나타낸 그림을 통해 2차원 배열에 대해 알아보겠습니다.

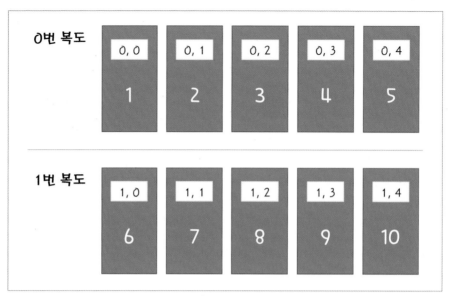

〈그림 8-2-1〉

[그림 8-2-1]처럼 한 복도에 다섯 개의 방이 존재하고 각 방은 0번부터 4번까지의 인덱스를 가집니다. 각 복도도 위부터 0번, 1번 총 2개의 인덱스를 가집니다. 1차원 배열 {1, 2, 3, 4, 5}는 0번 복도에 위치하고 또 다른 1차원 배열 {6, 7, 8, 9, 10}은 그 밑인 1번 복도에 위치합니다.

이렇게 두 배열을 모아서 하나의 배열에 저장한 형태를 코드로 살펴보겠습니다.

구문 설명	예시
자료형 배열 이름[1차원 배열을 담을 크기][값을 담을 1차원 배열의 크기];	`int array[2][5];`

[그림 8-2-1]에서는 복도의 개수는 1차원 배열을 담을 크기로 2가 되고, 값을 담을 1차원 배열의 크기는 각 복도의 방 개수인 5가 됩니다.

이제 2차원 배열을 생성하고 값을 할당하는 코드를 작성하며 사용 방법을 익히고 원리를 이해해 보겠습니다.

```c
1   #include <stdio.h>
2
3   int main(){
4       int array[2][5] = {
5           {1, 2, 3, 4, 5},
6           {6, 7, 8, 9, 10}
7       };
8
9       for(int i = 0; i < 5; i++){
10          printf("array[0][%d]의 값: %d\n", i, array[0][i]);
11      }
12
13      for(int i = 1; i < 5; i++){
14          printf("array[1][%d]의 값: %d\n", i, array[1][i]);
15      }
16
17      return 0;
18  }
```

실행 결과 ☒

```
array[0][0]의 값: 1
array[0][1]의 값: 2
array[0][2]의 값: 3
array[0][3]의 값: 4
array[0][4]의 값: 5
array[1][1]의 값: 7
array[1][2]의 값: 8
array[1][3]의 값: 9
array[1][4]의 값: 10
```

❷ 4번 줄: int형 숫자 다섯 개를 담을 배열 두 개를 포함한 2차원 배열을 초기화합니다.
❷ 5번 줄: int형 숫자 다섯 개를 담을 배열 두 개 중 첫 번째 배열의 값 다섯 개를 할당합니다.
❷ 6번 줄: int형 숫자 다섯 개를 담을 배열 두 개 중 두 번째 배열의 값 다섯 개를 할당합니다.

1차원 배열도 처음에 값을 초기화하지 않아도 되는 것처럼 2차원 배열도 만든 이후에 할당할 수 있습니다. 2차원 배열도 1차원 배열에 값을 할당하는 방법처럼 사용할 수 있습니다.

구문 설명 ☒	예시 ☒
배열 이름[인덱스1][인덱스2] = 저장할 값;	array[1][2] = 3;

위의 예시와 같이 배열의 인덱스에 접근하여 값을 저장하면 됩니다. 2차원 배열의 경우, 두 개의 인덱스를 조정해야 하기 때문에 챕터 7에서 배운 중첩 반복문을 많이 사용합니다.

이번엔 2차원 배열을 생성하고 중첩 반복문을 이용하여 값을 할당하는 코드를 확인해 보겠습니다.

코드 8-2-4 **2차원 배열을 생성한 다음, 반복문을 활용하여 값 할당을 따로 진행하는 코드**

```c
#include <stdio.h>

int main(){
    int array[2][5];

    int num = 1;

    for(int i = 0; i < 2; i++){
        for(int j = 0; j < 5; j++){
            array[i][j] = num++;
        }
    }

    for(int i = 0; i < 2; i++){
        for(int j = 0; j < 5; j++){
            printf("array[%d][%d]의 값: %d\n", i, j, array[i][j]);
        }
    }

    return 0;
}
```

실행 결과   ☒

```
array[0][0]의 값: 1
array[0][1]의 값: 2
array[0][2]의 값: 3
array[0][3]의 값: 4
array[0][4]의 값: 5
array[1][0]의 값: 6
array[1][1]의 값: 7
array[1][2]의 값: 8
array[1][3]의 값: 9
array[1][4]의 값: 10
```

❷ 4번 줄: int형 정수 다섯 개를 저장할 수 있는 배열을 총 두 개 저장할 2차원 배열을 생성합니다.

❷ 6번 줄: 배열에 넣을 값을 저장할 변수 num에 1을 넣습니다.

❷ 8번 줄: 2차원 배열 안에 저장된 1차원 배열에 하나씩 인덱스로 접근하기 위해 i 변수의 값이 for문을 돌면서 0, 1을 가지도록 합니다.

❷ 9번 줄: i의 인덱스를 가지는 1차원 배열의 값에 하나씩 인덱스로 접근하기 위해 j 변수의 값이 for문을 돌면서 0부터 4까지 가지도록 합니다.

Q1 다음 코드의 실행 결과를 작성하세요.

코드

```c
1  #include <stdio.h>
2  int main(){
3      int array[10] = {1, 2, 3, 4, 5, 6, 7, 8, 9, 10};
4
5      for(int i = 0; i < 10; i++){
6          if(i % 2 == 0){
7              printf("%d ", array[i]);
8          }
9      }
10
11     return 0;
12 }
```

정답 1 3 5 7 9

인덱스가 짝수일 때만 6번 줄의 조건문 연산 결과가 참입니다. 따라서 array에서 인덱스 0, 2, 4, 6, 8에 저장되어 있는 요소의 값 1, 3, 5, 7, 9가 출력됩니다.

8-3
문자열이란?

문자열이란 문자형 변수를 나열한 배열로, "Hello"와 같은 형태입니다. 문자열은 문자형 배열로 생성할 수 있으므로, char 자료형을 가지는 배열을 생성해 주면 됩니다.

"Hello"라는 문자열이 있을 때, 각 문자는 문자형 변수로 메모리에서 1바이트를 차지합니다. 컴퓨터는 메모리(Memory)라고 불리는 데이터 임시 저장 공간에 데이터를 저장하고 필요할 때 가져와서 사용합니다. 이와 관련된 세부적인 내용은 다음 챕터인 〈Chapter 9. 포인터〉에서 알 수 있습니다. 지금은 메모리 공간이 존재한다는 것만 기억하면 됩니다.

컴퓨터에서 문자열이 차지하는 공간을 시각화해 보면 아래와 같습니다.

〈그림 8-3-1〉

메모리는 1바이트 단위로 각각 주소를 가지고 있습니다. 이때 문자열은 가장 마지막에 NULL이라는 아무것도 없음을 나타내는 값이 들어갑니다. NULL은 아무런 값도 존재하지 않는다는 것을 나타내는 특별한 값입니다. 숫자 0이나 문자열 ""과는 다른 값으로, 값이 할당되지 않은 변수에 사용됩니다. [그림 8-3-1]의 '\0'은 아스키 코드에서 값이 0인 문자이며, 아무런 값도 존재하지 않을 때 사용합니다.

[그림 8-3-1]과 같이 문자열을 만들 때 문자형 배열은 입력한 데이터 외에도 끝을 나타낼 공간이 필요합니다. 만약 5개의 글자라면 크기는 최소 6의 크기를 가져야 'H', 'e', 'l', 'l', 'o', NULL이라는 총 여섯 개의 글자를 저장할 수 있습니다.

코드 8-3-1 문자형 배열을 활용해 문자열을 저장하는 예제 코드

```
1   #include <stdio.h>
2
3   int main(){
4       char array[6] = "Hello";
5
6       for(int i = 0; i < 6; i++){
7           printf("%c", array[i]);
8       }
9
10      return 0;
11  }
```

실행 결과 [X]

```
Hello
```

▶ 4번 줄: 문자 다섯 개와 공백 문자 한 개를 저장할 수 있는 공간인 문자열을 만들고 큰따옴표를 활용해 문자열 "Hello"를 array에 저장합니다.

for문을 사용하지 않고 형식 지정자 %s를 사용하면 한 번에 문자열 자체에 접근하여 출력할 수 있습니다.

코드 8-3-2 문자열을 한 번에 출력하는 예제 코드

```
1   #include <stdio.h>
2
3   int main(){
4       char array[6] = "Hello";
5
6       printf("%s\n", array);
7
8       return 0;
9   }
```

실행 결과 [X]

```
Hello
```

문자열의 크기를 항상 지정해 줘야 하나요?

처음 문자형 배열을 생성할 때 문자열을 함께 초기화하면 문자열의 크기를 정해 주지 않아도 됩니다. 이때, 그 크기는 문자열의 길이에 NULL 1개를 더한 만큼의 공간의 크기가 됩니다.

지금까지는 문자열을 생성할 때 배열을 생성하고 값을 할당하는 형식으로 코드를 작성했습니다. 하지만 이와 같은 형식으로 진행하면 유연한 코드를 작성하지 못할 뿐만 아니라 저장할 글자의 수를 세서 할당해야 하는 불편함이 있습니다. 이번엔 문자열의 크기를 정하지 않고 문자열을 바로 저장하여 배열의 크기와 값을 한 번에 할당하고 사용하는 코드를 작성해 보겠습니다.

코드 8-3-3 문자열의 크기를 정하지 않고 문자열을 처음에 저장하는 코드

```
1   #include <stdio.h>
2
3   int main(){
4       char array[] = "I Love C Programming";
5
6       int len = 0;
7       int i = 0;
8
9       while(1){
10          len++;
11          if(array[i++] == '\0'){
12              break;
13          }
14      }
15      printf("array 문자의 길이는: %d\n",len);
16
17      return 0;
18  }
```

실행 결과	[X]
array 문자의 길이는: 20	

❯ 4번 줄: 문자열의 크기를 정해 주지 않았지만 "I Love C Programming"을 담아서 'I', 공백, 'L' 등의 20개의 문자와 마지막의 NULL('\0')문자, 총 21개의 공간을 가지는 array가 생성됩니다.

❯ 6번 줄: 길이를 담을 len을 0으로 초기화합니다.

❯ 7번 줄: while문을 도는 횟수를 측정할 변수 i를 0으로 초기화합니다.

❯ 9번~14번 줄: whlie문이 항상 참 값을 가지기에 계속 반복되다가 array 배열의 요소가 NULL 문자일 때 멈추고 아니라면 len을 증가시킵니다.

또한 문자열도 문자형 배열이기에 각 요소에 인덱스로 접근할 수 있습니다.

문자열의 요소를 바꾸는 코드

```
1   #include <stdio.h>
2
3   int main(){
4       char array[] = "I Love Study";
5
6       array[2] = 'L';
7       array[3] = 'i';
8       array[4] = 'k';
9       array[5] = 'e';
10
11      printf("%s\n", array);
12
13      return 0;
14  }
```

실행 결과   ⊠

I Like Study

❶ 6번 줄: 인덱스 2를 가지는 문자형 배열 array의 세 번째 값인 'L'을 'L'로 변경하여 값이 그대로 유지됩니다.

❶ 7번 줄: 인덱스 3을 가지는 array의 네 번째 값인 'o'를 'i'로 변경합니다.

❶ 8번 줄: 인덱스 4를 가지는 array의 다섯 번째 값인 'v'를 'k'로 변경합니다.

❶ 9번 줄: 인덱스 5를 가지는 array의 여섯 번째 값인 'e'를 'e'로 변경합니다.

  문자열은 문자형 배열을 활용하는 방법 외에도 메모리의 주솟값을 사용할 수도 있습니다. 앞서 메모리 공간은 각각 주소를 가진다고 했습니다. "Hello" 문자열이 있을 때 맨 처음 문자인 'H'가 담기는 저장 공간의 주솟값을 대표 주솟값으로 사용해서 읽을 수 있습니다.

  문자열은 하나의 메모리 공간에 하나의 문자가 저장됨을 확인했습니다. 이때 각각의 칸은 역참조(*) 연산자를 사용하면 가져올 수 있습니다. 역참조 연산자는 가리키는 메모리 주소에 저장되어 있는 값을 가져올 수 있도록 하는 연산자입니다. 여기서 역참조 연산자는 배열의 첫 주소를 가리키는 포인터라고 볼 수 있습니다. 이와 관련된 내용은 〈Chapter 9. 포인터〉에서 자세히 다룰 예정입니다. 지금은 역참조 연산자를 이용하여 문자열을 읽어올 수 있다는 내용만 기억하면 됩니다.

구문 설명   ⊠   예시   ⊠

char *변수 이름 = "문자열";   char *str = "test";

```
1    #include <stdio.h>
2
3    int main(){
4        char *str = "Hello";
5
6        printf("%s\n", str);
7
8        return 0;
9    }
```

실행 결과   ☒
```
Hello
```

[코드 8-3-5]에서 역참조 연산자를 이용하여 문자열을 읽고 출력했습니다. 역참조 연산자를 이용하여 문자열을 생성하는 경우, 배열을 생성하여 사용하는 것과 마찬가지로 배열의 요소에도 접근이 가능합니다. 이번에는 문자열 전체를 읽는 대신, 문자열의 요소에 접근하여 값을 확인해 보겠습니다.

코드 8-3-6 역참조 연산자를 활용하여 문자열의 요소에 인덱스로 접근하는 코드

```
1    #include <stdio.h>
2
3    int main(){
4        char *str = "I am korean";
5
6        printf("%c\n", str[0]);
7        printf("%c\n", str[5]);
8        printf("%c\n", str[10]);
9
10       return 0;
11   }
```

실행 결과   ☒
```
I
k
n
```

❥ 6번 줄: 포인터 str이 가리키는 문자열에서 인덱스가 0인 요소, 즉 첫 번째 값인 'I'를 출력합니다.
❥ 7번 줄: 포인터 str이 가리키는 문자열에서 인덱스가 5인 요소, 즉 여섯 번째 값인 'k'를 출력합니다.
❥ 8번 줄: 포인터 str이 가리키는 문자열에서 인덱스가 10인 요소, 즉 열한 번째 값인 'n'을 출력합니다.

잠깐 주솟값으로 불러온 문자열의 요소를 변화시킬 수도 있나요?

불가능합니다. 주솟값으로 가져온 문자열의 경우 각 요소들을 읽을 수는 있지만 변경시킬 수 없습니다.

Q1 다음 코드의 실행 결과를 보고 빈칸에 알맞은 코드를 작성하세요.

코드

```
1   #include <stdio.h>
2   #include <string.h>
3
4   int main(){
5       char str[20] = "Hello~";
6
7       str[1] = '  (1)  ';
8       str[  (2)  ] = '%';
9       str[6] = '  (3)  ';
10      printf("%s\n", str);
11
12      return 0;
13  }
```

실행 결과   ☒

H#l%o~!

정답 (1) #, (2) 3, (3) !

문자열의 각 문자에 접근하여 값을 읽거나 쓰기 위해서 인덱스를 활용하면 됩니다.

(1): 결과를 보면 e가 #으로 변했는데 인덱스 1에 해당하는 요소를 변화시킨 것입니다.

(2): 문자열 중 네 번째에 위치한 'l'이 %로 변했고 이때 인덱스는 3입니다.

(3): 문자열의 공간 20개 중에서 인덱스 6을 사용하여 일곱 번째 요소의 값으로 !가 할당됩니다.

지금까지 코드를 작성할 때마다 우리는 맨 위에 #include 〈stdio.h〉라는 코드를 썼습니다. #include 〈stdio.h〉는 C언어에서 제공하는 printf, scanf 같은 표준 입출력 함수를 정의해 놓은 모음집인 stdio.h 헤더파일을 불러와 사용하겠다는 뜻입니다.

stdio.h 말고 다른 헤더파일도 있습니다. 가령 string.h의 헤더파일은 문자열을 다루기 위한 편리한 기능들을 제공합니다. 앞선 예와 마찬가지로 #include 〈헤더파일명.h〉 형태로 작성하면 해당 헤더파일을 코드에 가져와 사용할 수 있습니다.

구문 설명 ⊠	예시 ⊠
`#include <헤더파일명.h>`	`#include <string.h>`

string 헤더파일에는 문자열 복사와 문자열 비교, 문자열 길이를 반환하는 함수가 포함되어 있습니다.

[string.h 헤더파일에 포함된 대표적인 함수 목록]

☑ strcpy 함수: 문자열을 일일이 복사

☑ memcpy 함수: 문자열 전체를 한 번에 복사

☑ strcat 함수: 두 문자열 연결

☑ strcmp 함수: 두 문자열 비교

☑ strlen 함수: 문자열 길이 출력

위 함수들은 문자열을 편리하게 사용하기 위해 string.h 헤더파일을 추가한 경우에만 사용하는 함수이기 때문에, 모든 내용을 기억할 필요는 없습니다. 지금은 위와 같은 기능을 사용해 보면서, 편리하게 기능을 사용할 수 있다는 것만 기억하면 됩니다.

이 함수들 외에도 문자열을 다루는 또 다른 함수가 있나요?

물론입니다. 만약 string.h 헤더파일에 대해 조금 더 알고 싶다면 오른쪽 QR 코드를 스캔해 확인 해 보세요!

[string.h 헤더파일]

먼저 strcpy 함수를 살펴보겠습니다. strcpy 함수는 첫 번째 인자에 복사한 문자열을 저장할 배열을 넣어 주고 두 번째 인자에 복사할 문자열을 넣어 주어 사용할 수 있습니다.

구문 설명	X
strcpy(복사한 문자열을 저장할 배열, 문자열을 복사할 배열)	

예시	X
strcpy(str2, str1);	

예시 코드를 통해 확인해 보겠습니다.

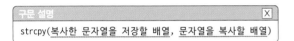 **코드 8-4-1** strcpy를 사용하여 문자열을 복사하는 코드

```c
1   #include <stdio.h>
2   #include <string.h>
3
4   int main(){
5       char str1[100] = "문자열 복사";
6       char str2[100];
7
8       strcpy(str2, str1);
9       printf("%s\n", str2);
10
11      return 0;
12  }
```

실행 결과	X
문자열 복사	

▶ 8번 줄: str1의 값을 str2로 복사합니다.

strcpy는 char를 하나하나 가져와서 복사하는 식으로 동작하고 문자열은 항상 가장 마지막에 NULL 의 다른 표현인 '\0'을 가지고 있기에 NULL을 만나면 복사를 멈추는 방식으로 동작합니다. 그렇기에 문자열의 길이가 길어질수록 복사에 더 많은 시간이 소요됩니다.

일일이 복사하는 것이 아니라 전체를 한 번에 복사하는 함수인 memcpy를 사용하면 시간을 단축할 수 있습니다. memcpy 함수는 메모리의 주소에 접근하여 문자열의 크기만큼 복사합니다. 따라서 복사할 문자열의 크기를 인자로 전달해 주어야 합니다. 형태와 사용 예시는 아래와 같습니다.

구문 설명 ⊠	예시 ⊠
memcpy(복사한 문자열을 저장할 배열, 문자열을 복사할 배열, 복사할 문자열의 크기)	memcpy(str2, str1, sizeof(str1));

복사할 문자열의 크기는 다양한 방법으로 전달할 수 있지만, 위에서 소개했던 메모리 크기를 구하는 함수인 sizeof를 사용하는 것이 가장 대표적입니다. 예제 코드를 보며 사용법을 익혀 보겠습니다.

코드 8-4-2 memcpy를 사용하여 문자열을 복사하는 코드

```
1   #include <stdio.h>
2   #include <string.h>
3
4   int main(){
5       char str1[100] = "문자열이 긴 경우에는 memcpy를 사용해서 문자열 자체를 한 번에 복사합니다";
6       char str2[100];
7
8       memcpy(str2, str1, sizeof(str1));
9       printf("%s\n", str2);
10
11      return 0;
12  }
```

실행 결과 ⊠
문자열이 긴 경우에는 memcpy를 사용해서 문자열 자체를 한 번에 복사합니다

▶ 8번 줄: str1 문자열을 str2에 복사하는데 한 번에 100개의 메모리 공간의 내용을 그대로 복사합니다.

string 헤더파일은 두 문자열을 연결하는 strcat 함수도 제공합니다.

구문 설명 ⊠	예시 ⊠
strcat(다른 문자열을 연결할 문자열, 문자열에 연결할 다른 문자열)	strcat(str2, str1);

strcat 함수의 첫 번째 인자에는 다른 문자열을 연결할 문자열을 넘겨주고, 두 번째 인자에는 첫 번째 인자에 넘겨준 문자열에 연결할 문자열을 넘겨주면 됩니다.

strcat 함수를 사용하는 방법을 [코드 8-4-3]에서 확인해 보겠습니다.

코드 8-4-3 strcat을 사용해 두 문자열을 연결하는 코드

```
1   #include <stdio.h>
2   #include <string.h>
3
4   int main(){
5       char str1[100] = "fghij";
6       char str2[100] = "abcde";
7
8       strcat(str2, str1);
9       printf("연결된 문자열: %s\n", str2);
10
11      return 0;
12  }
```

실행 결과   ☒

연결된 문자열: abcdefghij

◑ 8번 줄: str1의 문자열 fghij를 str2의 뒤에 연결합니다.

strcat(str2,str1)가 있다면 str2의 문자열에서 '\0'의 NULL 문자를 찾아 NULL 문자를 없앱니다. 그리고 문자열 str1에서 문자를 일일이 가져와 NULL 문자가 나오기 전까지 이어 붙입니다. 이렇게 만들어진 str2 문자열의 마지막에는 '\0'이 들어가고 복사가 종료됩니다.

strcmp를 사용하면 두 문자열을 비교할 수 있습니다.

구문 설명   ☒   예시   ☒

strcmp(값을 비교할 문자열1, 값을 비교할 문자열2)   strcmp(str1, str2);

strcmp(a,b)를 사용하면 두 문자열 비교의 결과로 아래와 같이 세 가지를 가질 수 있습니다.

☑ a == b일 때, 0을 반환

☑ a > b일 때, 음수를 반환

☑ a < b일 때, 양수를 반환

이때 문자끼리의 비교는 사전적으로 단어가 앞에 있을수록 더 큰 값이 됩니다. 다음 코드를 통해 확인해 보겠습니다.

```
1   #include <stdio.h>
2   #include <string.h>
3
4   int main(){
5       char str1[100] = "초코 와플";
6       char str2[100] = "바나나 와플";
7       char str3[100] = "초코 와플";
8
9       int result1 = strcmp(str1, str2);
10      int result2 = strcmp(str1, str3);
11
12      printf("%s과 %s의 비교 결과: %d\n", str1, str2, result1);
13      printf("%s과 %s의 비교 결과: %d\n", str1, str3, result2);
14
15      return 0;
16  }
```

실행 결과　　X

초코 와플과 바나나 와플의 비교 결과: 1
초코 와플과 초코 와플의 비교 결과: 0

▶ 9번 줄: str1의 "초코 와플"과 str2의 "바나나 와플"을 비교해서 사전적으로 'ㅊ'이 'ㅂ'보다 더 뒤에 있기에 str1 < str2이므로 1을 반환합니다. 사전적으로 단어가 앞에 있을수록 더 큰 값임을 기억해 두세요.

▶ 10번 줄: str1의 "초코 와플"과 str3의 "초코 와플"은 같으므로 0을 반환합니다.

문자열을 사용할 때, 배열의 크기와 저장된 문자의 크기가 다른 경우가 존재합니다. 이런 경우에 문자의 길이만을 확인하고 싶다면 strlen 함수를 이용하면 됩니다.

구문 설명　　　　　　　　　　　　X	예시　　　　　　　　　　　　　X
strlen(문자의 길이를 확인할 배열)	strlen(str);

사용 예시를 살펴보며 배열의 크기와 저장된 문자의 크기의 차이와 사용 방식을 확인해 보겠습니다.

strlen을 사용해 문자열의 길이를 출력하는 코드

```c
1   #include <stdio.h>
2   #include <string.h>
3
4   int main(){
5       char str[100] = "Happy";
6
7       printf("%s의 저장 공간은 %lu이고 저장된 문자열의 길이는 %lu입니다.\n", str,
8   sizeof(str), strlen(str));
9
10      return 0;
11  }
```

실행 결과   ☒

Happy의 저장 공간은 100이고 저장된 문자열의 길이는 5입니다.

▶ 7~8번 줄: sizeof는 문자형 배열인 str의 메모리 공간 전체의 크기 100을 반환하고 strlen을 통해 '\0' NULL 문자 직전까지
   의 char 문자의 개수를 측정하여 5를 반환합니다.

Q1 빈칸에 알맞은 코드와 실행 결과를 작성하세요.

코드

```
1   #include <stdio.h>
2   #include <string.h>
3
4   int main(){
5       char str1[20] = "HappyDay";
6       char str2[20];
7
8       str1[  (1)  ] = '!';
9       strcpy(str2, str1);
10
11      printf("%s\n", str1);
12      printf("%s\n", str2);
13
14      return 0;
15  }
```

실행 결과   [X]

HappyDay!
  (2)

정답 (1) 8, (2) HappyDay!

(1): 실행 결과 HappyDay!를 만들려면 str1의 아홉 번째 문자에 !가 들어가야 하기에 인덱스 8을 사용해 요소를 변경합
    니다.

(2): strcpy는 str1의 문자열을 str2에 복사하므로 str1의 문자열인 HappyDay!가 출력되어야 합니다.

지금까지 배열을 사용할 때 크기를 정해 주거나 값을 초기화하여 배열의 메모리 공간을 정해 두고 사용했습니다. 이때 값이 들어갈 수 있는 메모리의 크기가 고정되어 있다고 해서 이것을 '정적 메모리 할당'이라고 합니다.

정적 메모리 할당은 미리 크기를 정해 주어야 하므로 크게 두 가지 단점이 존재할 수 있습니다.

- ☑ 저장할 수 있는 크기 제한: 배열의 요소를 추가하는 경우, 미리 설정해 놓은 배열의 크기를 넘어가면 요소를 추가할 수 없습니다.
- ☑ 메모리 낭비: 만약 저장 공간 크기를 1000만큼 할당했지만 할당한 크기보다 작은 100개의 요소만 저장한다면 900개의 공간이 낭비됩니다.

이런 단점을 해결하기 위해 프로그램에 필요한 만큼의 메모리 공간을 할당하고 종료되기 전에 메모리 공간을 비워 주는 '동적 메모리 할당' 방법을 사용할 수 있습니다. 메모리의 크기를 고정하지 않고 동적으로 메모리를 할당할 수 있는 이 동적 메모리 할당에 대해 알아보겠습니다.

stdlib 헤더파일에서 지원해 주는 malloc 함수를 사용하면 동적 메모리 할당이 가능합니다.

<table>
<tr><td>구문 설명</td><td>X</td></tr>
<tr><td colspan="2">

```
#include <stdlib.h>
...

void *malloc(할당할 사이즈)
```
</td></tr>
</table>

<table>
<tr><td>예시</td><td>X</td></tr>
<tr><td colspan="2">

```
#include <stdlib.h>
...
int size = 5; //할당할 배열의 크기
int *array = (int*)malloc(sizeof(int)*size);
```
</td></tr>
</table>

반환형 데이터 타입은 값에 따라 자료형이 달라지므로 void를 반환합니다. 이때 실행 시점에 할당한 메모리 공간을 0으로 채우게 되는데 원하는 형태로 데이터를 형 변환해야 합니다.

코드 8-5-1 동적 메모리 할당과 사용이 끝나면 비우는 코드

```
1   #include <stdio.h>
2   #include <stdlib.h>
3
4   int main(){
5       int size = 5;
6       int *array = (int*)malloc(sizeof(int)*size);
7
8       for(int i = 0; i < size; i++)
9           printf("array[%d]의 결과: %d\n", i, array[i]);
10
11      for(int i = 0; i < size; i++)
12          scanf("%d", &array[i]);
13
14      for(int i = 0; i < size; i++)
15          printf("array[%d]의 결과: %d\n", i, array[i]);
16
17      free(array);
18
19      return 0;
20  }
```

```
array[0]의 결과: 0
array[1]의 결과: 0
array[2]의 결과: 0
array[3]의 결과: 0
array[4]의 결과: 0
1
2
3
4
5
array[0]의 결과: 1
array[1]의 결과: 2
array[2]의 결과: 3
array[3]의 결과: 4
array[4]의 결과: 5
```

❷ 6번 줄: malloc 함수를 사용하여 동적 할당을 준비합니다. 이때 (int*)으로 형 변환하여 4바이트를 가지는 int형을 담을 공간 다섯 개를 만들어 줍니다.

❷ 8~9번 줄: array에 저장된 값은 아직 값을 할당하기 전이기 때문에 모두 0이 출력됩니다.

❷ 11~12번 줄: array 배열에 값을 할당합니다.

❷ 14~15번 줄: array 배열의 값을 출력합니다.

❷ 17번 줄: free()를 사용하여 동적으로 할당해 준 값이 차지하고 있는 메모리를 비워 줍니다.

    동적 할당을 사용하면 필요한 만큼 메모리를 추가로 할당하여 초과하는 크기만큼의 저장 공간을 더 생성할 수 있습니다. 그렇기에 유동적인 프로그램을 구성할 수 있는 토대가 됩니다.

- 같은 타입의 값을 여러 개를 모아서 저장하기 위해 배열을 활용합니다.
- 배열 안에 저장된 값 하나하나를 요소라고 하며 요소가 저장된 위치는 0부터 시작해서 1씩 더해지는데 이를 인덱스라고 합니다.
- 배열의 값은 인덱스를 사용해서 읽거나 수정할 수 있습니다.
- 1차원 배열 여러 개를 저장하기 위해서 사용하는 배열을 2차원 배열이라고 합니다.
- 문자열이란 문자형 데이터를 여러 개 저장한 배열로 마지막은 항상 '\0', 즉 NULL 값이 들어갑니다.
- 문자열을 읽어올 때 배열을 사용하지 않아도 역참조(*) 연산자를 사용하여 메모리의 시작 주솟값을 가져올 수 있습니다.
- 프로그램이 동작하는 과정에서 저장 공간에 값을 할당하는 방법을 동적 메모리 할당이라고 하며 malloc 함수를 사용할 수 있습니다.

개념 다지기

8-1. 다음 코드의 실행 결과를 적어 보세요.

코드

```
1   #include <stdio.h>
2
3   int main(){
4       int array[10] = {1,2,3,4,5};
5
6       for(int i = 3; i < 7; i++){
7           printf("array[%d]의 값: %d\n", i, array[i]);
8       }
9
10      return 0;
11  }
```

실행 결과   ☒
array[3]의 값: _____
array[4]의 값: _____
array[5]의 값: _____
array[6]의 값: _____

8-2. 다음 코드의 실행 결과를 보고 빈칸에 알맞은 코드를 작성하세요.

```
1    #include <stdio.h>
2
3    int main(){
4        int array[3][2] = {
5            {1, 2},
6            {3, 4},
7            {  (1)  ,   (2)  }
8        };
9
10       for(int i = 0; i <   (3)  ; i++){
11           for(intj = 0; j <   (4)  ; j++){
12               printf("%d ", array[i][j]);
13           }
14           printf("\n다음 1차원 배열로 넘어갑니다.\n");
15       }
16
17       return 0;
18   }
```

실행 결과	X

```
1 2
다음 1차원 배열로 넘어갑니다.
3 4
다음 1차원 배열로 넘어갑니다.
5 6
다음 1차원 배열로 넘어갑니다.
```

8-3. 다음 보기 중 문자열에 대한 설명으로 틀린 것을 고르세요.

① 문자열은 char 자료형의 배열입니다.
② 문자열은 큰따옴표 안에 작성합니다.
③ "Hello"라는 문자열은 strlen 함수로 길이를 측정하면 5입니다.
④ char형 배열의 크기를 5로 설정하고 "Hello"를 저장하면 배열의 메모리 공간을 딱 맞춰서 사용할 수 있습니다.
⑤ 문자열은 메모리 공간의 시작 주솟값을 이용하여 문자열을 불러올 수 있습니다.

8-4. 다음 코드의 실행 결과를 보고 빈칸에 알맞은 코드를 작성하세요.

코드

```c
1   #include <stdio.h>
2   #include <stdlib.h>
3
4   int main(){
5       int *array = (int*)  (1)  (sizeof(int) * 3);
6
7       for(int i = 0; i < 3; i++)
8           scanf("%d", &array[i]);
9
10      for(int i = 0; i < 3; i++)
11          printf("array[%d]의 결과: %d\n", i, array[i]);
12
13       (2)  (array);
14
15      return 0;
16  }
```

실행 결과   ☒

```
1
2
3
array[0]의 결과: 1
array[1]의 결과: 2
array[2]의 결과: 3
```

변수의 추천 과제

개념을 복습하며 포트폴리오를 만들고 싶다면, 변수의 추천 과제를 해결해 보세요!

난이도	과제	페이지
★	[Part 2] 1-4. O, X 퀴즈의 결과는?	373
★★	[Part 2] 2-3. 파스칼의 삼각형	408
★★	[Part 2] 2-4. 문자열 부풀리기	412
★★	[Part 2] 2-7. 카드 섞기	423
★★	[Part 2] 2-10. 도전! 스도쿠!	436
★★★	[Part 2] 3-2. 수 정렬하기	445
★★★	[Part 2] 3-7. 끝말잇기	466
★★★	[Part 2] 3-8. 컴퓨터 사용 시간 구분하기	470

챗GPT와 함께하는 코딩 학습

이번 챕터에서는 배열과 문자열의 형태에 대해서 자세히 다뤄 보았습니다. 배웠던 배열과 문자열을 한 번 더 복습하기 위해 배열을 받아 분석하는 코드를 작성해 보겠습니다.

 배열을 분석하는 프로그램 작성해 보기

 사용자에게 문자열을 입력받고, 배열의 크기와 문자열의 길이, 바이트 수를 출력하는 배열 분석기를 만들어 줘.

 아래는 사용자로부터 문자열을 입력받고, 입력된 문자열의 길이, 배열의 크기, 그리고 문자열이 차지하는 바이트 수를 출력하는 간단한 배열 분석기 코드입니다.

코드 | 챗GPT가 작성한 배열 분석 코드

```
1   #include <stdio.h>
2   #include <string.h>
3
4   int main(){
5       char userInput[100];// 충분한 크기로 배열 선언
6
7       // 사용자로부터 문자열 입력 받기
8       printf("문자열을 입력하세요: ");
9       fgets(userInput, sizeof(userInput), stdin);
10
11      // 문자열 길이 및 배열 크기 출력
12      int strLength = strlen(userInput) - 1;// '\n'도 포함되므로 1을 빼줍니다.
13      int arraySize = sizeof(userInput) / sizeof(userInput[0]);
14
15      printf("입력된 문자열 길이: %d\n", strLength);
16      printf("배열 크기: %d\n", arraySize);
17      printf("문자열이 차지하는 바이트 수: %lu\n", sizeof(userInput));
18
19      return 0;
20  }
```

```
실행 결과                                                    X
문자열을 입력하세요: 문자열을 입력합니다.
입력된 문자열 길이: 29
배열 크기: 100
문자열이 차지하는 바이트 수: 100
```

이 코드에서는 사용자로부터 fgets 함수를 사용하여 문자열을 입력받습니다. 그 후에 strlen 함수를 통해 문자열의 길이를 계산하고, 배열의 크기 및 문자열이 차지하는 바이트 수를 출력합니다. 주의할 점은 fgets 함수를 사용하면 사용자의 입력이 개행 문자(\n)로 끝나므로, 길이 계산 시에 이를 고려하여 1을 빼주어야 합니다.

위 코드에서는 배열의 크기를 고정적으로 생성하고, 사용자에게 문자열을 입력받기 위해 새로운 함수인 fgets 함수를 사용했습니다. fgets 함수는 stdio.h 헤더파일에 포함된 기본 입출력 함수입니다. scanf 함수는 값을 하나만 입력받는 반면, fgets 함수를 사용하면 문자열을 편리하게 입력받을 수 있습니다.

이처럼 새로운 코드를 찾고, 기존에 해 보지 않았던 방식을 새롭게 학습하는 방법을 통해 어렵게 느껴지는 문제도 쉽게 해결할 수 있습니다. 위 코드를 통해 여러분이 배운 배열과 문자열의 내용을 복습해 보세요.

CHAPTER **9**

포인터

"데이터가 저장되어 있는 주소, 포인터!"

9-1
포인터란?

이번 챕터에서는 이전부터 많이 언급했던 포인터에 대해 알아보겠습니다. 포인터를 알기 위해서는 컴퓨터가 데이터를 저장하는 방식을 알아야 합니다. 컴퓨터는 메모리(Memory)라고 불리는 데이터 임시 저장 공간에 데이터를 저장하고 필요할 때 가져와서 사용합니다. 데이터를 가져오려면 그 데이터가 저장된 위치가 어디인지, 즉 데이터가 저장된 메모리 공간의 '주소'를 알아야 가져올 수 있습니다.

여러분이 조금 더 이해하기 쉽게 예를 들어 설명하겠습니다.

〈그림 9-1-1〉

[그림 9-1-1]에서 변수는 '메모리 아파트 505동 305호'라는 주소에 살고 있습니다. 저 주소에는 변수가 있다는 의미입니다. 여기서 아파트는 메모리, 변수는 데이터, 주소는 포인터의 개념과 비슷합니다. 컴퓨터도 데이터를 사용하기 위해 메모리에서 데이터를 찾습니다. 이때 데이터가 저장되어 있는 주소를 찾아가기 위해 사용되는 메모리의 주소가 바로 '포인터'입니다.

 왜 포인터가 필요한가요? 데이터의 주소까지 우리가 알아야 하나요?

포인터는 C언어의 강력한 기능 중 하나로, 메모리 조작과 메모리 할당을 가능하게 합니다. <8-3. 문자열이란?>에서 배운 동적 할당이 그 예시입니다. 그뿐만 아니라 더 복잡한 데이터 구조인 연결 리스트, 트리, 그래프 등을 구현할 때 유용하게 사용되며 함수 간 데이터 전달을 간편하게 만들 수도 있습니다.

포인터는 C언어를 사용하며 앞으로 더 많은 부분에서 사용될 것입니다.

> 데이터를 효율적으로 관리하고 구조화하는 방법들을 일컬어 '자료구조'라고 합니다. 대표적인 자료구조로 연결 리스트, 트리, 그래프 등이 있습니다.

컴퓨터에서는 실제로 [그림 9-1-1]과 같은 방식을 통해 데이터를 저장하고 사용합니다. 조금 더 자세히 설명하기 위해 [그림 9-1-2]를 살펴보겠습니다. [그림 9-1-2]의 네모 칸의 집합은 메모리를 그림으로 나타낸 것입니다. 이해를 돕기 위해 네모 칸이 각각 1바이트 크기를 저장할 수 있다고 가정하겠습니다.

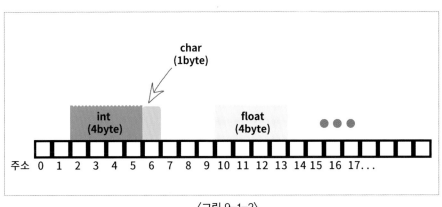

〈그림 9-1-2〉

그림에서는 int, char, float 자료형의 데이터를 저장하고 있습니다. 예를 들어, int형 데이터가 필요한 상황에서는 포인터를 통해 int형 데이터가 저장되어 있는 첫 주소인 2에 찾아가 해당 데이터를 불러올 수 있습니다. 마찬가지로 char형 데이터는 6, float형 데이터는 10에 찾아가 불러올 수 있습니다. 이처럼 포인터는 메모리의 주소를 저장하고 접근하는 데 사용하는 유용한 도구입니다.

9-2
주소 연산자 &

사용자로부터 정수형 데이터를 입력받으려면 어떤 코드를 작성해야 할까요? 지금까지 우리가 많은 코드에서 봐 왔던 것처럼 scanf("%d", &input);과 같은 형식으로 작성하면 사용자로부터 입력을 받을 수 있습니다. 앞서 〈3-4. 표준 입력 함수〉에서는 scanf 함수 작성 시 변수 앞에 주소(&) 연산자를 붙여 사용한다는 내용에 대해 간단히 언급하고 넘어갔지만, 이번 섹션에서는 이 주소 연산자에 대해 본격적으로 알아보겠습니다.

scanf("%d", &input); 코드가 실행되고 사용자가 입력을 하고 나면 그 값은 input 변수의 메모리 공간에 저장됩니다. 쉽게 말해 사용자가 입력한 값("%d")을 input 변수의 주소(&input)에 해당하는 메모리 공간에 넣는 것입니다.

이해를 돕기 위해 scanf 함수가 실행되는 과정을 그림으로 살펴보겠습니다.

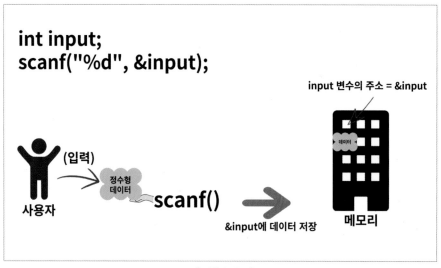

〈그림 9-2-1〉

먼저 scanf 함수는 사용자로부터 정수형 데이터를 입력받습니다. 데이터가 입력되면 해당 데이터를 가지고 input 변수의 주소인 &input에 접근하여 사용자로부터 입력받은 데이터를 저장합니다. 즉, input 변수를 사용하면 input의 주소에서 데이터를 가져오기 때문에 scanf에서 입력받은 데이터를 사용할 수 있는 것입니다. 이때 메모리 주소를 사용하거나 포인터를 사용하는 경우, 변수의 주소를 나타내는 형식 지정자인 %p를 사용하여 출력할 수 있습니다.

주소 연산자를 이용한 코드를 작성하며 이해해 봅시다.

코드 9-2-1   주소 연산자를 이용하여 변수의 주소를 출력하는 코드

```
1   #include <stdio.h>
2
3   int main(){
4       int a = 50;
5       char b = 'C';
6       float c = 30.05;
7
8       printf("int형 변수 a가 저장되어 있는 주소: %p\n", &a);
9       printf("char형 변수 b가 저장되어 있는 주소: %p\n", &b);
10      printf("float형 변수 c가 저장되어 있는 주소: %p\n", &c);
11
12      return 0;
13  }
```

실행 결과   ⊠

int형 변수 a가 저장되어 있는 주소: 0x7ff7b7e44558 ──➤ 실행 결과는 컴퓨터마다 달라집니다. 저장하는 주소가 다르기 때문입니다.
char형 변수 b가 저장되어 있는 주소: 0x7ff7b7e44557
float형 변수 c가 저장되어 있는 주소: 0x7ff7b7e44550

❯ 4번 줄: int형 변수 a를 선언하고 50을 할당합니다.
❯ 5번 줄: char형 변수 b를 선언하고 'C'를 할당합니다.
❯ 6번 줄: float형 변수 c를 선언하고 30.05를 할당합니다.
❯ 8~10번 줄: %p는 변수의 주소를 나타내는 형식 지정자입니다. 주소 연산자를 이용하여 변수의 주소를 출력할 수 있습니다.

 잠깐   '0x...' 이게 뭔가요?

0x는 컴퓨터가 16진수를 사용할 때 붙이는 접두어입니다. 0x라고 쓰고 뒤에 숫자와 글씨가 있다면 16진수로 작성된 숫자인 것입니다. 앞서 <Chapter 4-6. [더 알아보기] 비트 연산자>에서 2진수는 숫자 두 개(0, 1), 10진수는 숫자 열 개(0, 1, 2, ···, 9)를 가지고 숫자를 표현한 방식이라는 것을 배웠습니다. 16진수도 같은 원리로 숫자 열 개(0, 1, 2, ···, 9)와 알파벳 6개(a, b, c, d, e, f), 총 16개의 문자를 이용하여 숫자를 표현한 것입니다.

맥 OS와 리눅스에서는 주솟값을 출력할 때 앞에 0x가 붙습니다. 윈도우를 사용하는 경우에는 0x가 출력되지 않고 주솟값만을 보여 줍니다.

[코드 9-2-1]의 실행 결과를 그림으로 나타내 보면 [그림 9-2-2]와 같습니다.

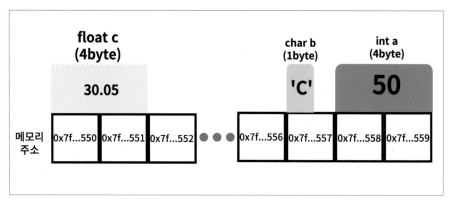

〈그림 9-2-2〉

[그림 9-2-2]는 메모리 위에 실제 데이터가 어떤 방식으로 저장되어 있는지 보여 줍니다.

float은 4바이트이므로 32개의 비트가 필요합니다. 따라서 2개의 16진수 주소를 사용합니다.

char는 1바이트이므로 8개의 비트가 필요하지만 1개의 16진수 주소를 사용합니다. 데이터를 저장할 때 빈 공간이 없도록 채우지 않고 주소의 단위별로 데이터를 저장하기 때문입니다. 따라서 16진수 주소 1개 속 16개의 비트 가운데 8개만 사용합니다.

int는 float과 마찬가지로 4바이트이므로 2개의 16진수 주소를 사용합니다. char 데이터와 구분하기 위해 빈 공간이 있더라도 주소의 단위가 시작되는 곳부터 저장됩니다.

C언어를 완전히 이해하기 위해서는 정말 많은 컴퓨터 지식이 필요합니다. 위에서 보여 준 [그림 9-2-2]는 여러분들의 이해를 높이기 위해 제공한 것일 뿐, 완벽하게 이해하지 않아도 괜찮습니다. 이번 챕터에서는 변수에 주소 연산자를 사용하면 데이터가 저장되어 있는 주솟값을 반환하는 것만 기억하면 됩니다.

Q1 다음 보기 중 올바르지 않은 것을 고르세요.

코드

```
1   #include <stdio.h>
2
3   int main(){
4       int test = 1234;
5
6       printf("%p\n", &test);
7       printf("%d\n", test);
8
9       return 0;
10  }
```

① 김변수: 6번 줄의 출력 결과는 test가 저장된 주소를 의미해.

② 박함수: &test는 test 변수가 저장된 메모리 주솟값을 반환해.

③ 이매개: test 변수는 int 자료형으로 4byte를 필요로 해.

④ 최반환: 7번 줄의 형식 지정자인 %d를 %p로 바꾸면 test 변수의 주소를 얻을 수 있어.

⑤ 시언어: 7번 줄의 출력 결과는 1234야.

정답 ④번

7번 줄의 형식 지정자를 %p로 바꾸는 경우. int test에 저장한 값인 1234를 16진수로 바꾼 값이 나오게 됩니다. 주솟값을 반환하기 위해서는 test 변수 앞에 & 주소 연산자를 붙여 주소를 받아와야 합니다.

9-3
포인터를 선언하고 사용하기

〈9-2. 주소 연산자 &〉에서 변수의 메모리 주소를 구하는 방법에 대해 배웠습니다. 이번에는 메모리 주소를 저장하고 사용하기 위해 포인터를 선언하고 값을 저장하는 형식을 살펴보겠습니다.

포인터를 선언하는 방법은 위와 같습니다. 각 자료형마다 메모리에 접근하는 방식이 다르기 때문에 포인터에도 자료형이 필요합니다. 환경에 따라 에러가 발생하지 않는 경우가 존재하지만 더 정확한 값을 얻기 위해서는 포인터에도 정확한 자료형을 작성해야 합니다.

포인터 이름 앞에는 별표(*)가 붙습니다. *의 위치는 변수와 자료형 사이에 있다면 괜찮습니다. 다음과 같은 사용 방식 모두 가능하니 별표 근처 띄어쓰기는 각자의 취향에 따라 사용해도 무방합니다.

- ☑ 사용 방식 1: 자료형 *포인터 변수 이름;
- ☑ 사용 방식 2: 자료형* 포인터 변수 이름;
- ☑ 사용 방식 3: 자료형 * 포인터 변수 이름;

그러면 포인터 변수를 선언하고 사용해 보겠습니다.

포인터를 선언하고 사용하는 방법

```c
1  #include <stdio.h>
2
3  int main(){
4      int var;
5      int *ptr;
6      ptr = &var;
7
8      printf("%p\n", ptr);
9      printf("%p\n", &var);
10
11     return 0;
12 }
```

실행 결과   ☒

0x7ff7b46a9558 ────► 메모리 주소에 해당하는 실행 결과는 컴퓨터마다 달라집니다.
0x7ff7b46a9558

❯ 4번 줄: 정수형 변수 var를 선언합니다.
❯ 5번 줄: 포인터 ptr을 선언합니다.
❯ 6번 줄: 포인터 ptr에 var의 메모리 주소를 저장합니다.
❯ 8번 줄: ptr에 저장된 주솟값을 출력합니다.
❯ 9번 줄: var의 메모리 주솟값을 출력합니다. 8번 줄에서 출력한 값과 같은지 확인해 보기 바랍니다.

 변수에 값을 저장하지 않았는데도 주솟값이 반환됐어요! 잘못된 거 아닌가요?

컴퓨터는 변수를 선언할 때에 값을 저장하기 위한 메모리 공간을 준비합니다. 변수에 값을 저장할 때에는 이 메모리 공간에 데이터를 저장하는 방식이며 데이터를 저장하지 않아도 공간이 존재하기 때문에 주솟값을 반환할 수 있습니다.

 역참조 연산자 ✱

포인터를 선언하면 주소뿐만 아니라 포인터가 가리키고 있는 주소에 저장되어 있는 값을 가져올 수 있습니다. 포인터 앞에 붙어 있는 별표(✱)는 역참조 연산자라고 불리는 연산자입니다. 역참조 연산자는 포인터가 가리키는 주소에 저장된 값을 읽는 기능을 수행합니다. [코드 9 3 2]에서 출력되는 값을 비교하며 어떤 차이점이 있는지 확인해 보겠습니다.

```
1    #include <stdio.h>
2
3    int main(){
4        int var = 105;
5        int *ptr;
6        ptr = &var;
7
8        printf("포인터가 가리키는 주소: %p\n", ptr);
9        printf("포인터가 가리키는 주소에 있는 실제 값: %d\n", *ptr);
10       printf("변수 var의 메모리 주소: %p\n", &var);
11       printf("변수 var의 값: %d", var);
12
13       return 0;
14   }
```

실행 결과   X

포인터가 가리키는 주소: 0x7ff7be407558 ──────▶ 메모리 주소에 해당하는 실행 결과는 컴퓨터마다 달라집니다.
포인터가 가리키는 주소에 있는 실제 값: 105
변수 var의 메모리 주소: 0x7ff7be407558
변수 var의 값: 105

❥ 4번 줄: 정수형 변수 var을 선언하고 105로 초기화합니다.
❥ 5번 줄: 포인터 ptr을 선언합니다.
❥ 6번 줄: 포인터 ptr을 var의 메모리 주소를 가리키도록 합니다.
❥ 8번 줄: 포인터가 가리키는 메모리 주솟값을 출력합니다.
❥ 9번 줄: 포인터가 가리키는 메모리 주소에 있는 데이터를 출력합니다.

위와 같이 포인터의 이름 앞에 *를 넣어 사용하게 되면 포인터가 가리키는 주소가 가지고 있는 실제 데이터가 반환됩니다. 여기서 *는 역참조 연산자라고 부르며 포인터가 가리키는 주소에 저장된 값을 반환합니다. 위와 같이 포인터에 역참조 연산자를 이용하여 저장되어 있는 값을 가져오는 과정을 역참조라고 합니다.

포인터에 역참조 연산자를 사용하면 값을 반환하는 것뿐만 아니라 해당 주소에 새로운 값을 할당할 수도 있습니다. 역참조 연산자를 이용하여 변수에 새로운 값을 할당해 보겠습니다.

역참조 연산자를 이용하여 변수에 새로운 값을 할당하는 방법

```c
1   #include <stdio.h>
2
3   int main(){
4       int var = 111;
5       int *ptr = &var;
6
7       printf("포인터의 역참조 값: %d\n", *ptr);
8
9       *ptr = 222;
10
11      printf("변경된 역참조 값: %d\n", *ptr);
12      printf("변경된 var의 값: %d", var);
13
14      return 0;
15  }
```

실행 결과 ☒

```
포인터의 역참조 값: 111
변경된 역참조 값: 222
변경된 var의 값: 222
```

❷ 4번 줄: int형 변수 var을 선언하고 111로 초기화합니다.

❷ 5번 줄: 포인터 ptr을 선언하고 var의 주소를 연결합니다.

❷ 7번 줄: 포인터에 역참조 연산자를 이용하여 주소에 저장된 데이터를 출력합니다. 111이 반환됩니다.

❷ 9번 줄: 역참조 연산자를 이용하여 주소에 새로운 값인 222를 할당합니다.

❷ 11번 줄: 주소에 저장된 데이터를 반환합니다. 111에서 222로 변경되었습니다.

❷ 12번 줄: int형 변수 var의 값을 반환합니다. 변수에 직접 값을 할당하지 않았음에도 222로 변경되었습니다.

[코드 9-3-3]에서 포인터의 역참조를 사용하여 변수의 값을 변경할 수 있었습니다. 아직은 포인터의 개념이 어려울 수 있으므로 지금까지 배운 개념을 그림으로 확인해 보겠습니다. 먼저 [그림 9-3-1]은 포인터를 선언하고 변수의 주솟값을 가리키도록 선언한 상황을 표현한 것입니다. 포인터(ptr)에 주소 연산자 &를 사용한 변수(&a)를 할당하는 경우, 포인터에는 주솟값(000...004)이 저장됩니다.

 잠깐 **포인터는 그냥 주소를 가리키는 값 아닌가요? 왜 주솟값이 존재하나요?**

다른 값들과 마찬가지로 주소 또한 어딘가에 저장해 두어야 합니다. 포인터는 주소를 저장할 수 있는 일종의 변수로, 1바이트의 크기를 가집니다.

일반 변수는 실제 값을 저장해야 하기 때문에 저장할 값의 크기에 따라 4바이트, 8바이트 등 자료형에 따라 다른 크기를 가지지만, 주솟값은 1바이트로 모두 표현이 가능합니다. 따라서 값을 저장하고 있는 변수보다 상대적으로 크기가 작습니다.

포인터는 수솟값을 저상하는 변수라고 생각하면 이해하기 쉽습니다.

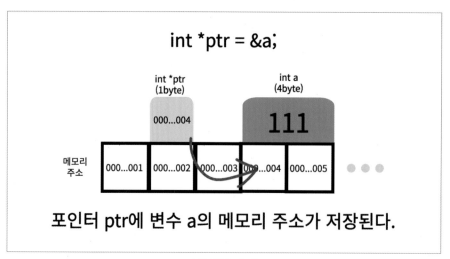

<그림 9-3-1>

다음으로 [그림 9-3-2]는 포인터와 역참조 연산자를 사용한 포인터의 차이를 보여 주는 그림입니다. [그림 9-3-1]과 같이 포인터에 변수의 주소를 저장한 경우, 포인터는 변수의 주소인 000...004를 가리킵니다. 이때 역참조 연산자를 사용한 포인터는 해당 주소에 저장된 값인 111을 가리키게 됩니다.

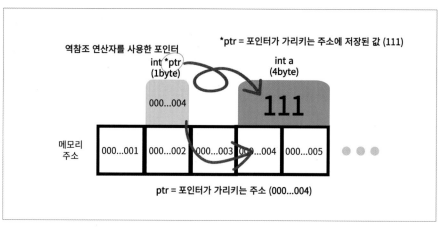

<그림 9-3-2>

이번엔 포인터를 사용하며 자주 실수하는 부분을 살펴보겠습니다.

☑ 포인터에 주소 연산자를 사용하여 의도하지 않은(잘못된) 결과를 출력하는 경우

☑ 포인터에 변수와 다른 자료형을 선언하는 경우

포인터에서는 주소와 주소에 저장된 값을 읽는 등 저장된 값만을 주고받는 형식이 아니기 때문에, 주소 연산자의 사용이 헷갈리는 경우가 많습니다. 차례차례 살펴보며 조심해야 하는 부분에 대해 확인해보겠습니다.

코드 9-3-4   **포인터에 주소 연산자를 사용하여 잘못된 결과를 출력하는 경우**

```
1   #include <stdio.h>
2
3   int main(){
4       int a = 111;
5       int *ptr = &a;
6
7       printf("a의 메모리 주솟값: %p\n", &a);
8       printf("ptr가 가리키는 값: %p", &ptr);
9
10      return 0;
11  }
```

실행 결과   [X]

a의 메모리 주솟값: <u>0x7ff7b0ecf558</u> ——● 메모리 주소에 해당하는 실행 결과는 컴퓨터마다 달라집니다.
ptr가 가리키는 값: <u>0x7ff7b0ecf550</u>

❯ 7번 줄: 변수 a에 주소 연산자를 사용하여 a가 저장되어 있는 메모리 주소를 출력합니다.

❯ 8번 줄: 포인터에 주소 연산자를 사용하여 포인터가 저장되어 있는 메모리 주소가 반환됩니다. 올바르게 사용하기 위해서는 &ptr이 아닌 ptr만을 사용해야 합니다.

[코드 9-3-4]와 같이 포인터에 주소 연산자를 붙이면 a의 주소가 아닌 포인터 자체의 주소가 반환됩니다. 따라서 할당한 변수의 주소를 올바르게 출력하기 위해서는 ptr만 작성해야 합니다. &ptr을 그림으로 표현하면 다음과 같습니다.

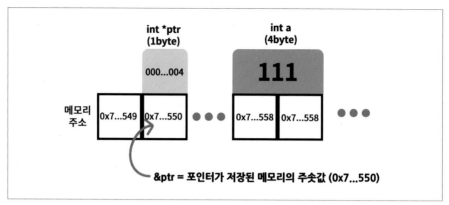

〈그림 9-3-3〉

[코드 9-3-4]와 같이 의도하지 않은 주솟값 출력을 주의해야 합니다. 이번엔 포인터의 자료형이 변수의 자료형과 다르게 선언되어 잘못된 값이 출력되는 경우를 살펴보겠습니다.

코드 9-3-5   포인터에 변수와 다른 자료형을 선언하는 경우

```c
#include <stdio.h>
int main(){
    int a = 111;
    float *ptr = &a;

    printf("a에 저장된 데이터: %d\n", a);
    printf("ptr가 가리키는 값: %d", *ptr);

    return 0;
}
```

```
9-3-5.c:4:9: warning: incompatible pointer types initializing 'float *' with an expression of type 'int *'
[-Wincompatible-pointer-types]
  float *ptr= &a;
         ^    ~~
9-3-5.c:7:41: warning: format specifies type 'int' but the argument has type 'float' [-Wformat]
  printf("ptr가 가리키는 값: %d", *ptr);
                             ~~   ^~~~
                             %f
2 warnings generated.
a에 저장된 데이터: 111
ptr가 가리키는 값: 73896
```

> 4번 줄: 변수 a의 자료형은 정수형이나, 포인터의 자료형은 실수형으로 선언되었습니다. 컴파일러가 경고문을 출력합니다.

> 7번 줄: 잘못된 자료형이 연결되었으며, 데이터 또한 올바르게 출력되지 않습니다. 컴파일러가 경고문을 출력합니다.

위 [코드 9-3-5]와 같은 상황에서는 7번 줄의 형식 지정자를 실수형으로 바꿔 주어도 올바른 값이 출력되지 않습니다.

```
9-3-5.c:4:9: warning: incompatible pointer types initializing 'float *' with an expression of type 'int *'
[-Wincompatible-pointer-types]
  float *ptr= &a;
         ^    ~~
1 warning generated.
a에 저장된 데이터: 111
ptr가 가리키는 값: 0.000000
```

이전에 설명했듯이 자료형마다 주소에 저장하는 방식과 범위가 다르기 때문에 포인터에 올바른 자료형을 넣어 주어야 정확한 값을 반환받을 수 있습니다.

Q1 실행 결과를 보고 빈칸의 내용으로 올바른 것을 고르세요.

코드

```
1   #include <stdio.h>
2
3   int main(){
4       char test = 'w';
5       char *ptr;
6       ptr = &test;
7
8       printf("test 변수에 저장된 값: %c\n", *____);
9       printf("test 변수가 저장된 메모리 주솟값: %p\n", ____);
10      printf("ptr 포인터가 저장된 메모리 주솟값: %p\n", &____);
11
12      return 0;
13  }
```

실행 결과   ☒

test 변수에 저장된 값: w
test 변수가 저장된 메모리 주솟값: 0x7ff7b037b57b ──── 메모리 주소에 해당하는 실행 결과는 컴퓨터마다 달라집니다.
ptr 포인터가 저장된 메모리 주솟값: 0x7ff7b037b570

① test

② ptr

③ char

④ 'w'

⑤ *ptr

정답 ②번

포인터 ptr은 test 변수의 메모리 주소를 가리키고 있습니다. *ptr은 해당 주소에 있는 실제 데이터를, ptr은 가리키는
주소를, &ptr은 포인터가 저장되어 있는 메모리의 주소를 나타냅니다.

Q2 다음 코드의 실행 결과로 알맞은 것을 고르세요.

코드

```
1   #include <stdio.h>
2
3   int main(){
4       char test = 'w';
5       char *ptr = &test;
6
7       if(ptr == &test){
8           printf("1번 ");
9       }
10
11      if(*ptr == 'h'){
12          printf("2번 ");
13      }
14
15      if(&ptr == &test){
16          printf("3번 ");
17      }
18
19      if(*ptr == test){
20          printf("4번 ");
21      }
22
23      return 0;
24  }
```

실행 결과   X
────────────

① 1번 4번
② 1번 3번
③ 2번 3번
④ 2번 4번
⑤ 3번 4번 5번

정답 ①번

포인터 ptr은 test 변수의 메모리 주소를 가리키고 있으므로 "1번 "은 참입니다.
*ptr은 해당 주소에 있는 실제 데이터를 가리키므로 'w'입니다. "2번 "은 거짓입니다.
&ptr은 포인터가 저장되어 있는 메모리 주소를 반환하므로 &test의 주소와 다릅니다. "3번 "은 거짓입니다.
*ptr은 test에 저장된 데이터와 같으므로 "4번 "은 참입니다.

9-4
다중 포인터

지금까지는 포인터를 선언하여 변수의 주소를 가리키도록 구성해 보았습니다.

포인터는 주솟값을 저장할 수 있는 저장 공간이며, 따라서 변수의 주소뿐만 아니라 포인터의 주소도 선언하여 저장할 수 있습니다. 이렇게 포인터에 포인터를 연결한 것을 '다중 포인터'라고 합니다. 다중 포인터는 포인터를 선언할 때 역참조의 횟수만큼 역참조 연산자를 더 붙이는 것으로 선언할 수 있습니다.

역참조 연산자를 두 번 붙여 이중 포인터를 선언하고 사용해 보겠습니다.

코드 9-4-1 이중 포인터를 사용하는 방법

```
1   #include <stdio.h>
2
3   int main(){
4       int a = 111;
5       int *ptr1 = &a;
6       int **ptr2 = &ptr1;
7
8       printf("%d", **ptr2);
9
10      return 0;
11  }
```

실행 결과   ☒

111

◗ 5번 줄: 포인터 ptr1을 선언하고 변수 a의 주소를 저장합니다.

◗ 6번 줄: 이중 포인터 ptr2를 선언하고 포인터 ptr1의 주소를 저장합니다.

◗ 8번 줄: ptr2에 역참조 연산자를 두 번 사용합니다. 첫 역참조 연산자는 ptr1의 주소에 저장된 데이터를 읽어 변수 a의 주소를 읽어 옵니다. 두 번째 역참조 연산자는 그 a의 주소에 역참조 연산자를 사용하여 a의 값을 출력합니다.

[코드 9-4-1]을 그림으로 나타내면 [그림 9-4-1]과 같습니다.

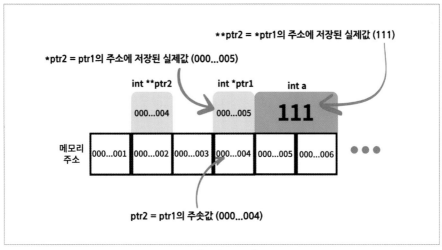

⟨그림 9-4-1⟩

결국 **ptr2는 ptr1의 메모리 주소를 저장하고, ptr1은 a의 주소를 저장하고 있는 형태입니다. 여기서 역참조 연산자의 개수만큼 주소에 저장된 값을 참조하여 사용하는 방식입니다.

 다중 포인터의 횟수 제한은 없나요?

이론적으로는 횟수 제한이 없습니다. 역참조 연산자의 개수와 포인터를 잘 연결해 준다면 수없이 많이 연결된 다중 포인터를 구성할 수 있습니다. 하지만 코드를 복잡하게 만들어 직관성과 코드 이해도가 떨어질 수 있기 때문에 꼭 필요한 경우가 아니라면 다중 포인터를 사용할 필요는 없습니다.

개념적으로 보았을 때 다중 포인터는 어려운 개념이 아닙니다. 하지만 다중 포인터인지 단일 포인터인지 헷갈리는 코드도 존재합니다. [코드 9-4-2]를 확인해 보겠습니다.

```
1   #include <stdio.h>
2
3   int main(){
4       int a = 10;
5       int *ptr1;
6       int *ptr2;
7
8       ptr1 = &a;
9       ptr2 = ptr1;
10
11      printf("%d", *ptr1);
12
13      return 0;
14  }
```

실행 결과	X
10	

[코드 9-4-2]는 다중 포인터처럼 사용하지만 포인터를 두 개 사용한 형태입니다. 9번 줄에서 ptr2 = ptr1이라는 코드를 통해 ptr1의 주소를 저장하는 것처럼 보이지만, ptr1에 저장된 값을 ptr2에 복사하는 것입니다. 따라서 ptr2 = ptr1은 ptr2 = &a와 같은 코드입니다.

다중 포인터는 역참조 연산자의 개수에 따라 다중 포인터인지 아닌지가 결정되므로 역참조 연산자의 개수만 확인하면 됩니다.

Q1 실행 결과를 보고 빈칸의 내용으로 올바른 것을 고르세요.

코 드

```
1   #include <stdio.h>
2
3   int main() {
4       int x = 111, y = 222;
5       int *ptr1;
6       int **ptr2;
7
8       *ptr2 = &y;
9       ptr1 = &x;
10      printf("*ptr1: %d\n", *ptr1);
11      printf("**ptr2: %d\n", **ptr2);
12
13      ptr1 = &y;
14      *ptr2 = ptr1;
15      printf("*ptr1: %d\n", *ptr1);
16      printf("**ptr2: %d\n", **ptr2);
17
18      return 0;
19  }
```

실행 결과   ⊠

```
*ptr1:  ____
**ptr2: ____
*ptr1:  ____
**ptr2: ____
```

① 111, 111, 222, 222   ② 111, 222, 111, 222   ③ 111, 222, 222, 111
④ 111, 111, 111, 222   ⑤ 111, 222, 222, 222

정답 ⑤번

8번 줄: 이중 포인터 ptr2에 역참조 연산자를 하나 사용하여 y의 주소를 저장했습니다. ptr2가 가리키는 빈 공간에는 y의 주소가 저장되어 있습니다.

9번 줄: 포인터 ptr1에 x의 주소를 저장했습니다. ptr1에는 x의 주소가 저장되어 있습니다.

10번 줄: *ptr1의 값을 출력합니다. x의 주소에 역참조 연산자를 사용해 x의 값을 불러옵니다.

11번 줄: **ptr2의 값을 출력합니다. *ptr2는 지정해 주지 않았으나 사용 가능한 빈 공간을 가리키고 해당 공간에 y의 주소가 저장되어 있습니다. y의 주소에 역참조 연산자를 사용하여 y의 값을 얻게 됩니다.

13, 15번 줄: ptr1은 y의 주소를 가리키고, *ptr1은 y의 값을 가리킵니다. 따라서 222가 출력됩니다.

14, 16번 줄: *ptr2가 가리키는 값에 ptr1을 연결하여 y의 주소를 가리키도록 지정합니다. 따라서 *ptr2에는 ptr1에 저장된 y의 주소가 있고, **ptr2에는 y의 주소에 있는 데이터 222를 가리킵니다.

9-5
함수 매개변수에 포인터 사용하기

포인터는 함수의 매개변수에도 사용할 수 있습니다. 함수의 매개변수에 포인터를 사용하면 함수에 더 많은 데이터를 전달하고 전달한 데이터를 직접 변경할 수 있습니다. 이를 통해 함수의 호출과 반환을 효율적으로 사용할 수 있다는 장점이 존재합니다.

함수의 매개변수에 포인터를 사용하며 연습해 보고 어떻게 활용할 수 있는지 직접 살펴보겠습니다. 먼저 함수의 매개변수에 포인터를 사용하는 형태를 확인해 보겠습니다.

구문 설명	X
반환 자료형 함수 이름(포인터 자료형 * 포인터 이름)	

예시	X
`void swap(int *a, int *b);`	

위와 같은 형태를 통해 함수를 생성할 수 있습니다.

함수를 선언하고 정의할 때 매개변수에는 포인터를 선언하듯이 일반적으로 사용하면 됩니다. 이후 함수의 호출 과정에서 매개변수의 인자에 포인터를 초기화하는 값인 변수의 주소를 넣어 주는 것이 가장 일반적입니다.

그럼 이제 코드를 보며 알아보겠습니다. 다음은 함수의 매개변수에 포인터를 사용한 코드입니다.

함수의 매개변수에 포인터를 사용한 예시 코드

```c
1  #include <stdio.h>
2
3  void swap(int *a, int *b);
4
5  int main(){
6      int x = 10;
7      int y = 20;
8
9      swap(&x, &y);
10
11     return 0;
12 }
13
14 void swap(int *a, int *b){
15     int temp = *a;
16     *a = *b;
17     *b = temp;
18 }
```

위와 같이 변수의 주소를 넣게 되면 함수의 매개변수인 포인터 a, b는 각각 인자인 x와 y의 주소를 가리키게 됩니다. [그림 9-5-1]을 통해 세부적으로 살펴보겠습니다.

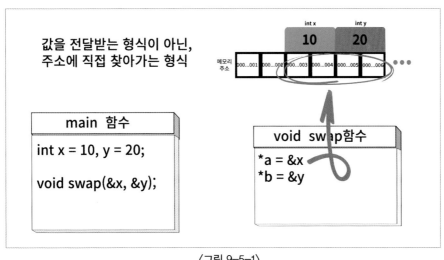

〈그림 9-5-1〉

함수에 포인터를 사용하지 않고 일반 변수를 사용했다면, 10과 20이라는 값을 직접 전달해 주었을 것입니다. 하지만 x와 y의 주소를 전달함으로써 식섭 메모리 수소에 접근하여 값을 사용하고 할당할 수 있는 것입니다. 예제 코드를 통해 어떻게 사용하는지 확인해 보겠습니다.

```
1    #include <stdio.h>
2
3    void swap(int *a, int *b);
4
5    int main(){
6        int x = 10, y = 20;
7
8        printf("변경 전 데이터 x: %d, y: %d\n", x, y);
9        swap(&x, &y);
10       printf("변경 후 데이터 x: %d, y: %d\n", x, y);
11
12       return 0;
13   }
14
15   void swap(int *a, int *b){
16       int temp = *a;
17       *a = *b;
18       *b = temp;
19
20       return;
21   }
```

실행 결과   ☒

```
변경 전 데이터 x: 10, y: 20
변경 후 데이터 x: 20, y: 10
```

❯ 3번 줄: 함수를 선언하여 컴파일러가 함수의 존재를 알 수 있게 구성합니다.

❯ 9번 줄: 함수를 호출하여 매개변수인 x와 y의 주소를 전달합니다.

❯ 15번 줄: 함수의 매개변수에 포인터 a, b를 선언하여 주소를 받을 수 있도록 구성합니다.

❯ 16번 줄: 임시로 사용할 지역변수 temp를 선언하고 매개변수 포인터 a의 인자로 받은 x를 저장합니다.

❯ 17번 줄: 매개변수 포인터 a에 매개변수 포인터 b에 받은 인자를 저장합니다. main 함수의 x 변수에 y 변숫값이 저장되었습니다.

❯ 18번 줄: 매개변수 포인터 b에 지역변수 temp에 저장해 둔 포인터 a의 이전 값을 할당합니다. y에는 이전 x 값이 저장됩니다.

[코드 9-5-2]에서 void swap은 아무런 값도 반환하지 않고 있습니다. 또한, main 함수 내부의 변수 x, y는 지역변수임에도 불구하고 swap 함수를 통해 변수의 값이 변경되었음을 알 수 있습니다. 포인터를 함수의 매개변수로 사용하면 이처럼 값을 직접 전달해 주지 않고도 해당 주소에 있는 데이터를 직접 변경할 수 있도록 구성할 수 있습니다.

Q1 다음 보기 중 빈칸에 들어갈 코드로 알맞은 것을 고르세요.

코드

```
1   #include <stdio.h>
2
3   void sum(int *a, int *b);
4
5   int main(){
6       int x = 111, y = 222;
7
8       printf("x + y = ");
9       sum(&x, &y);
10      printf("%d",  (1)  );
11
12      return 0;
13  }
14
15  void sum(int *a, int *b) {
16      *a =  (2)  +  (3)  ;
17      return;
18  }
```

실행 결과   ☒

```
x + y = 333
```

① (1) x, (2) *a, (3) *b
② (1) *a, (2) *a, (3) *b
③ (1) y, (2) *a, (3) *b
④ (1) x, (2) *x, (3) *y
⑤ (1) x, (2) a, (3) b

정답 ①번

실행 결과는 x와 y 값을 합친 값입니다. 그러므로 16번 줄의 *a에는 *a와 *b의 값을 통해 x와 y의 값을 더해 주어야 합니다. 이후 10번 줄에서 출력하는 값은 sum 함수에서 포인터 매개변수를 통해 수정한 x의 값이라고 볼 수 있습니다. sum 함수의 첫 번째 인자에 x의 주소를 전달해 주었기 때문에 sum 함수의 *a는 x의 주솟값입니다. 따라서 main 함수에서 변경된 값을 출력하기 위해서는 x를 넣어 주어야 합니다. 정답은 ① (1) x, (2) *a, (3) *b입니다.

9-6 더 알아보기 포인터와 배열의 관계

포인터와 배열은 C언어에서 밀접한 관계가 있습니다. 배열의 이름은 사실 배열의 첫 번째 요소가 저장되어 있는 주소를 가리키는 포인터이기 때문입니다. 코드와 그림으로 살펴보겠습니다.

코드 9-6-1	배열을 생성하고 값을 초기화하는 코드 예시

```
1  int arr[]= {1, 2, 3, 4, 5};
```

위와 같이 arr라는 이름을 가진 크기 5의 배열이 있을 때, arr는 배열의 첫 번째 인자인 1이 저장되어 있는 주소를 나타냅니다.

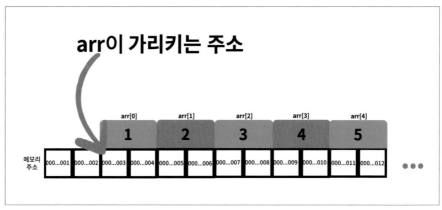

〈그림 9-6-1〉

그렇다면 배열의 이름과 배열의 첫 번째 요소의 주솟값을 출력하면 어떨까요?

코드 9-6-2 배열과 배열의 첫 번째 요소의 주소를 출력하여 비교하는 코드

```c
1   #include <stdio.h>
2
3   int main(){
4       int arr[]= {1, 2, 3, 4, 5};
5
6       printf("%p\n", arr);
7       printf("%p\n", &arr[0]);
8
9       return 0;
10  }
```

실행 결과 ⊠

```
0x7ff7b9298560 ──── 메모리 주소에 해당하는 실행 결과는 컴퓨터마다 달라집니다.
0x7ff7b9298560
```

❿ 6번 줄: 배열의 이름은 배열의 첫 요소를 가리키는 포인터이므로, arr 앞에 주소 연산자 없이도 사용이 가능합니다. 일반 포인터와 같습니다.

❿ 7번 줄: 배열의 0번째 요소는 1입니다. 1이 저장되어 있는 위치를 출력하기 위해서는 arr[0] 앞에 주소 연산자를 붙여 주면 됩니다.

[코드 9-6-2]의 실행 결과를 보면 배열의 첫 번째 요소의 주소는 배열의 이름이 가리키는 주소와 같다는 것을 알 수 있습니다. 배열의 이름은 포인터와 같으므로 포인터에 배열의 이름을 할당한다면 포인터로 배열에 접근이 가능합니다.

코드 9-6-3 포인터로 배열에 접근하여 사용하는 방법

```c
1   #include <stdio.h>
2
3   int main(){
4       int arr[]= {1, 2, 3, 4, 5};
5       int *ptr = arr;
6
7       printf("%d\n", *ptr);
8       printf("%d\n", *(ptr + 1));
9       printf("%d\n", *(ptr + 2));
10
11      printf("%d\n", ptr);
12      printf("%d\n", (ptr + 1));
13      printf("%d\n", (ptr + 2));
14
15      return 0;
16  }
```

```
실행 결과                                                                          [X]

1
2
3
0x7ff7bf4be540 ———→ 메모리 주소에 해당하는 실행 결과는 컴퓨터마다 달라집니다.
0x7ff7bf4be544
0x7ff7bf4be548
```

❶ 5번 줄: 포인터 ptr를 선언하고 arr가 가리키는 주소를 가리키도록 초기화합니다.

❶ 7~9번 줄: 포인터 ptr 앞에 역참조 연산자를 붙여 해당 주소에 있는 값을 출력합니다. 배열의 첫 요소부터 다음 주소에 있는 값들을 차례로 출력할 수 있습니다.

❶ 11~13번 줄: 포인터 ptr이 가리키는 주소를 출력합니다. ptr에 1을 더하면 포인터의 자료형 크기만큼 값을 더합니다.

 11~13번 줄에서 포인터에 1씩 더하고 있는데 왜 주소는 4씩 늘어나나요?

포인터의 자료형 때문입니다. 각 자료형은 저장 방식과 크기가 다르기 때문에 포인터의 자료형에 따라 다음 값이 저장되어 있는 주소는 달라집니다. 예를 들어, int 포인터인 경우에는 int의 크기가 4바이트이므로 주솟값이 4씩 늘어나고, char 포인터인 경우에는 char 자료형의 크기가 1바이트이므로 1씩 늘어나게 됩니다.

[코드 9-6-3]과 같이 배열의 이름은 포인터와 같으며, 포인터로 배열에 접근하는 원리입니다. 〈8-5. [더 알아보기] 동적 메모리 할당〉에서 포인터를 이용하여 메모리를 할당받는 방식을 배웠습니다. 배열의 크기를 할당받는 과정에는 포인터와 주소를 찾아가는 원리가 들어 있는 것입니다.

다시 한번 〈8-5. [더 알아보기] 동적 메모리 할당〉으로 돌아가 동적 할당 코드를 살펴보며 어떤 방식으로 메모리를 할당받는지 확인해 보기 바랍니다.

Q1 다음 보기 중 빈칸에 들어갈 코드로 알맞은 것을 고르세요.

코드

```
1   #include <stdio.h>
2
3   int main(void){
4       char arr[]= {'e', 'l', 'o', 'h'};
5       char *ptr = arr;
6
7       printf("%c", ptr[ (1) ]);
8       printf("%c", (2) );
9       printf("%c", arr[ (3) ]);
10      printf("%c", *( (4) ));
11      printf("%c", *( (5) ));
12
13      return 0;
14  }
```

실행 결과   ⊠

```
hello
```

① (1) 3, (2) *arr, (3) 1, (4) arr + 2, (5) arr + 1

② (1) 4, (2) *ptr, (3) 2, (4) ptr + 1, (5) arr + 2

③ (1) 3, (2) *ptr, (3) 1, (4) arr + 1, (5) ptr + 2

④ (1) 4, (2) ptr, (3) 2, (4) ptr + 1, (5) arr + 2

⑤ (1) 3, (2) ptr, (3) 1, (4) arr + 2, (5) arr + 1

정답 ③번

(1): hello라는 실행 결과를 나타내기 위해서는 차례대로 h, e, l, l, o를 출력해야 합니다. *ptr은 arr와 같으므로 배열 arr
와 똑같이 사용이 가능합니다. 그러므로 ptr[3]을 출력하면 h가 출력됩니다.

(2): 두 번째 빈칸에는 많은 정답이 올 수 있습니다. 하지만 1번부터 5번의 보기 중에서는 *arr와 *ptr이 정답이 될 수
있습니다. 두 값은 모두 배열 첫 번째 요소의 주소를 나타내기 때문에 e를 출력합니다.

(3): 세 번째는 arr[1]로 일반 배열과 같이 사용하면 됩니다.

(4): 네 번째는 보기 중 ptr + 1, arr + 1이 정답이 될 수 있습니다.

(5): 마지막 빈칸은 arr + 2, ptr + 2가 정답이 될 수 있습니다.

따라서 정답은 모두를 만족하는 ③ (1) 3, (2) *ptr, (3) 1, (4) arr + 1, (5) ptr + 2입니다.

- 포인터는 메모리 주소를 저장하는 변수입니다.
- 포인터는 메모리 주소를 저장하고 접근하는데 사용하는 유용한 도구입니다.
- 주소 연산자 &는 변수의 주소를 반환합니다.
- 역참조 연산자 *는 주소에 저장된 값을 가져옵니다.
- 주소에 접근하여 주소에 저장되어 있는 값을 가져오거나 새로운 값을 할당할 수 있습니다.
- 포인터에 주소 연산자를 붙이면 포인터 자체의 주소가 반환됩니다.
- 포인터의 자료형은 변수의 자료형과 일치해야 올바른 값을 반환받을 수 있습니다.
- 다중 포인터는 포인터에 포인터를 연결하여 사용하는 형태입니다.
- 배열의 이름은 배열의 첫 번째 요소가 저장되어 있는 주소를 가리키는 포인터입니다.
- 포인터를 이용하여 배열에 접근할 수 있습니다.

개념 다지기

9-1. 다음 코드의 실행 결과를 적어 보세요.

코드

```c
#include <stdio.h>

void changeValue(int *a, int *b, int *c);

int main(){
    int x = 11;
    int y = 22;
    int z = 33;

    changeValue(&x, &y, &z);
    printf("x: %d\ny: %d\nz: %d", x, y, z);

    return 0;
}

void changeValue(int *a, int *b, int *c) {
    *a = *b + *c;
    *b = *a - *c;
```

```
19        *c = *b - *a;
20        return;
21    }
```

```
x: ____
y: ____
z: ____
```

9-2. 다음 코드의 실행 결과를 보고 빈칸에 알맞은 코드를 작성하세요.

코드

```
1     #include <stdio.h>
2
3     void changeArr(int *arr);
4     void printArr(int *arr);
5
6     int main(){
7         int arr[5] = {0, };
8
9         printf("변경 전 배열\n");
10        printArr(arr);
11        changeArr(arr);
12        printf("변경 후 배열\n");
13        printArr(arr);
14
15        return 0;
16    }
17
18    void changeArr(int *arr){
19        for(int i = 0; i < 5; i++){
20            __(1)__;
21        }
22        return;
23    }
24
25    void printArr(int *arr){
26        for(int i = 0; i < 5; i++){
27            printf("%d ", __(2)__);
28        }
```

```
29        printf("\n");
30        return;
31   }
```

변수의 추천 과제   개념을 복습하며 포트폴리오를 만들고 싶다면, 변수의 추천 과제를 해결해 보세요!

챗GPT와 함께하는 코딩 학습

　이번 챕터에서는 C언어 문법에서 가장 어렵다고 알려진 포인터에 대해서 알아보았습니다. 포인터에 대해서 이해가 어려울 때에도 생성형 AI를 이용할 수 있습니다.

 포인터의 개념을 쉬운 예시나 비유로 설명해 보기

　C언어에서 어려운 개념이나 내용을 쉽게 풀어서 설명해 달라고 이야기해 보겠습니다

 C언어 포인터의 개념을 비유나 예시를 들어서 간단하게 알려 줄래?

 물론이죠! 포인터의 개념을 이해하기 위해 비유를 들어 보겠습니다.

> 비유: 이름표와 이름표의 주소
> 상상해 봅시다. 여러분이 가지고 있는 물건에 이름표가 붙어 있다고 가정합시다.
> 1. 이름표(변수): 물건에 붙어 있는 이름표는 그 물건의 이름이나 정보를 나타냅니다. 이것이 변수라고 할 수 있습니다.
> 2. 이름표의 주소(포인터): 이제 여러분은 그 물건의 이름표가 붙어 있는 위치, 즉 주소도 알게 되었습니다.
> 3. 이름표의 주소를 적기(포인터 변수 선언): 여러분은 다른 물건에 이름표의 주소를 적어두는 새로운 이름표를 만들었습니다. 이 새로운 이름표가 포인터입니다.
> 4. 이름표의 주소 확인(포인터 사용): 이제 여러분은 새로 만든 이름표를 보면서 그 주소로 가서 원래의 물건을 확인할 수 있습니다. 이때, 여러분이 적은 주소가 포인터가 가리키는 곳입니다. 포인터를 통해 해당 물건의 이름표를 조회하거나 새로운 이름을 쓸 수 있습니다.
>
> 이런 식으로 포인터는 변수의 위치를 가리키는 것으로 이해할 수 있습니다. 이 주소를 통해 변수의 값을 변경하거나 조회할 수 있게 됩니다.

　위와 같이 이해하기 어려운 개념을 비유나 예시로 설명을 답변받을 수 있습니다. 앞으로 배울 다양한 개념 중 난이도가 높은 부분이 존재할 때, 쉬운 방식으로 답변을 요청해 보면 쉽게 이해할 수 있는 디딤돌을 마련할 수 있을 것입니다.

MEMO

CHAPTER 10

구조체

"여러 속성을 한번에 묶어서 관리하면 너무 편리해!"

10-1
구조체란?

　구조체는 여러 가지 자료형을 가진 변수들을 묶어서 하나의 자료형으로 사용할 수 있도록 정의한 자료형입니다. 같은 속성을 가진 자료형을 정의하는 경우에 편리하게 사용할 수 있습니다. 예를 들어, 사람을 나타내는 구조체를 정의한다면 이름과 나이를 하나의 구조체로 묶어서 사용할 수 있습니다. 구조체는 아래와 같이 정의합니다.

<table>
<tr><td>구문 설명</td><td>✕</td></tr>
<tr><td colspan="2">
typedef struct{
    <u>구조체 멤버 자료형 구조체 멤버 이름</u>
    ...
} <u>구조체 이름</u>;
</td></tr>
</table>

<table>
<tr><td>예시</td><td>✕</td></tr>
<tr><td colspan="2">
typedef struct{
    char name[10];
    int age;
} human
</td></tr>
</table>

　구조체를 선언할 때에는 main 함수 위에 선언해야 합니다. 전역변수와 같이 새로운 자료형을 선언하고 사용하는 방식입니다. typedef는 새로운 자료형을 만들 때 사용하는 명령입니다. typedef를 사용하면 만든 자료형을 int나 char 자료형을 선언할 때처럼 쉽게 활용할 수 있습니다.

　struct는 구조체를 선언하겠다는 의미입니다. typedef 뒤에 struct를 작성하여 구조체 자료형을 만들겠다고 선언한 이후, 구조체의 속성을 나타낼 수 있는 변수인 멤버를 중괄호 안에 선언합니다. 멤버 변수는 위에서 설명한 이름과 나이를 예로 들 수 있습니다. 사람을 정의한 구조체를 예시 코드로 작성하겠습니다.

코드 10-1-1　구조체를 정의하는 방법 예시 코드

```
1  typedef struct{
2      char name[10];
3      int age;
4  } human;
```

human이라는 이름의 구조체를 선언했습니다. 사람에게는 이름과 나이라는 특성이 있기 때문에 name 문자열과 age 정수형 변수를 선언했습니다. 여기서 name과 age는 human의 구조체 멤버입니다. 이처럼 구조체의 속성을 공통으로 묶어 하나의 자료형으로 사용할 수 있습니다.

〈그림 10-1-1〉

[그림 10-1-1]처럼 사람 구조체를 선언하고 구조체 변수를 선언하여 값을 할당해 보겠습니다.

코드 10-1-2 사람 구조체를 선언하고, 사람 구조체 변수에 이름과 나이를 할당하는 코드

```
1  typedef struct{
2      char name[10];
3      int age;
4  } human;
5
6  int main(){
7      human kbs = {"김변수", 20};
8      ...
9  }
```

kbs라는 구조체 변수를 선언하고 이름과 나이를 함수의 매개변수 사용과 같이 차례를 지켜 넣어 주었습니다. name과 age는 사람을 나타내기 위한 속성인 구조체 멤버입니다. 구조체는 이러한 속성을 한 번에 관리하기 위해 사용합니다.

물론 구조체를 선언하지 않고도 이름과 나이를 저장할 수 있는 변수를 각각 선언하고 사용할 수도 있습니다. 다음 코드가 그 예시입니다.

코드 10-1-3 구조체를 선언하지 않고 세 사람의 속성을 나타내는 경우

```
1   #include <stdio.h>
2
3   int main(){
4       char name1[10] = "김변수";
5       char name2[10] = "이매개";
6       char name3[10] = "박함수";
7       int age1 = 20;
8       int age2 = 21;
9       int age3 = 19;
10
11      printf("첫 번째 사람 이름: %s, 나이: %d\n", name1, age1);
12      printf("두 번째 사람 이름: %s, 나이: %d\n", name2, age2);
13      printf("세 번째 사람 이름: %s, 나이: %d", name3, age3);
14
15      return 0;
16  }
```

실행 결과 ☒

```
첫 번째 사람 이름: 김변수, 나이: 20
두 번째 사람 이름: 이매개, 나이: 21
세 번째 사람 이름: 박함수, 나이: 19
```

❱ 4~6번 줄: 이름을 저장할 name1, 2, 3 문자열을 각각 선언하고, 이름을 초기화합니다.
❱ 7~9번 줄: 나이를 저장할 age1, 2, 3 정수형 변수를 선언하고, 나이를 초기화합니다.
❱ 11~13번 줄: 각 이름과 나이를 출력합니다.

하지만 위와 같이 나타내는 경우, 우리가 구분할 수 있는 것은 변수의 이름뿐입니다. 새로운 사람을 선언할 때마다 속성을 나타낼 변수도 새로운 이름으로 선언해야 하는 불편함이 있습니다. 또한, 이름과 나이가 연결되지 않아 '김변수'라는 이름을 가진 사람이 몇 살인지 직관적으로 알 수 없습니다.

[코드 10-1-3]을 구조체로 표현하면 어떨까요?

```c
1   #include <stdio.h>
2
3   typedef struct{
4       char name[10];
5       int age;
6   } human;
7
8   int main(){
9       human h1 = {"김변수", 20};
10      human h2 = {"이매개", 21};
11      human h3 = {"박함수", 19};
12
13      printf("첫 번째 사람 이름: %s, 나이: %d\n", h1.name, h1.age);
14      printf("두 번째 사람 이름: %s, 나이: %d\n", h2.name, h2.age);
15      printf("세 번째 사람 이름: %s, 나이: %d", h3.name, h3.age);
16
17      return 0;
18  }
```

실행 결과   ☒

첫 번째 사람 이름: 김변수, 나이: 20
두 번째 사람 이름: 이매개, 나이: 21
세 번째 사람 이름: 박함수, 나이: 19

❯ 3~6번 줄: human 구조체를 선언하고 특성을 나타낼 name과 age를 멤버로 추가합니다.

❯ 9~11번 줄: human 구조체 변수 h1, h2, h3를 선언하고 각각 이름과 나이를 입력합니다.

❯ 13~15번 줄: 각 구조체 변수의 이름과 나이를 출력합니다.

[코드 10-1-4]처럼 구조체를 선언해 사용하면 속성을 나타낼 변수를 개별적으로 선언하지 않고 사용할 수 있습니다. 구조체를 사용하면 각 멤버가 누구의 속성인지 직관적으로 알 수 있고, 같은 형태의 변수를 선언해야 할 때 편리하게 사용할 수 있습니다.

지금은 구조체를 왜 사용하는 것인지 이해했다면 그것으로 충분합니다. [코드 10-1-4]에서 구조체의 값에 접근하는 방법은 바로 이어지는 섹션 〈10-2. 구조체 변수를 선언하고 사용하기〉에서 상세하게 다룰 것입니다.

Q1 다음 보기 중 구조체에 대한 내용으로 올바르지 않은 것을 고르세요.

① 구조체를 정의할 때 속성을 나타내기 위해 선언한 변수를 구조체 멤버라고 한다.

② 구조체는 함수 안에 선언해야 한다.

③ 구조체는 여러 변수를 한 번에 관리해야 할 때 편리하게 사용할 수 있다.

④ 구조체를 선언할 때에는 이름 앞에 struct를 사용한다.

⑤ 구조체 멤버를 선언하기 위해서는 중괄호 안에 선언해야 한다.

정답 ②번

구조체는 하나의 자료형을 새로 생성하고 사용하는 형식이기 때문에, main 함수 밖에 선언해야 합니다. 특히, main 함수 위에 선언하여 컴파일러가 구조체를 읽을 수 있도록 구성해야 합니다.

Q2 다음 코드에 대해 잘못 이야기하고 있는 사람을 고르세요.

코드

```
1   typedef struct{
2       char name[10];
3       int studentNo;
4       int score;
5       int classNo;
6   } student;
```

① 김변수: 이건 student라는 새로운 구조체 자료형이로군!

② 박함수: student 구조체 자료형에는 네 개의 멤버가 존재해.

③ 이매개: student 구조체 자료형에는 이름, 번호, 점수, 몇 반인지에 대한 속성을 나타낼 수 있겠네.

④ 최반환: 학생 세 명의 점수를 구조체를 이용하여 저장하기 위해서는 정수형 변수 score1, score2, score3를 따로 선언해야 돼.

⑤ 시언어: student 구조체 자료형을 사용하려면 main 함수 위에 이 코드를 작성하면 돼.

정답 ④번

student 구조체는 이름, 번호, 점수, 몇 반인지에 대한 속성을 나타내는 네 개의 멤버가 존재합니다. main 함수 위에 구조체를 정의하고 사용할 수 있습니다. 구조체를 이용하여 학생 세 명의 점수를 저장하기 위해서는 student 구조체 변수를 세 개 선언하고 멤버 변수인 score에 값을 저장하면 됩니다. int형 변수를 따로 선언하지 않아도 사용이 가능합니다.

10-2
구조체 변수를 선언하고 사용하기

앞에서 구조체를 정의하는 방법과 구조체를 사용하는 이유에 대해 살펴봤습니다. 이번 섹션에서는 구조체 변수를 선언하고 사용하는 방법에 대해서 알아보겠습니다. 구조체를 이용하여 변수를 선언할 때에는 아래와 같은 형식을 통해 선언합니다.

<table>
<tr>
<td>

구문 설명   ☒

```
typedef struct{
    ...
    ...
} 구조체 이름;

구조체 이름 구조체 변수 이름;
```

</td>
<td>

예시   ☒

```
typedef struct{
    char name[10];
    int age;
} human

human human_name = {"김변수", 19};
```

</td>
</tr>
</table>

구조체 변수 또한 변수의 특성을 따릅니다. 구조체 이름은 typedef를 통해 새롭게 정의한 자료형을 선언하는 과정이며, 구조체 변수 이름은 변수의 이름을 선언하는 과정입니다. 구조체 변수를 선언할 때에도 값을 초기화하는 방법과 변수만 선언한 이후 값을 저장하는 방법이 존재합니다. 차례대로 살펴보겠습니다.

코드 10-2-1   **구조체를 정의하는 방법 예시 코드**

```
1  typedef struct{
2      char name[10];
3      int age;
4  } human;
```

위와 같이 human 구조체를 정의했습니다. human 구조체 변수를 선언하며 초기화하는 방법을 먼저 확인해 보겠습니다.

```
1    #include <stdio.h>
2
3    typedef struct{
4        char name[10];
5        int age;
6    } human;
7
8    int main(){
9        human human_name = {"이름", 19};
10
11       return 0;
12   }
```

❯ 3~6번 줄: human이라는 이름을 가진 구조체를 정의하고 멤버로 name 문자열과 age를 선언했습니다.

❯ 9번 줄: human_name이라는 이름을 가진 human 구조체 변수를 선언하고 구조체 멤버 변수를 선언한 차례대로 값을 초기화합니다.

[코드 10-2-2]에서 9번 줄의 human_name은 human 구조체 변수의 이름입니다. human_name 이라는 구조체 변수를 선언하고 멤버 변수의 값으로 name에 "이름", age에 19를 저장했습니다. 구조체 변수의 선언과 초기화를 동시에 실행할 때에는 반드시 멤버 변수를 선언한 순서대로 값을 부여해야 한다는 특징이 있습니다.

[코드 10-2-2] 같은 방법은 편리할 수 있지만, 구조체 멤버가 많은 경우에는 직관적이지 않을 수 있습니다. [코드 10-2-3]을 통해 살펴보겠습니다.

```
1    #include <stdio.h>
2
3    typedef struct{
4        char name[10];
5        int korean;
6        int math;
7        int english;
8        int science;
9        int art;
10       int computer;
11   } score;
12
13   int main(){
14       score score_result = {"김변수", 90, 50, 60, 95, 30, 100};
15
16       return 0;
17   }
```

❸ 3~11번 줄: 학생 이름과 국어, 수학, 영어, 과학, 미술, 컴퓨터 과목 점수를 저장할 구조체를 정의했습니다.

❸ 14번 줄: score_result라는 score 구조체 변수를 선언하고 멤버 변수에 값을 초기화했습니다.

잠깐 값을 선언하고 초기화할 때 멤버 변수의 값을 할당하지 않으면 어떻게 되나요?

구조체를 초기화하고 멤버 변수의 값을 아무것도 할당하지 않는 경우에는 주소에 저장되어 있는 알 수 없는 값이 있습니다. 하지만 구조체 변수 선언과 동시에 score_result = {}; 형식으로 아무런 값도 할당하지 않는 경우 문자열은 NULL로, 숫자형 변수는 0으로 초기화됩니다.

[코드 10-2-3]에서 score 구조체를 정의하고 score_result라는 구조체 변수를 선언했습니다. score 구조체에는 국어, 수학, 영어, 과학, 미술, 컴퓨터 점수와 이름을 저장할 수 있습니다. 하지만 구조체 멤버가 많고 점수의 자료형이 모두 정수형이기 때문에 어떤 점수인지 구분이 어렵습니다. 이러한 상황에서는 아래와 같이 사용할 수 있습니다.

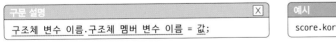

구문 설명 ☒
구조체 변수 이름.구조체 멤버 변수 이름 = 값;

예시 ☒
score.korean = 100;

값을 선언하며 초기화하는 방법이 아닌 구조체 멤버에 직접 접근하여 값을 할당하는 방법입니다. 위와 같은 방법을 통해 구조체 멤버의 값을 읽거나 할당할 수 있습니다. 예시 코드를 확인해 보겠습니다.

```c
1    #include <stdio.h>
2    #include <string.h>
3
4    typedef struct{
5        char name[10];
6        int korean;
7        int math;
8        int english;
9        int science;
10       int art;
11       int computer;
12   } score;
13
14   int main(){
15       score s;
16
17       strcpy(s.name, "김변수");
18       s.korean = 90;
19       s.math = 50;
20       s.english = 60;
21       s.science = 95;
22       s.art = 30;
23       s.computer = 100;
24
25       printf("%s 님의 시험 성적 결과입니다.\n", s.name);
26       printf("국어: %d, 수학: %d, 영어: %d\n", s.korean, s.math, s.english);
27       printf("과학: %d, 미술: %d, 컴퓨터: %d", s.science, s.art, s.computer);
28
29       return 0;
30   }
```

실행 결과 ☒

```
김변수 님의 시험 성적 결과입니다.
국어: 90, 수학: 50, 영어: 60
과학: 95, 미술: 30, 컴퓨터: 100
```

❷ 4~12번 줄: score 구조체를 정의하고 이름과 시험 성적을 저장할 수 있는 멤버 변수를 선언했습니다.

❷ 15번 줄: score 구조체 변수 s를 선언했습니다.

❷ 17번 줄: strcpy 함수를 통해 s.name 배열에 "김변수"라는 문자열을 복사합니다.

❷ 18~23번 줄: 각 점수를 저장하는 멤버 변수에 접근하여 값을 저장합니다.

❷ 25~27번 줄: 구조체 변수 s의 멤버에 접근하여 값을 출력합니다.

[코드 10-2-3]에서는 초기화할 때 구조체 멤버를 선언한 차례대로 점수를 넣어 주어야 했기 때문에 구분이 쉽지 않았습니다. [코드 10-2-4]는 코드가 길어졌지만 구조체 변수 s의 어떤 점수가 몇 점인지

쉽게 구분할 수 있으며 매우 직관적인 코드로 변경되었습니다. 이처럼 구조체를 선언하고 구조체 변수를 사용할 때에는

    (1) 변수를 선언하고 멤버 변수에 값을 할당하여 초기화하는 방법

    (2) 멤버 변수에 직접 접근하여 값을 새로 할당하는 방법

위 두 방법 중 직관적이고 편리한 방법을 사용하면 됩니다.

 구조체 배열 선언하고 사용하기

이번에는 구조체 배열을 사용하는 방법에 대해 알아보겠습니다. 구조체도 하나의 자료형으로 볼 수 있기 때문에 배열을 선언하고 사용할 수 있습니다. 예시 코드를 보며 사용 방법을 알아보겠습니다.

코드 10-2-5 구조체 배열을 선언하고 사용하는 방법

```c
1   #include <stdio.h>
2   #include <string.h>
3
4   typedef struct{
5       char name[10];
6       int age;
7   } human;
8
9   int main(){
10      human people[3];
11      people[0].age = 20;
12      strcpy(people[0].name, "김변수");
13      people[1].age = 21;
14      strcpy(people[1].name, "이매개");
15      people[2].age = 19;
16      strcpy(people[2].name, "박함수");
17
18      for(int i = 0; i < 3; i++){
19          printf("%d번째 사람 이름: %s, 나이: %d\n", i+1, people[i].name, people[i].age);
20      }
21
22      return 0;
23  }
```

```
실행 결과                                                              X

1번째 사람 이름: 김변수, 나이: 20
2번째 사람 이름: 이매개, 나이: 21
3번째 사람 이름: 박함수, 나이: 19
```

❯ 4~7번 줄: human 구조체를 정의하고 멤버 변수로 name과 age를 선언합니다.

❯ 10번 줄: 3개의 크기를 가진 human 구조체 배열 people을 선언합니다.

❯ 11~16번 줄: 구조체 배열의 요소에 접근하여 값을 할당합니다.

❯ 18~20번 줄: 구조체 배열에 차례대로 접근하여 값을 출력합니다.

[코드 10-2-5]는 [코드 10-1-2]를 변형한 코드입니다. human 구조체 변수를 두 개 이상 선언하여 사용해야 할 때, 배열을 이용하면 구조체 변수를 여러 개 선언하지 않고도 편리하게 사용할 수 있습니다. 위와 같이 human이라는 구조체 변수를 모아 people이라는 배열을 사용하는 것처럼, 훨씬 직관적이고 접근하기 편리하도록 구성할 수 있습니다.

구조체는 속성을 가진 여러 개의 멤버 변수를 하나의 자료형으로 선언하여 사용할 수 있도록 기능을 제공합니다. 구조체를 사용할 때에는 직관적이고 정확하게 값을 저장하는 것이 중요합니다. 구조체를 사용하는 이유는 코드의 가독성과 편의성을 높이기 위함이라는 걸 잊지 마세요!

Q1 다음 코드를 보고 빈칸에 알맞은 실행 결과를 적어 보세요.

코드

```
1    #include <stdio.h>
2    #include <string.h>
3
4    typedef struct{
5        char title[50];
6        int page;
7    } book;
8
9    int main(){
10       book books[3];
11
12       strcpy(books[0].title, "김변수의 파이썬");
13       strcpy(books[1].title, "김변수의 C언어");
14       strcpy(books[2].title, "김변수의 자바");
15       books[0].page = 270;
16       books[1].page = 350;
17       books[2].page = 320;
18
19       for(int i = 0; i < 3; i++){
20           printf("책 제목: %s, 책 페이지 수: %d\n", books[i].title, books[i].page);
21       }
22
23       return 0;
24   }
```

실행 결과   ☒

책 제목: _____, 책 페이지 수: ____
책 제목: _____, 책 페이지 수: ____
책 제목: _____, 책 페이지 수: ____

정답 김변수의 파이썬, 270, 김변수의 C언어, 350, 김변수의 자바, 320

멤버로 문자열 title과 정수형 변수 page가 존재하는 book이라는 구조체를 정의했습니다. 이후 books라는 이름의 book 구조체 배열을 선언하고 각 구조체 배열의 요소에 값을 넣어 주었습니다. 구조체 배열의 0번째 요소부터 차례 대로 출력하기 때문에 정답은 김변수의 파이썬, 270, 김변수의 C언어, 350, 김변수의 자바, 320입니다.

Q2 다음 코드의 실행 결과를 보고 빈칸에 알맞은 코드를 적어 보세요.

코드

```
1   #include <stdio.h>
2
3   typedef struct{
4       int korean;
5       int math;
6       int english;
7   } score;
8
9   int main(){
10      score class7[5];
11      int sum = 0;
12
13      for(int i = 0; i < 5; i++){
14          printf("%d번째 학생의 점수를 입력하세요: ", i + 1);
15          scanf("%d", _____);
16          sum = sum + _____;
17      }
18      printf("7반의 수학 점수 평균은 %d점입니다.", sum + 5);
19
20      return 0;
21  }
```

실행 결과	X
1번째 학생의 점수를 입력하세요: 90	
2번째 학생의 점수를 입력하세요: 75	
3번째 학생의 점수를 입력하세요: 80	
4번째 학생의 점수를 입력하세요: 85	
5번째 학생의 점수를 입력하세요: 85	
7반의 수학 점수 평균은 83점입니다.	

정답 &class7[i].math, class7[i].math

국어, 수학, 영어 점수를 저장할 수 있는 score 구조체를 정의했습니다. 7반의 점수를 저장할 score 구조체 배열 class7을 선언하고, 반복문 안에서 class7[i].math를 이용하여 수학 점수를 입력합니다. 이후, 정수형 변수 sum에 수학 점수를 총 5번 더합니다. 이후, sum 변수를 5로 나누어 평균 점수를 출력합니다.

10-3
공용체

메모리 공간을 효율적으로 활용하기 위해서 공용체를 사용할 수 있습니다. 공용체는 구조체처럼 여러 변수들을 한 번에 묶어서 관리할 수 있다는 점에서 유사하지만 변수들끼리 저장 공간을 공유한다는 특징이 있습니다. 따라서 하나의 값을 변경하면 묶여 있는 다른 변수들도 영향을 받습니다.

공용체는 구조체와 자료형의 이름만 다를 뿐 매우 유사한 문법을 가지고 있습니다. 구조체의 자료형 이름인 struct 대신 공용체를 사용하기 위한 자료형 이름 union을 작성하고 중괄호 안에 관리하고 싶은 변수를 정의하면 됩니다.

```
구문 설명                          [X]
typedef union{
    자료형 변수 이름;
    ...
} 공용체 이름;
```

```
예시                               [X]
typedef union{
    char name[20];
    int age;
} Student;
```

공용체가 구조체와 다른 점은 변수들끼리 메모리 공간을 공유하고 있다는 것입니다. 변수가 늘어나더라도 메모리를 공유하기 때문에 저장 공간을 각각 가지고 있지 않아도 되고, 그만큼 메모리를 절약할 수 있습니다. 공용체가 메모리를 할당할 때에는 멤버 변수들의 크기 중에서 가장 큰 크기만큼의 메모리를 할당하여 해당 메모리 내에 모든 자료형을 저장합니다. [그림 10-3-1]을 보겠습니다.

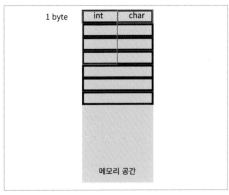

〈그림 10-3-1〉

[그림 10-3-1]과 같이 공용체는 가장 큰 멤버 변수의 자료형 크기만큼만 할당한 후, 해당 메모리 공간 안에서 모든 멤버 변수를 사용합니다. 이번엔 예제 코드를 보며 사용하는 방법을 익혀 보겠습니다.

코드 10-3-1 공용체를 활용해 학생 정보를 저장하는 예제 코드

```
1   #include <stdio.h>
2   #include <string.h>
3
4   typedef union{
5       char name[50];
6       int age;
7       int grade;
8   } Student;
9
10  int main(){
11      Student student1;
12
13      strcpy(student1.name, "Student1");
14      student1.age = 19;
15
16      printf("%s\n", student1.name);
17      printf("%d\n", student1.age);
18      printf("%d\n", student1.grade);
19
20      return 0;
21  }
```

실행 결과 ☒

```
19
19
```

❷ 13번 줄: student1의 name에 "Student1"을 할당하여 student1의 저장 공간에 "Student1"이 저장됩니다.

❷ 14번 줄: studnet1의 age 값을 19로 할당하여 student1의 저장 공간에 19가 저장됩니다.

❷ 16번 줄: student1의 name의 저장 공간에 age에 의해 아스키 코드 19가 존재하기 때문에 아스키 코드 19는 출력 시 공백이 나타납니다.

❷ 17번 줄: student1의 age의 저장 공간의 값인 19를 출력합니다.

❷ 18번 줄: student1의 grade의 저장 공간에 age에 의해 19가 존재하기에 19를 출력합니다.

잠깐 하나의 값이 변경될 때 공용체에 저장된 모든 변수들이 영향을 받고 있는데 이러면 안 되는 거 아닌가요?

여러분들이 생각하듯이 학생의 정보를 저장할 때 name, age, grade는 서로 영향을 받으면 안 되기 때문에 이럴 때는 공용체를 사용하면 안 되는 게 맞습니다. 앞서 언급했듯이 공용체는 메모리 공간을 효율적으로 사용할 수 있다는 장점이 존재하지만 각 변수끼리의 값이 영향을 받기 때문에 주의해서 사용해야 합니다.

이번에는 공용체를 사용하는 것이 적절한 코드를 통해 언제 공용체를 사용해야 하는지 살펴보겠습니다.

코드 10-3-2 공용체를 사용하는 적절한 경우

```c
1   #include <stdio.h>
2
3   typedef union{
4       int int_num;
5       float float_num;
6   } DataUnion;
7
8   int main(){
9       DataUnion data;
10
11      data.int_num = 42;
12      printf("int_num의 값 : %d\n", data.int_num);
13
14      data.float_num = 3.14;
15      printf("float_num의 값 : %f\n", data.float_num);
16
17      return 0;
18  }
```

실행 결과	X
float_num의 값: 3.140000	

▶ 3~6번 줄: DataUnion이라는 이름의 union type에 정수 자료형 int_num과 실수 자료형 float_num을 선언합니다.

▶ 11번 줄: data의 int_num 변숫값에 42를 할당합니다.

▶ 12번 줄: data의 int_num 값인 42를 출력합니다.

▶ 14번 줄: data의 float_num에 3.14를 할당합니다.

▶ 15번 줄: data의 float_num 값인 3.14를 출력합니다.

공용체는 자료형이 정해져 있지 않은 하나의 변수를 다룰 때 적합합니다. 변수 하나에 대해 여러 자료형을 담고 있는 union type을 생성하고 union type 변수를 사용하면 되기 때문입니다.

예를 들어, 하나의 변수에 대해 실수형과 정수형 두 개를 사용하며 때에 따라 사용하고 싶을 때 int와 float, 총 2개를 할당해 놓고 사용한다면 둘 중 하나의 변수는 메모리 공간만 차지하고 있을 것입니다. 이러한 경우, [코드 10-3-2]처럼 메모리 공간을 1개로 사용하면 메모리 공간을 효율적으로 사용할 수 있습니다.

Q1 빈칸에 알맞은 코드와 실행 결과를 작성하세요.

코드

```c
1   #include <stdio.h>
2   #include <string.h>
3
4   typedef union{
5       char name[50];
6       int age;
7       int grade;
8   } Student;
9
10  int main(){
11      Student student1;
12
13      strcpy(student1.name, "Student1");
14      student1.age = 19;
15      student1.grade =     (1)    ;
16
17      printf("%s\n", student1.name);
18      printf("%d\n", student1.age);
19      printf("%d\n", student1.grade);
20
21      return 0;
22  }
```

실행 결과   ☒

      (2)
3

정답 (1) 3 (2) 3

공용체는 메모리 공간을 공유해서 사용하기 때문에 공용체 변수의 속성 중 가장 마지막으로 변경된 값에 의해 모든
속성의 값도 변경됩니다. student1.grade의 값이 가장 마지막으로 변화되었기에 해당 값으로 student1의 name, age,
grade 모두 저장 공간에 3을 가지고 있습니다. 따라서 실행 결과에 의해 (1)의 값은
3입니다. 또한 메모리 공유로 인해 student1.age도 역시 결과가 3이기에 (2)의 값도
3입니다. 이때 student.name도 정수 3이 대응되고 이는 문자로 공백을 출력합니다.

10-4
열거체

공용체가 메모리 효율을 위해 사용된다면 열거체는 코드를 의미 있게 작성하여 코드가 쉽게 읽히는 성질인 가독성을 높이는 데 사용됩니다.

상수에서 이름을 설정할 때 가독성을 위해 설정했던 것을 기억하고 있나요? 변화하지 않고 고정된 값을 담기 위한 저장 공간을 상수라고 한다고 했고, 이때 상수들의 집합을 열거체라고 합니다.

enum type은 위와 같이 정의할 수 있습니다. 열거체가 가질 수 있는 상수들을 중괄호 사이에 정의하여 사용합니다. enum type을 생성했다면 정의한 자료형을 사용하여 '열거체 이름 변수 이름 = 값'과 같은 형태로 변수를 생성하고 값을 저장할 수 있습니다.

```c
#include <stdio.h>

typedef enum{
    SPRING,
    SUMMER,
    AUTUMN,
    WINTER
} Season;

int main(){
    Season currentSeason = SUMMER;

    switch(currentSeason){
        case SPRING:
            printf("Spring");
            break;
        case SUMMER:
            printf("Summer");
            break;
        case AUTUMN:
            printf("Autumn");
            break;
        case WINTER:
            printf("Winter");
            break;
        default:
            printf("정의되지 않은 계절을 잘못 입력하셨습니다.");
            break;
    }

    return 0;
}
```

실행 결과	X
Summer	

❯ 3~8번 줄: 각 계절에 맞는 상수를 열거형 멤버로 선언하여 한번에 관리합니다.

❯ 11번 줄: Season enum 타입의 변수 currentSeason을 정의하고 그 값으로 SUMMER를 할당합니다.

❯ 13~29번 줄: switch case문을 사용해서 currentSeason의 값이 어떤 상수에 해당하는지 골라내고 해당하는 계절을 출력합니다.

    enum 타입은 상수를 정의할 때 그 값으로 정수를 할당할 수 있습니다. 직접 상수의 이름을 사용할 수도 있지만, 정수를 할당한 경우 숫자로도 열거체 사용이 가능합니다.

[코드 10-4-1]의 코드를 활용하여 위의 예시와 같이 season enum에 정수를 할당하는 코드를 추가해 보겠습니다.

코드 10-4-2　열거체의 상숫값에 정수를 대응해서 사용하는 예제 코드

```
1    #include <stdio.h>
12
3    typedef enum{
4        SPRING = 10,
5        SUMMER = 20,
6        AUTUMN = 30,
7        WINTER = 40
8    } Season;
9
10   void printCurrentSeason(Season currentSeason){
11       switch(currentSeason){
12           case SPRING:
13               printf("Spring\n");
14               break;
15           case SUMMER:
16               printf("Summer\n");
17               break;
18           case AUTUMN:
19               printf("Autumn\n");
20               break;
21           case WINTER:
22               printf("Winter\n");
23               break;
24           default:
25               printf("정의되지 않은 계절을 잘못 입력하셨습니다.\n");
26               break;
27       }
28   }
29
30   int main(){
31       Season currentSeason;
32       currentSeason = WINTER;
33       printCurrentSeason(currentSeason);
```

```
34
35        currentSeason = SPRING;
36        printCurrentSeason(currentSeason);
37
38        return 0;
39    }
```

```
Winter
```

❷ 3~8번 줄: 각각의 상수에 대해서 정수를 대응시킵니다.

❷ 10~28번 줄: switch case문으로 enum type의 변수에 저장된 값에 맞는 계절을 출력하는 함수를 정의합니다.

❷ 31번 줄: Season enum 타입의 변수 currentSeason을 정의합니다.

❷ 32번 줄: currentSeason의 변수에 40을 할당하고 이는 WINTER와 대응합니다.

❷ 35번 줄: currentSeason의 변수에 10을 할당하고 이는 SPRING과 대응합니다.

WINTER는 40이라는 정수와 서로 대응되며 SPRING은 10과 대응됩니다. enum Season 타입의 변수를 생성하고 그 값을 읽어 사용할 수 있습니다. enum type은 자동으로 상수와 정수가 매핑되기 때문에 어떠한 정수도 할당하지 않는다면 구성하는 상수는 차례대로 0부터 1씩 증가한 값을 가집니다.

코드 10-4-3 정수를 할당하지 않아도 기본으로 정수가 할당됨을 보여 주는 코드

```
1     #include <stdio.h>
2
3     typedef enum{
4         SUNDAY,
5         MONDAY,
6         TUESDAY,
7         WEDNESDAY,
8         THURSDAY,
9         FRIDAY,
10        SATURDAY
11    } Day;
12
13    void printToday(Day yesterday){
14        switch(yesterday) {
15            case SUNDAY:
16                printf("MONDAY\n");
17                break;
18            case MONDAY:
19                printf("TUESDAY\n");
20                break;
21            case TUESDAY:
```

```
22              printf("WEDNESDAY\n");
23                  break;
24          case WEDNESDAY:
25              printf("THURSDAY\n");
26                  break;
27          case THURSDAY:
28              printf("FRIDAY\n");
29                  break;
30          case FRIDAY:
31              printf("SATURDAY\n");
32                  break;
33          case SATURDAY:
34              printf("SUNDAY\n");
35                  break;
36          default:
37              printf("정의되지 않은 요일을 잘못 입력하셨습니다.\n");
38                  break;
39      }
40  }
41
42  int main(){
43      Day yesterday = 3;
44      printf("오늘의 요일은?\n");
45      printToday(yesterday);
46
47      return 0;
48  }
```

실행 결과	X
오늘의 요일은? THURSDAY	

❍ 3~11번 줄: 요일을 나타낼 상수를 Day 이름을 가지는 enum type으로 정의합니다.

❍ 13~40번 줄: 어제의 요일을 기준으로 오늘의 요일을 출력하는 기능을 가지는 함수를 정의합니다.

❍ 45번 줄: 어제의 요일을 저장할 enum Day 타입을 가지는 변수 yesterday에 3을 저장하기에 네 번째에 위치한 WEDNESDAY 상숫값이 할당됩니다.

    enum type은 나열한 상수 집합이 각각 0부터 시작하여 1씩 더해진 값의 정수에 대응되기 때문에 [코드 10-4-3]에서의 main 함수의 변수 yesterday는 Day의 네 번째 위치한 WEDNESDAY로 매칭됩니다. 따라서 switch case 구문에서 yesterday가 WEDNESDAY인 코드를 실행합니다.

Q1 다음 보기 중 빈칸에 들어갈 코드로 알맞은 것을 고르세요.

코 드

```
1   #include <stdio.h>
2
3   typedef enum{
4       RED,
5       GREEN,
6       BLUE
7   } Color;
8
9   int main(){
10      _____;
11
12      if(myColor == RED){
13          printf("빨간색입니다.\n");
14      else if(myColor == GREEN){
15          printf("초록색입니다.\n");
16      else if(myColor == BLUE){
17          printf("파란색입니다.\n");
18      else{
19          printf("알 수 없는 색입니다.\n");
20      }
21
22      return 0;
23  }
```

실행 결과	X
초록색입니다.	

① Color myColor = GREEN

② myColor color = GREEN

③ myColor color = RED

④ enum Color myColor = BLUE

⑤ enum Color myColor = Green

정답 ①번

3~7번 줄: typedef enum문을 사용하여 Color라는 enum type을 정의해 둡니다.

Color 변수 이름 = 값으로 열거형 값을 정의하여 사용할 수 있는데 실행 결과 "초록색입니다."가 출력되려면 값이 GREEN이어야 합니다. 따라서 빈칸은 Color myColor = GREEN으로, ①번이 정답입니다.

10-5
더 알아보기 구조체 포인터

〈Chapter 9. 포인터〉에서 우리는 포인터란 메모리 공간의 주솟값을 저장하고 참조하는 데 사용하는 변수라고 배웠습니다. 주솟값을 사용하면 변수에 저장된 값을 불러올 수 있고 다른 변수를 연결할 때 사용할 수 있습니다. 구조체도 마찬가지로 포인터를 사용해 구조체의 각 변수의 값에 접근할 수 있습니다.

코드 10-5-1 포인터를 사용해 구조체 변수의 값을 가져오는 코드

```
1   #include <stdio.h>
2
3   typedef struct{
4       char name[50];
5       int age;
6       float height;
7   } Person;
8
9   int main(){
10      Person person1;
11
12      struct Person* ptrPerson;
13      ptrPerson = &person1;
14
15      printf("%p",ptrPerson);
16
17      return 0;
18  }
```

실행 결과   ☒

```
0x16f09728c
```

❯ 12번 줄: 구조체 Person에 *를 붙여 구조체 포인터 변수인 ptrPerson을 생성합니다.
❯ 13번 줄: ptrPerson에 person1의 주소를 할당하여 Person 구조체 포인터 ptrPerson이 person1을 참소합니다.
❯ 15번 줄: ptrPerson이 저장된 메모리 공간의 주소를 출력합니다.

구조체 포인터 변수가 참조할 구조체 변수를 할당했다면 '구조체 포인터 변수 → 참조하는 구조체의 변수명' 방식을 활용해 그 값을 읽어 올 수 있습니다.

코드 10-5-2 구조체 포인터로 구조체 멤버 변수의 값을 가져오는 코드

```c
1   #include <stdio.h>
2   #include <string.h>
3
4   typedef struct{
5       char name[50];
6       int age;
7       float height;
8   } Person;
9
10  int main(){
11      Person person1;
12
13      strcpy(person1.name, "Kimbyeonsu");
14      person1.age = 19;
15      person1.height = 135.5;
16
17      struct Person* ptrPerson;
18      ptrPerson = &person1;
19
20      printf("Name: %s\n", ptrPerson->name);
21      printf("Age: %d\n", ptrPerson->age);
22      printf("Height: %.2f\n", ptrPerson->height);
23
24      return 0;
25  }
```

실행 결과 ☒

```
Name: Kimbyeonsu
Age: 19
Height: 135.50
```

❷ 13번 줄: Person 구조체 변수인 person1의 이름에 "Kimbyeonsu"를 할당합니다.
❷ 14번 줄: 구조체 변수 person1의 age에 19를 할당합니다.
❷ 15번 줄: 구조체 변수 person1의 height에 135.5를 할당합니다.
❷ 20번 줄: 구조체 포인터 변수를 활용해 참조하고 있는 구조체인 person1의 값 중 name을 불러와서 출력합니다.
❷ 21번 줄: 구조체 포인터 변수를 활용해 참조하고 있는 구조체인 person1의 값 중 age를 불러와서 출력합니다.
❷ 22번 줄: 구조체 포인터 변수를 활용해 참조하고 있는 구조체인 person1의 값 중 height을 불러와서 출력합니다.

Q1 다음 코드의 실행 결과를 적어 보세요.

코드

```
1   #include <stdio.h>
2   #include <string.h>
3
4   typedef struct{
5       char name[50];
6       double salary;
7   } Employee;
8
9   int main(){
10      Employee employee;
11
12      strcpy(employee.name, "Kimbyeonsu");
13      employee.salary = 50000.0;
14
15      Employee *ptrEmployee;
16      ptrEmployee = &employee;
17
18      printf("Name: %s, ", ptrEmployee->name);
19      printf("Salary: %.1f\n", ptrEmployee->salary);
20
21      return 0;
22  }
```

정답 Name: Kimbyeonsu, Salary: 50000.0

구조체 포인터 변수인 ptrEmployee를 사용하여 각 멤버 변수의 값을 가져오기 위해서는 → 화살표를 사용하면 됩니다.

CHAPTER **10** 마무리

핵심 정리

- 구조체는 여러 자료형을 가진 변수들을 묶어서 하나의 자료형으로 사용하기 위해 사용합니다.
- 구조체를 사용하면 각 멤버가 누구의 속성인지 직관적으로 알 수 있습니다.
- 구조체 변수는 선언과 동시에 초기화하거나, 멤버 변수에 직접 접근하여 값을 할당할 수 있습니다.
- 구조체 배열을 사용하면 구조체 변수를 여러 개 선언하지 않고도 편리하게 사용할 수 있습니다.
- 구조체를 사용하면 코드의 가독성과 편의성을 높일 수 있습니다.
- 공용체를 사용하면 저장 공간을 공유해서 사용하기에 메모리 공간을 효율적으로 사용할 수 있습니다.
- 공용체에 정의된 변수가 여러 개일 때 하나의 변숫값을 변경하면 다른 변수도 영향을 받을 수 있습니다.
- 열거체는 정수에 대응하는 상수 여러 개를 모아 놓은 집합으로 코드의 가독성을 높이는 데 도움을 줍니다.
- 열거형에 정의된 여러 상수에 정수를 정의해 주지 않을 경우, 정숫값이 0부터 차례대로 상수에 할당됩니다.
- 구조체 포인터를 사용하면 구조체 변수의 주솟값을 구조체 포인터에 저장하고 참조함으로써 변숫값을 읽을 수 있습니다.

개념 다지기

10-1. 다음 설명 중 틀린 것을 고르세요.

① 열거형은 enum을 사용하여 상수 집합을 정의합니다.
② 공용체는 union을 사용하여 변수 집합을 정의합니다.
③ 구조체는 struct를 사용하여 정의하고 변수끼리 같은 메모리 공간을 공유하도록 합니다.
④ 구조체 포인터를 사용하고 구조체 변수의 주솟값을 할당하여 구조체 변수를 포인터를 사용해 참조할 수 있습니다.
⑤ 구조체는 정수형, 실수형, 문자열 등 다양한 변수 자료형을 가질 수 있습니다.

10-2. 다음 실행 결과를 보고 빈칸에 알맞은 코드를 작성하세요.

코드

```
1    #include <stdio.h>
2
3    typedef struct{
4        char name[10];
5        int score;
6    } student;
7
8    int main(){
9        __(1)__  students[3];
10
11       for(int i = 0; i < 3; i++){
12           printf("이름을 입력하세요: ");
13           scanf("%s", __(2)__ );
14           printf("성적을 입력하세요: ");
15           scanf("%d", & __(3)__ );
16       }
17
18       for(int i = 0; i < 3; i++){
19           printf("%d 번째 학생 이름: %s, 성적: %d\n", i+1, __(2)__ , __(3)__ );
20       }
21
22       return 0;
23   }
```

실행 결과   ☒

이름을 입력하세요: 김변수
성적을 입력하세요: 90
이름을 입력하세요: 이매개
성적을 입력하세요: 80
이름을 입력하세요: 박함수
성적을 입력하세요: 70

1 번째 학생 이름: 김변수, 성적: 90
2 번째 학생 이름: 이매개, 성적: 80
3 번째 학생 이름: 박함수, 성적: 70

10-3. 다음 코드의 실행 결과를 적어 보세요.

코드

```
1   #include <stdio.h>
2
3   typedef union{
4       int integer;
5       float floatingPoint;
6   } DataUnion;
7
8   int main(){
9       DataUnion dataUnion;
10
11      dataUnion.integer = 42;
12      printf("Integer: %d\n", dataUnion.integer);
13
14      dataUnion.floatingPoint = 3.14;
15      printf("Float: %.2f\n", dataUnion.floatingPoint);
16
17      return 0;
18  }
```

실행 결과   ☒

```
Integer: ____
Float: ____
```

10-4. 다음 보기 중 빈칸에 들어갈 코드로 알맞은 것을 고르세요.

코드

```
1    #include <stdio.h>
2
3    typedef enum{
4        MALE,
5        FEMALE
6    } Gender;
7
8    int main(){
9        Gender personGender = FEMALE;
10
11       switch(person Gender){
12           case   (1)   :
13               printf("MALE\n");
14               break;
15           case   (2)   :
16               printf("FEMALE\n");
17               break;
18           default:
19               printf("정의되지 않은 성별을 잘못 입력하셨습니다.\n");
20               break;
21       }
22
23       return 0;
24   }
```

실행 결과	X

FEMALE

① (1) FEMALE, (2) 2   ② (1) MALE, (2) 2   ③ (1) 1, (2) 1

④ (1) 1, (2) MALE   ⑤ (1) 0, (2) FEMALE

변수의 추천 과제   개념을 복습하며 포트폴리오를 만들고 싶다면, 변수의 추천 과제를 해결해 보세요!

난이도	과제	페이지
★★	[Part 2] 2-8. 학생 관리 시스템	427
★★★	[Part 2] 3-6. 영수증 확인하기	462

챗GPT와 함께하는 코딩 학습

이번 챕터에서는 구조체, 공용체, 열거체와 같이 특별한 자료형을 선언하고 사용하는 방법에 대해 배웠습니다. 그리고 지금까지 모든 챕터의 말미에서 생성형 AI를 이용해 보며 다양한 코딩 학습 방법을 익혔습니다.

 책 완독 기념 증명서 출력 프로그램 작성하기

책을 끝까지 모두 공부한 기념으로 여러분의 이름과 나이, 완료한 날짜를 입력하여 완독 기념 증명서를 출력해 주는 프로그램을 요청해 보겠습니다.

 이름과 나이, 간단한 날짜를 입력받아 구조체로 구성하고 "김변수와 시작하는 코딩생활 with C언어 책을 완독하여 C언어 기초 과정 수료를 완료하였습니다."라는 글자와 함께 증명서 형태의 텍스트를 출력하는 프로그램을 작성해 줘.

 아래는 이름, 나이, 그리고 날짜를 입력받아 증명서 형태의 텍스트를 출력하는 C언어 프로그램 예제입니다.

코드 | **챗GPT가 작성해 준 증명서 발급 프로그램 코드**

```
1  #include <stdio.h>
2
3  // 구조체 정의
4  struct Certificate {
5      char name[50];
6      int age;
7      char date[20];
8  };
9
10 int main(){
11     // 구조체 변수 선언
12     struct Certificate certificate;
13
14     // 사용자로부터 정보 입력받기
15     printf("이름을 입력하세요: ");
16     scanf("%s", certificate.name);
17
18     printf("나이를 입력하세요: ");
```

```
19          scanf("%d", &certificate.age);
20
21          printf("날짜를 입력하세요(예: 2024-01-01): ");
22          scanf("%s", certificate.date);
23
24          // 증명서 형태의 텍스트 출력
25          printf("\n----------------------------------------\n");
26          printf(" 증명서\n");
27          printf("----------------------------------------\n");
28          printf(" 김변수와 시작하는 코딩생활 with C언어\n");
29          printf(" 책을 완독하여 C언어 기초 과정 수료를 완료하였습니다.\n");
30          printf("\n");
31          printf(" 일자: %s\n", certificate.date);
32          printf(" 이름: %s\n", certificate.name);
33          printf(" 나이: %d세\n", certificate.age);
34          printf("----------------------------------------\n");
35
36          return 0;
37  }
```

실행 결과 ☒

```
이름을 입력하세요: 아코
나이를 입력하세요: 20
날짜를 입력하세요(예: 2024-01-01): 2024-01-01
----------------------------------------
                 증명서
----------------------------------------
 김변수와 시작하는 코딩생활 with C언어
 책을 완독하여 C언어 기초 과정 수료를 완료하였습니다.
 일자: 2024-01-01
 이름: 아코
 나이: 20세
----------------------------------------
```

이 코드에서 struct Certificate는 이름, 나이, 날짜 정보를 담는 구조체입니다. 사용자로부터 입력받은 정보를 구조체 변수에 저장하고, 이를 이용하여 증명서 형태의 텍스트를 출력합니다. 구조체를 사용함으로써 관련된 정보를 하나의 단위로 묶을 수 있습니다.

지금까지 성실하게 학습에 임해 준 독자분들에게 감사를 표합니다. 증명서와 함께 여러분의 코딩 생활에 즐거움이 있기를 기원하겠습니다. 고생하셨습니다.

MEMO

PART

2

김변수와 시작하는 코딩생활 with C언어

변수와 함께 만드는
나의 첫 포트폴리오

프로그래밍 공부를 똑똑하게 하는 법! 바로 포트폴리오를 만드는 것입니다. 배운 내용을 여러분만의 글로 정리하면 나중에 좋은 자료로 활용할 수 있어요. PART 1 에서 개념을 배웠으니 이제 C언어 코딩 실력을 높이며 나만의 포트폴리오를 만들어 볼 시간입니다. 어디서부터 어떻게 포트폴리오를 만들어야 할지 모르는 여러분을 위해 PART 2에서는 과제와 함께 간단한 가이드를 준비했습니다.

변수. 그리고 아코와 함께 여러분의 첫 코딩 포트폴리오를 만들어 보세요!

반가워요

김변수와 시작하는 코딩생활 with C언어

CHAPTER  난이도 하(★) 프로젝트

"개념을 이해했다면 충분히 풀 수 있어!"

1-1
플래너 만들기

'오늘의 할 일'을 세 가지 이상을 출력하는 프로그램을 만들어 보세요. 줄 바꿈을 이용하여 한 줄에 하나씩 할 일을 출력해야 합니다.

◆ **출력 예시**

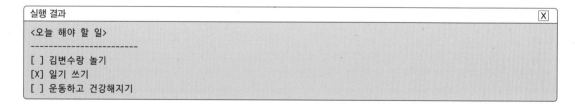

```
실행 결과                                                          X

<오늘 해야 할 일>
-----------------------
[ ] 김변수랑 놀기
[X] 일기 쓰기
[ ] 운동하고 건강해지기
```

 무엇을 해야 할지 잘 모르겠어요!

◆ **변수의 힌트**

표준 출력 함수를 이용하여 터미널에 결과를 출력할 수 있어요! 줄 바꿈이라는 특정한 기능을 수행하기 위해서 어떤 값을 넣어 주면 되는지 확인해 보세요.

복습이 필요하다면?

▶ [Part 1] Chapter 3. 표준 입출력

1

코드

```
1    #include <stdio.h>
2
3    int main(){
4        printf("<오늘 해야 할 일>\n");
5        printf("-----------------------\n");
6        printf("[ ] 김변수랑 놀기\n");
7        printf("[X] 일기 쓰기\n");
8        printf("[ ] 운동하고 건강해지기\n");
9
10       return 0;
11   }
```

실행 결과   X

```
<오늘 해야 할 일>
-----------------------
[ ] 김변수랑 놀기
[X] 일기 쓰기
[ ] 운동하고 건강해지기
```

 변수의 코멘트

◉ 헤더파일 추가와 출력 제어문자를 잘 사용했어요. 원하는 출력 결과를 깔끔하게 출력했군요.

2

코드

```
1    #include <stdio.h>
2
3    int main(){
4        printf("<오늘 해야 할 일>");
5        printf("-----------------------");
6        printf("[ ] 김변수랑 놀기");
7        printf("[X] 일기 쓰기");
8        printf("[ ] 운동하고 건강해지기");
9
10       return 0;
11   }
```

실행 결과 | X

```
<오늘 해야 할 일>----------------------[  ] 김변수랑 놀기[  ] 일기 쓰기[  ] 운동하고 건강해지기
```

변수의 코멘트

● C언어에서 출력 제어문자 없이는 줄 바꿈이 이뤄지지 않아요. 출력 제어문자를 활용해 보세요.

3

코드

```
1  #int main(){
2      printf("<오늘 해야 할 일>");
3      printf("----------------------");
4      printf("[ ] 김변수랑 놀기");
5      printf("[X] 일기 쓰기");
6      printf("[ ] 운동하고 건강해지기");
7
8      return 0;
9  }
```

실행 결과 | X

```
test.c:2:5: error: implicitly declaring library function 'printf' with type 'int (const char *, ...)' [-Werror,-
Wimplicit-function-declaration]
    printf("<오늘 해야 할 일>");
    ^
test.c:2:5: note: include the header <stdio.h> or explicitly provide a declaration for 'printf'
1 error generated.
```

변수의 코멘트

● 표준 입출력 함수를 사용하기 위해서는 표준 입출력 헤더파일 〈stdio.h〉를 추가해 줘야 해요!

4

```c
#include <stdio.h>

int main(){
    // 해야 할 일 목록
    char *todo_list[] = {
        "[ ] 김변수랑 놀기",
        "[X] 일기 쓰기",
        "[ ] 운동하고 건강해지기",
    };

    // 출력
    printf("<오늘 해야 할 일>\n");
    printf("----------------------\n");
    for(int i = 0; i < 3; i++){
        printf("%s\n", todo_list[i]);
    }

    return 0;
}
```

실행 결과   X

```
<오늘 해야 할 일>
----------------------
[ ] 김변수랑 놀기
[X] 일기 쓰기
[ ] 운동하고 건강해지기
```

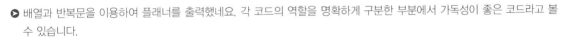

변수의 코멘트

❯ 배열과 반복문을 이용하여 플래너를 출력했네요. 각 코드의 역할을 명확하게 구분한 부분에서 가독성이 좋은 코드라고 볼 수 있습니다.

1-2
자료형 마스터!

　1234567891011을 정수형 변수에 저장하고 1.234567을 실수형 변수에 저장하여 두 변수의 값을 줄 단위로 구분하여 출력해 보세요.

◆ 출력 예시

실행 결과	X
1234567891011	
1.234567	

 정수의 크기가 너무 큰 것 같아요!

◆ 변수의 힌트

자료형마다 값을 표현할 수 있는 크기가 정해져 있어요! 정수 자료형 중에서 큰 값을 담기 위해서 사용하는 자료형을 사용하면 금방 풀 수 있어요.

복습이 필요하다면?

▶ [Part 1] 〈Chapter 2. 변수와 자료형〉

1

코드

```
1   #include <stdio.h>
2
3   int main(){
4       long long num = 1234567891011;
5       double num2 = 1.234567;
6
7       printf("%lld\n", num);
8       printf("%lf\n", num2);
9
10      return 0;
11  }
```

실행 결과   ☒

```
1234567891011
1.234567
```

변수의 코멘트

❯ int 자료형의 변수에 담기에는 숫자가 너무 큽니다. long long 자료형을 원하는 대로 잘 출력했어요. 하지만 1.234567은 double이 아니라 float 자료형으로도 충분히 표현 가능합니다.

2 ★추천★

코드

```
1   #include <stdio.h>
2
3   int main(){
4       long long num = 1234567891011;
5       float num2 = 1.234567;
6
7       printf("%lld\n", num);
8       printf("%f\n", num2);
9
10      return 0;
11  }
```

```
1234567891011
1.234567
```

변수의 코멘트

◐ double은 8바이트의 크기를 가지고 있고, float는 4바이트의 크기를 가지고 있습니다. float로도 충분히 표현 가능하므로, 이전 코드에 비해 메모리 공간을 절약할 수 있습니다.

3

AI의 추천 코드

```
1   #include <stdio.h>
2
3   int main(){
4       long long number = 1234567891011; // 정수형 변수에 숫자 저장
6        float number2 = 1.234567f; // 실수형 변수에 숫자 저장
7
8       // 정수와 실수를 줄 단위로 출력
9       printf("%lld\n", number);
10      printf("%f\n", number2);
11
12      return 0;
13  }
```

```
1234567891011
안녕하세요.
```

변수의 코멘트

◐ 변수의 포트폴리오와 유사한 코드를 작성해 주었습니다. 이 코드에서 number2에 넣는 수 맨 뒤에 f를 붙인 것은 이 실수가 float라는 것을 명시적으로 보여 주는 것입니다. 물론 쓰지 않더라도 문제가 되지는 않습니다.

1-3
시험 점수의 평균 구하기

A는 국어, 영어, 수학, 과학 시험을 봤을 때, 점수의 평균을 구하고 싶습니다. 각 점수를 공백 단위로 입력받고 점수들 사이의 평균을 소수점 한 자릿수까지 반올림하여 나타내세요.

◆ **입출력 예시**

```
실행 결과 1                                                                    X
점수를 입력하세요: 90 85 90.5 88
88.4
```

```
실행 결과 2                                                                    X
점수를 입력하세요: 79 88.5 100 82.5
평균 점수: 87.5
```

① 평균은 어떻게 구할 수 있나요?
② 반올림하는 방법을 모르겠어요!

◆ **변수의 힌트**

네 과목의 평균 점수를 구하기 위해서는 점수를 모두 더한 합에서 나를 나누면 됩니다. 이때 소수점 한 자릿수까지 반올림하려면 형식 지정자 앞에 '.1'을 붙이면 됩니다. "%.1f"와 같은 형식으로 사용하면 됩니다.

복습이 필요하다면?

▶ [Part 1] Chapter 4. 연산자
▶ [Part 1] Chapter 7. 반복문

1

코드

```
1    #include <stdio.h>
2
3    int main(){
4        double sum = 0.0;
5        double score[4];
6
7        printf("점수를 입력하세요: ");
8        for(int i = 0; i < 4; i++){
9            scanf("%lf", &score[i]);
10       }
11       for(int i = 0; i < 4; i++){
12           sum += score[i];
13       }
14       printf("평균 점수: %.1lf\n", sum / 4);
15
16       return 0;
17   }
```

실행 결과 1   ⊠

점수를 입력하세요: 90 85 90.5 88
평균 점수: 88.4

실행 결과 2   ⊠

점수를 입력하세요: 79 88.5 100 82.5
평균 점수: 87.5

변수의 코멘트

❯ 실수 범위까지 점수를 구하기 위해 double을 적절히 사용했어요! 이때 score 배열에 입력한 값을 담아 두고 반복문을 한 번 더 사용해 값을 읽어 와서 총합을 구했어요.

```
1    #include <stdio.h>
2
3    int main(){
4        double sum = 0.0;
5        double score;
6
7        printf("점수를 입력하세요:");
8
9        for(int i = 0; i < 4; i++){
10           scanf("%lf", &score);
11           sum += score;
12       }
13
14       printf("\n평균 점수: %.1lf\n", sum / 4);
15
16       return 0;
17   }
```

실행 결과 1 ☒

점수를 입력하세요: 90 85 90.5 88
평균 점수: 88.4

실행 결과 2 ☒

점수를 입력하세요: 79 88.5 100 82.5
평균 점수: 87.5

변수의 코멘트

❯ 배열에 점수를 입력받지 않고 입력받은 점수를 저장할 score 변수 하나만 사용했습니다. score의 값이 변해도 반복문을 한 번 사용하여 입력받고 바로 sum에 더해 주기 때문에 가능해요.

3

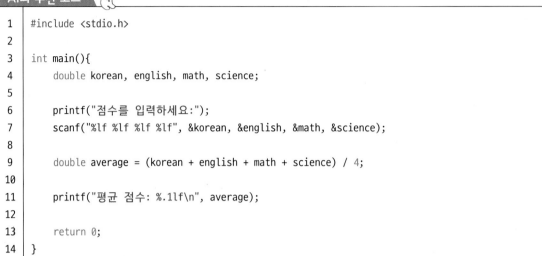

```c
1  #include <stdio.h>
2
3  int main(){
4      double korean, english, math, science;
5
6      printf("점수를 입력하세요:");
7      scanf("%lf %lf %lf %lf", &korean, &english, &math, &science);
8
9      double average = (korean + english + math + science) / 4;
10
11     printf("평균 점수: %.1lf\n", average);
12
13     return 0;
14 }
```

실행 결과 1   ☒

점수를 입력하세요: 90 85 90.5 88
평균 점수: 88.4

실행 결과 2   ☒

점수를 입력하세요: 79 88.5 100 82.5
평균 점수: 87.5

변수의 코멘트

❯ 4개만 입력하기 때문에 배열을 만들지 않고 각 점수를 변수 하나에 할당하고 평균을 구하는 코드를 보여 주고 있어요! 많은 양의 값을 입력하는 것이 아니라면 다음과 같이 변수 하나에 하나의 값을 저장하여 가독성을 높이는 코드를 작성하는 것이 더 좋을 수 있어요.

1-4
O, X 퀴즈의 결과는?

　김변수 씨가 O, X 퀴즈쇼에 참여했습니다. 김변수 씨가 입력한 정답이 첫 줄에 제공됩니다. 문제 5개의 점수가 한 줄에 제공되고 다음 줄에는 각 문제에 대한 답이 제공될 때, 김변수 씨가 획득한 총점은 얼마인지 계산하는 프로그램을 작성해 보세요.

◆ 입출력 예시

```
실행 결과 1                              ☒
김변수 씨의 답안: OXX00
문제 점수: 100 200 150 100 200
문제의 정답: 00X00
획득한 점수: 550
```

```
실행 결과 2                              ☒
김변수 씨의 답안: 00XXX
문제 점수: 80 100 200 200 100
문제의 정답: 00X00
획득한 점수: 380
```

 답안을 어떻게 입력받고 저장하나요?

◆ 변수의 힌트
　김변수 씨의 답안과 문제의 점수, 그리고 문제의 정답을 배열에 저장하는 방법이 있어요. 김변수 씨의 답안과 문제의 정답이 같은지 조건문을 사용하여 비교해 보세요. 이때 char 자료형으로 값을 입력받는다면 공백을 포함해서 " %c"를 사용할 수 있어요.

복습이 필요하다면?

▶ [Part 1] Chapter 4. 연산자
▶ [Part 1] Chapter 6. 조건문
▶ [Part 1] Chapter 7. 반복문
▶ [Part 1] Chapter 8. 배열과 문자열

변수와 함께하는 포트폴리오 리뷰

1

코드

```
1   #include <stdio.h>
2
3   int main(){
4       char myAnswer[5];
5       char answer[5];
6       int score[5];
7       int totalScore = 0;
8
9       printf("김변수 씨의 답안: ");
10      for(int i = 0; i < 5; i++){
11          scanf("%c", &myAnswer[i]);
12      }
13
14      printf("문제 점수: ");
15      for(int i = 0; i < 5; i++){
16          scanf("%d", &score[i]);
17      }
18
19      printf("문제의 정답: ");
20      for(int i = 0; i < 5; i++){
21          scanf("%c", &answer[i]);
22          if(myAnswer[i] == answer[i]){
23              totalScore += score[i];
24          }
25      }
26
27      printf("획득한 점수: %d\n", totalScore);
28
29      return 0;
30  }
```

실행 결과 1	X
김변수 씨의 답안: OXXOO 문제 점수: 100 200 150 100 200 문제의 정답: OOXOO 획득한 점수: 550	

실행 결과 2	X
김변수 씨의 답안: OOXXX 문제 점수: 80 100 200 200 100 문제의 정답: OOXOO 획득한 점수: 380	

● 획득한 점수가 출력 예시의 정답과 다릅니다. 그 이유는 "%c"만 사용하는 경우 공백도 문자로 인식을 하기 때문입니다. 문제 점수를 입력하고 누른 엔터는 myAnswer[0]에 개행문자로 저장됩니다. 따라서 문제의 정답인 OOXOO 중 OOXO만 answer[1]부터 answer[4]까지 들어갑니다. 개행문자를 무시하고 char 자료형을 입력받으려면 " %c"처럼 형식 지정자 앞에 공백을 두면 됩니다.

2

코드

```c
#include <stdio.h>

int main(){
    char myAnswer[5];
    char answer[5];
    int score[5];
    int totalScore = 0;

    printf("김변수 씨의 답안: ");
    for(int i = 0; i < 5; i++){
        scanf(" %c", &myAnswer[i]);
    }

    printf("문제 점수: ");
    for(int i = 0; i < 5; i++){
        scanf("%d", &score[i]);
    }

    printf("문제의 정답: ");
    for(int i = 0; i < 5; i++){
        scanf(" %c", &answer[i]);
        if(myAnswer[i] == answer[i]){
            totalScore += score[i];
        }
    }

    printf("획득한 점수: %d\n", totalScore);

    return 0;
}
```

실행 결과 1	X
김변수 씨의 답안: OXX00 문제 점수: 100 200 150 100 200 문제의 정답: 00X00 획득한 점수: 550	

실행 결과 2	X
김변수 씨의 답안: 00XXX 문제 점수: 80 100 200 200 100 문제의 정답: 00X00 획득한 점수: 380	

변수의 코멘트

❯ " %c"를 사용해서 점수를 제대로 입력받았습니다. 조건문과 배열을 함께 사용하면 인덱스로 배열의 요소를 쉽게 접근할 수 있음을 볼 수 있는 좋은 코드입니다.

3

AI의 추천 코드

```
1   #include <stdio.h>
2
3   int main(){
4       // 김변수 씨의 답안을 입력받습니다.
5       printf("김변수 씨의 답안: ");
6       char answer[5];
7       scanf("%s", answer);
8
9       // 문제 점수를 입력받습니다.
10      printf("문제 점수: ");
11      int scores[5];
12      for(int i = 0; i < 5; i++){
13          scanf("%d", &scores[i]);
14      }
15
16      // 문제의 정답을 입력받습니다.
17      printf("문제의 정답: ");
18      char correct[5];
19      scanf("%s", correct);
20
21      // 맞힌 문제의 점수를 계산합니다.
22      int correct_score = 0;
23      for(int i = 0; i < 5; i++){
24      if(answer[i] == correct[i]){
25          correct_score += scores[i];
26          }
27      }
28
29      // 총점을 출력합니다.
30      printf("획득한 점수: %d\n", correct_score);
```

```
31
32        return 0;
33  }
```

<table>
<tr><td colspan="2">실행 결과 1   X</td></tr>
</table>

실행 결과 1	실행 결과 2
김변수 씨의 답안: 0XX00	김변수 씨의 답안: 00XXX
문제 점수: 100 200 150 100 200	문제 점수: 80 100 200 200 100
문제의 정답: 00X00	문제의 정답: 00X00
획득한 점수: 550	획득한 점수: 380

변수의 코멘트

▶ 문자열은 공백을 기준으로 나뉩니다. 따라서 문제의 정답을 입력받을 때 "%s" 형식 지정자를 사용하면 공백 단위로 나누어지므로 correct 배열에 잘 저장되는 것을 볼 수 있습니다.

1-5
색칠한 블록

변수는 블록 놀이를 좋아합니다. 정육면체로 생긴 블록을 가로(x), 세로(y), 높이(z)만큼 쌓아 겉면을 모두 색칠한다고 했을 때, 두 개의 면만 칠해진 블록은 몇 개인지 구하는 프로그램을 작성해 보세요.

3 x 3 x 3 인 경우

**2개의 면만 색칠된 정육면체
(12개)**

◆ 입출력 예시

실행 결과	X
가로 세로 높이를 입력하세요(3 3 3): 5 1 8 두 개의 면만 칠해진 블록은 총 32개입니다.	

두 면만 색칠된 블록을 어떻게 알 수 있나요?

◆ 변수의 힌트

각 면은 네 개의 모서리를 가지고 있습니다. 모서리에 있는 블록들이 두 면씩 색칠된 블록입니다. 이때 육면체는 12개의 모서리를 가지고 있으므로, 중복된 요소를 빼야 합니다. 모서리가 겹치는 부분을 제외하고 모서리에 있는 블록의 개수를 구하는 것이 이번 문제의 핵심입니다.

복습이 필요하다면?

▶ [Part 1] Chapter 3. 표준 입출력
▶ [Part 1] Chapter 4. 연산자

1

```c
1   #include <stdio.h>
2
3   int main(){
4       int x, y, z;
5       printf("가로 세로 높이를 입력하세요(3 3 3): ");
6       scanf("%d %d %d", &x, &y, &z);
7       int result = 0;
8
9       result += x * 4 - 8;
10      result += y * 4 - 8;
11      result += z * 4 - 8;
12      printf("두 개의 면만 칠해진 블록은 총 %d개입니다.\n", result);
13
14      return 0;
15  }
```

실행 결과   X

```
가로 세로 높이를 입력하세요(3 3 3): 5 1 8
두 개의 면만 칠해진 블록은 총 32개입니다.
```

 변수의 코멘트

▶ 수학적인 원리를 파악하여 코드를 간단하게 구성한 것이 아주 훌륭하네요. 하지만, x, y, z의 값이 모두 2보다 작은 경우,
음수가 나올 수 있으므로 해당 상황에 대한 예외처리가 있어야 합니다.

코드

```
1    #include <stdio.h>
2
3    int main(){
4        int x, y, z;
5        printf("가로 세로 높이를 입력하세요(3 3 3): ");
6        scanf("%d %d %d", &x, &y, &z);
7        int result = 0;
8
9        result += x * 4 - 8;
10       result += y * 4 - 8;
11       result += z * 4 - 8;
12       printf("두 개의 면만 칠해진 블록은 총 %d개입니다.\n", result);
13
14       return 0;
15   }
```

실행 결과   ☒

가로 세로 높이를 입력하세요(3 3 3): 5 1 8
두 개의 면만 칠해진 블록은 총 32개입니다.

변수의 코멘트

❯ 수학적인 원리를 파악하여 코드를 간단하게 구성한 것이 아주 훌륭하네요. 하지만, x, y, z의 값이 모두 2보다 작은 경우,
음수가 나올 수 있기 때문에 해당 상황에 대한 예외처리가 있어야 합니다.

```
1    #include <stdio.h>
2
3    int main(){
4        // 가로, 세로, 높이를 입력받습니다.
5        int x, y, z;
6        printf("가로 세로 높이를 입력하세요(3 3 3): ");
7        scanf("%d %d %d", &x, &y, &z);
8
9        // 두 개의 면만 칠해진 블록의 개수를 계산합니다.
10       int count = (x + y + z - 6) * 4;
11
12       // 가로, 세로, 높이의 크기가 6보다 작은 경우 0을 반환합니다.
13       if(count < 0){
14           count = 0;
15       }
16
17       // 결과를 출력합니다.
18       printf("두 개의 면만 칠해진 블록은 총 %d개입니다.\n", count);
19
20       return 0;
21   }
```

실행 결과   X

가로 세로 높이를 입력하세요(3 3 3): 5 1 8
두 개의 면만 칠해진 블록은 총 32개입니다.

변수의 코멘트

◑ 두 개의 면만 칠해진 블록의 개수를 계산하는 수학적 원리를 이용했습니다. 비교적으로 간단한 방법을 통해 구현했으며, 13번 줄의 조건문을 통해 예외를 처리해 주었습니다.

1-6
알파벳 사이의 거리

아스키 코드표에서는 알파벳을 숫자로 표현할 수 있습니다. a와 c는 2만큼 떨어져 있습니다. 대문자의 끝인 Z와 소문자의 시작인 a는 7만큼 떨어져 있다고 할 때, 알파벳 두 개를 입력받아 두 개 사이의 거리를 출력하는 프로그램을 작성해 보세요.

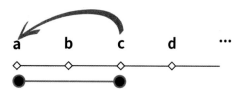

a와 c는 두 칸 떨어져 있다.

(단, 두 알파벳이 같은 경우에는 0을 출력하고, 알파벳이 아닌 경우에는 "올바르지 않은 문자입니다."를 출력하십시오. 거리는 양수로 출력되어야 합니다.)

◆ **출력 예시**

```
실행 결과                                                                    X
두 개의 알파벳을 입력해 주세요: a c
a와 c 사이의 거리: 2
```

① 아스키 코드표에서 소문자 a와 대문자 A의 숫자는 얼마인가요?
② 문자 사이의 거리를 어떻게 알 수 있나요?

◆ **변수의 힌트**

알파벳 중 가장 빠른 문자 대문자 'A'는 65라는 숫자로 표현할 수 있습니다. 알파벳은 총 스물여섯 글자이므로, 65부터 90까지는 대문자를, 7칸 떨어진 97부터는 'a'와 같은 소문자 알파벳을 표현합니다. 아스키 코드표의 문자를 숫자로 바꾸어 큰 값에서 작은 값을 빼면 두 문자의 거리를 알 수 있습니다.

복습이 필요하다면?

▶ [Part 1] Chapter 3. 표준 입출력
▶ [Part 1] Chapter 6. 조건문

1

코드

```c
#include <stdio.h>

int isAlphabet(char x){
    if(x < 65){
        return 0;
    } else if(x > 90 && x < 97){
        return 0;
    } else{
        return 1;
    }
}

int main(){
    char a, b;
    printf("두 개의 알파벳을 입력해 주세요: ");
    scanf("%c %c", &a, &b);

    int alphabet = 0;
    alphabet += isAlphabet(a);
    alphabet += isAlphabet(b);
    if(alphabet > 0){
        printf("올바르지 않은 문자입니다.");
        return 0;
    }

    if(b > a){
        printf("%c와 %c 사이의 거리: %d\n", a, b, b - a);
    } else{
        printf("%c와 %c 사이의 거리: %d\n", a, b, a - b);
    }

    return 0;
}
```

실행 결과   ☒

두 개의 알파벳을 입력해 주세요: z A
z와 A 사이의 거리: 57

◆ 알파벳을 구분하기 위해 함수를 만들어 구분했군요. 아스키 코드를 숫자로 하여 조건을 충족하지 못하는 경우, main 함수의 alphabet이 2보다 작으므로 올바르지 않은 문자를 판별할 수 있게 되었습니다. 잘 작성했어요.

2

AI의 추천 코드

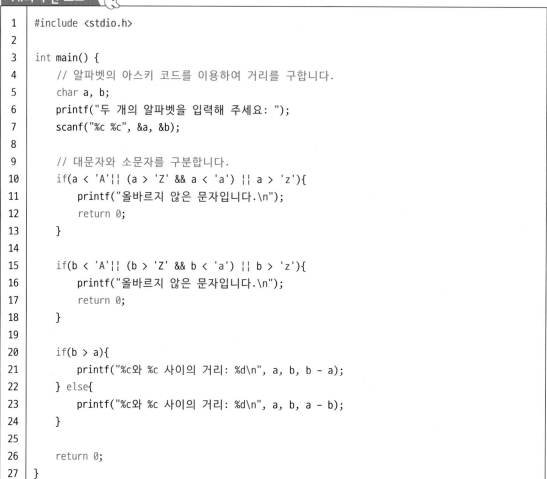

```
1   #include <stdio.h>
2
3   int main() {
4       // 알파벳의 아스키 코드를 이용하여 거리를 구합니다.
5       char a, b;
6       printf("두 개의 알파벳을 입력해 주세요: ");
7       scanf("%c %c", &a, &b);
8
9       // 대문자와 소문자를 구분합니다.
10      if(a < 'A'|| (a > 'Z' && a < 'a') || a > 'z'){
11          printf("올바르지 않은 문자입니다.\n");
12          return 0;
13      }
14
15      if(b < 'A'|| (b > 'Z' && b < 'a') || b > 'z'){
16          printf("올바르지 않은 문자입니다.\n");
17          return 0;
18      }
19
20      if(b > a){
21          printf("%c와 %c 사이의 거리: %d\n", a, b, b - a);
22      } else{
23          printf("%c와 %c 사이의 거리: %d\n", a, b, a - b);
24      }
25
26      return 0;
27  }
```

실행 결과	X

```
두 개의 알파벳을 입력해 주세요: Z a
Z와 a 사이의 거리: 7
```

변수의 코멘트

◆ AI는 두 개의 아스키 코드와 문자 비교를 통해 예외 상황을 처리해 주고, b에서 a를 빼주며 거리를 출력하고 있습니다.

1-7

도전! 별 찍기 피라미드!

입력 예시와 같이 층을 입력했을 때, 아래 모양과 같이 출력되는 프로그램을 작성해 보세요.

◆ **입출력 예시**

```
실행 결과                                                                              X
5
    *
   **
  ***
 ****
*****
```

 무엇을 해야 할지 잘 모르겠어요!

◆ **변수의 힌트**

입력에 따른 반복문을 잘 구성해 보면 쉽게 풀 수 있는 문제입니다. for문을 잘 이용해 보세요!

복습이 필요하다면?

▶ [Part 1] Chapter 3. 표준 입출력

▶ [Part 1] Chapter 6. 조건문

▶ [Part 1] Chapter 7. 반복문

변수와 함께하는 포트폴리오 리뷰

1

코 드

```
1   #include <stdio.h>
2
3   int main(){
4       int n;
5       scanf("%d", &n);
6
7       for(int i = 0; i < n; i++){
8           for(int j = 0; j < n - i; j++){
9               printf(" ");
10          }
11          for(int j = 0; j < i + 1; j++){
12              printf("*");
13          }
14          printf("\n");
15      }
16
17      return 0;
18  }
```

실행 결과   ☒

```
5
    *
   **
  ***
 ****
*****
```

변수의 코멘트

◉ 공백도 문자라는 것을 잊어버리기 쉬운데, 안쪽의 2개의 for문 중 첫 번째 for문을 활용해서 공백 문자를 잊어버리지 않고 별 문자보다 먼저 출력해 주고 있는 코드네요!

2

```
1    #include <stdio.h>
2
3    int main(){
4        // 층 수를 입력받습니다.
5        int floor;
6        printf("층 수를 입력하세요: ");
7        scanf("%d", &floor);
8
9        // 층 수만큼 반복문을 실행합니다.
10       for(int i = 1; i <= floor; i++){
11           // 층 높이에 맞는 공백을 출력합니다.
12           for(int j = 1; j <= floor - i; j++){
13               printf(" ");
14           }
15           // 층 높이만큼 별을 출력합니다.
16           for(int k = 1; j <= i; j++){
17               printf("*");
18           }
19           printf("\n");
20       }
21
22       return 0;
23   }
```

실행 결과   X

```
층 수를 입력하세요: 5
    *
   **
  ***
 ****
*****
```

변수의 코멘트

● AI는 for문 안에 두 개의 for문을 활용하여 올바른 공백과 별을 출력했습니다. 중첩 반복문을 이용하여 올바르게 잘 출력한 코드입니다.

1-8
홀짝 구분하기

숫자에는 홀수와 짝수가 존재합니다. 숫자를 입력하고 홀수인 경우에는 "홀!", 짝수인 경우에는 "짝!"을 입력하는 프로그램을 작성해 보세요.

◆ **입출력 예시**

실행 결과	X
5	
홀!	

 홀수와 짝수를 어떻게 구분할 수 있나요?

◆ **변수의 힌트**

나머지를 확인하는 연산자를 활용하면 홀수와 짝수를 쉽게 구분할 수 있어요! 나머지 연산자(%)를 2로 연산하면, 나누어떨어지는 경우와 1이 남는 경우가 있습니다. 1이 남는다면 홀수, 나누어떨어진다면 짝수입니다.

복습이 필요하다면?

▶ [Part 1] Chapter 4. 연산자
▶ [Part 1] Chapter 6. 조건문

변수와 함께하는 포트폴리오 리뷰

1

```c
#include <stdio.h>

int main(){
    int n;
    scanf("%d", &n);

    if(n % 2 == 0){
        printf("짝!");
    } else{
        printf("홀!");
    }

    return 0;
}
```

실행 결과	X

5
홀!

변수의 코멘트

◉ 나머지 연산자를 통해 2로 나눈 결과가 0인 경우 짝으로 구분했습니다. 잘 작성한 코드네요.

```
1   #include <stdio.h>
2
3   int main(){
4       int n;
5       scanf("%d", &n);
6
7       char result[2][10] = {"짝!", "홀!"};
8
9       int r = n % 2;
10
11      if(r){
12          printf("%s\n", result[r]);
13      } else{
14          printf("%s\n", result[r]);
15      }
16
17      return 0;
18  }
```

실행 결과   X

6
짝!

변수의 코멘트

❯ 나머지 값에 따라서 나올 수 있는 결과를 result 배열에 저장해 놓고 사용하는, 배열을 잘 활용한 코드라고 볼 수 있어요.

3

```
1    #include <stdio.h>
2
3    int main(){
4        // 숫자를 입력받습니다.
5        int number;
6        printf("숫자를 입력하세요: ");
7        scanf("%d", &number);
8
9        // 숫자의 홀짝을 구분합니다.
10       if(number % 2 == 1){
11           printf("홀!");
12       } else{
13           printf("짝!");
14       }
15
16       return 0;
17   }
```

실행 결과   X

```
-3
홀!
```

변수의 코멘트

◉ AI는 나머지 연산자의 결과가 1인 경우를 조건으로 두어 홀수를 구분했습니다. 올바른 결과가 출력되고 있습니다.

1-9
0000년에 나는 몇 살일까?

변수는 자신의 미래를 생각하다가 20년 뒤의 나이를 계산하고 있습니다. 태어난 연도와 나이가 궁금한 연도를 입력하면 만 나이를 출력하는 프로그램을 만들어 보세요.

(단, 생일은 적용하지 않으며, 1월 1일 기준으로 한 살씩 나이를 먹는다고 가정합니다.)

◆ 출력 예시

실행 결과	X
2000 2023 2023년에 나는 23살이야!	

 만 나이라고 표현하니 헷갈려요! 어떻게 계산해야 할까요?

◆ 변수의 힌트

만 나이는 현재의 연도에서 태어난 연도를 빼면 쉽게 구할 수 있습니다! 두 값을 입력받고, 현재의 연도에서 태어난 연도를 빼보세요.

복습이 필요하다면?

▶ [Part 1] Chapter 3. 표준 입출력
▶ [Part 1] Chapter 4. 연산자

변수와 함께하는 포트폴리오 리뷰

1

```c
1  #include <stdio.h>
2
3  int main(){
4      int future, birth;
5      scanf("%d %d", &birth, &future);
6      printf("%d년에 나는 %d살이야!", future, future - birth);
7
8      return 0;
9  }
```

실행 결과   X

```
1998 2023
2023년에 나는 25살이야!
```

변수의 코멘트

▶ 한 개의 scanf 함수에서 정수형 변수 future, birth를 잘 입력받았습니다. 이후 future − birth 연산을 통해 만 나이를 잘 출력했습니다.

2

```c
1  #include <stdio.h>
2
3  int main(){
4      int birth, after;
5
6      scanf("%d %d", &birth, &after);
7
8      int age = after - birth;
9
10     printf("%d년에 나는 %d살이야!\n", after, age);
11
12     return 0;
13 }
```

실행 결과   X

```
2000 2045
2045년에 나는 45살이야!
```

변수의 코멘트

❯ 만 나이를 계산하는 코드와 출력하는 코드를 분리시켜서 가독성을 높인, 읽기 쉬운 코드라고 할 수 있어요!

3

AI의 추천 코드

```c
1   #include <stdio.h>
2
3   int main(){
4       // 태어난 년도와 나이가 궁금한 년도를 입력받습니다.
5       int birth_year, target_year;
6       printf("태어난 년도: ");
7       scanf("%d", &birth_year);
8       printf("나이가 궁금한 년도: ");
9       scanf("%d", &target_year);
10
11      // 만 나이를 계산합니다.
12      int meet_age = target_year - birth_year;
13
14      // 만 나이를 출력합니다.
15      printf("%d년에 나는 %d살이야!\n", target_year, meet_age);
16
17      return 0;
18  }
```

실행 결과   X

```
태어난 년도: 1996
나이가 궁금한 년도: 2023
2023년에 나는 27살이야!
```

변수의 코멘트

❯ AI는 사용자의 직관성과 코드의 가독성을 위해 구체적인 변수의 이름과 출력을 사용했습니다. 위와 같이 사용하면 코드의 길이는 길어질 수 있지만, 가독성이 높아진다는 장점이 있습니다.

1-10
미리 쓰는 반성문

과자를 너무 좋아하는 수진이는 오늘 과자를 몇 개 챙길지 고민 중입니다. 수진이네 학교에서는 과자를 가져온 학생들에게 "과자는 맛있지만 수업시간엔 먹으면 안 돼요."라는 반성문을 쓰게 합니다. 그것도 과자 하나에 세 번이나 써야 하죠.

가져갈 과자 개수를 고민하던 수진이는 반성문을 미리 써 가기로 했습니다. 이때, 과자 개수를 입력하면 반성문을 출력하는 프로그램을 작성해 보세요.

◆ 입출력 예시

실행 결과	X
챙긴 과자의 수를 입력하세요: 2	
과자는 맛있지만 수업시간엔 먹으면 안 돼요.	
과자는 맛있지만 수업시간엔 먹으면 안 돼요.	
과자는 맛있지만 수업시간엔 먹으면 안 돼요.	
과자는 맛있지만 수업시간엔 먹으면 안 돼요.	
과자는 맛있지만 수업시간엔 먹으면 안 돼요.	
과자는 맛있지만 수업시간엔 먹으면 안 돼요.	

 무엇을 해야 할지 잘 모르겠어요!

◆ 변수의 힌트
반복문의 횟수를 조절하는 문제입니다. 반복문의 반복 횟수를 결정하는 인자에 값을 적용해 보세요.

복습이 필요하다면?

▶ [Part 1] Chapter 7. 반복문

1

코드

```
1   #include <stdio.h>
2
3   int main(){
4       int snack;
5       printf("챙긴 과자의 수를 입력하세요: ");
6       scanf("%d", &snack);
7
8       for(int i = 0; i < snack; i++){
9           for(int j = 0; j < 3; j++){
10              printf("과자는 맛있지만 수업시간엔 먹으면 안 돼요.\n");
11          }
12      }
13
14      return 0;
15  }
```

실행 결과   X

챙긴 과자의 수를 입력하세요: 1
과자는 맛있지만 수업시간엔 먹으면 안 돼요.
과자는 맛있지만 수업시간엔 먹으면 안 돼요.
과자는 맛있지만 수업시간엔 먹으면 안 돼요.

변수의 코멘트

▶ 올바르게 출력되고 있지만 중첩 반복문을 사용했습니다. 이번 문제에서는 간단한 구조이기 때문에 중첩 반복문이 성능에 큰 영향을 주진 않지만, 사용하지 않는 것이 훨씬 좋은 구조입니다.

2

```
1    #include <stdio.h>
2
3    int main(){
4        int snack;
5        printf("챙긴 과자의 수를 입력하세요: ");
6        scanf("%d", &snack);
7
8        for(int i = 0; i < snack; i++){
9            printf("과자는 맛있지만 수업시간엔 먹으면 안 돼요.\n");
10           printf("과자는 맛있지만 수업시간엔 먹으면 안 돼요.\n");
11           printf("과자는 맛있지만 수업시간엔 먹으면 안 돼요.\n");
12       }
13
14       return 0;
15   }
```

실행 결과   X

챙긴 과자의 수를 입력하세요: 1
과자는 맛있지만 수업시간엔 먹으면 안 돼요.
과자는 맛있지만 수업시간엔 먹으면 안 돼요.
과자는 맛있지만 수업시간엔 먹으면 안 돼요.

변수의 코멘트

▶ 중첩 반복문을 사용하지 않고 출력 함수를 세 번 작성했습니다. 괜찮은 방법입니다. 하지만 반성문의 횟수가 3번이 아니라 100번이었다면 어땠을까요? 이런 경우에 중첩 반복문 없이 어떻게 작성할 수 있을지 고민해 보세요.

3

```c
1   #include <stdio.h>
2
3   int main() {
4       // 과자 개수를 입력받습니다.
5       int cookie_count;
6       printf("과자 개수: ");
7       scanf("%d", &cookie_count);
8
9       // 반성문을 출력합니다.
10      for(int i = 0; i < cookie_count * 3; i++){
11          printf("과자는 맛있지만 수업시간엔 먹으면 안 돼요.\n");
12      }
13
14      return 0;
15  }
```

실행 결과   ☒

챙긴 과자의 수를 입력하세요: 1
과자는 맛있지만 수업시간엔 먹으면 안 돼요.
과자는 맛있지만 수업시간엔 먹으면 안 돼요.
과자는 맛있지만 수업시간엔 먹으면 안 돼요.

변수의 코멘트

● 중첩 반복문을 사용하지 않고 for문의 조건문에서 과자의 개수 * 3을 사용하여 하나의 반복문과 한 줄의 출력 함수로 원하는 만큼의 반성문을 쓸 수 있습니다.

CHAPTER  난이도 중(★★) 프로젝트

"C언어 개념들의 활용 방법을 곰곰이 생각해 봐야 해."

2-1
두 숫자 사이의 n의 배수 찾기

학교에서 n의 배수를 배운 변수는 배수를 찾는 연습을 하려고 합니다. 이를 위해 두 숫자 a,b를 입력받고, 배수를 찾을 숫자 n을 추가로 입력받습니다. 이후 두 숫자 사이의 n의 배수를 찾는 프로그램을 만들어 보세요. 첫 입력값 a와 b는 배수에 포함되지 않습니다.

(단, n의 배수를 찾을 범위인 첫 두 입력값 a, b는 항상 b가 더 큽니다.)

◆ 입출력 예시

배수가 두 수 사이에 있는지 어떻게 비교할 수 있죠?

◆ 변수의 힌트

N은 10이고 두 숫자가 33과 50이라면 첫 숫자는 40이 됩니다. 이것을 편리하게 구하는 방법은 첫 숫자를 N으로 나눠보는 것입니다. 33을 10으로 나누면 3이라는 몫이 나옵니다. 배수는 범위의 시작 숫자보다 크기 때문에 (첫 숫자의 몫 + 1) * N은 첫 번째 배수가 되는 것입니다. 이후 N의 배수를 늘려가며 조건을 만족하는지 확인하며 출력하면 문제를 해결할 수 있습니다.

복습이 필요하다면?

▶ [Part 1] Chapter 4. 연산자
▶ [Part 1] Chapter 7. 반복문

1

코드

```c
#include <stdio.h>

int main(){
    int start, end;
    int n;

    printf("두 숫자: ");
    scanf("%d %d", &start, &end);

    printf("N: ");
    scanf("%d", &n);

    int first = (start / n) * n + n;

    for(int i = first; i < end; i = i + n){
        printf("%d ", i);
    }

    return 0;
}
```

실행 결과 1	X
두 숫자: 10 50 N: 10 20 30 40	

실행 결과 2	X
두 숫자: 8 76 N: 11 11 22 33 44 55 66	

 변수의 코멘트

▶ 반복문의 증감식을 사용하여 n의 배수를 탐색하는 코드를 잘 사용했어요. 반복문에서의 변수 i를 n씩 증가시켜서 first 변수
의 값부터 시작하여 n의 배수를 탐색하고 있음을 알 수 있어요.

코드

```
1   #include <stdio.h>
2
3   int main(){
4       int a, b, n;
5
6       printf("두 숫자: ");
7       scanf("%d %d", &a, &b);
8
9       printf("N: ");
10      scanf("%d", &n);
11
12      a = a + 1;
13      while(a != b){
14          if(a % n == 0){
15              printf("%d ", a);
16          }
17          a++;
18      }
19
20      return 0;
21  }
```

실행 결과 1   ☒

두 숫자: 10 50
N: 10
20 30 40

실행 결과 2   ☒

두 숫자: 8 76
N: 11
11 22 33 44 55 66

변수의 코멘트

❍ 세 개의 정수형 변수를 생성하고 입력받은 후 반복문과 조건문을 잘 활용했습니다. n의 배수에 a와 b는 포함되지 않기 때
문에 a = a + 1이라는 코드로 변화를 준 이후 반복문이 실행됩니다. a가 b와 같아지는 순간이 사이의 수를 모두 검사한 상
황이므로, while의 조건문에 a != b를 부여했군요. 잘했습니다.

3

```
1   #include <stdio.h>
2
3   int main(){
4       int a, b, n;
5
6       // 두 숫자를 입력받습니다.
7       printf("두 숫자: ");
8       scanf("%d %d", &a, &b);
9
10      // 배수를 알고 싶은 숫자를 입력받습니다.
11      printf("N: ");
12      scanf("%d", &n);
13
14      // a와 b가 바뀌어 있을 경우를 대비하여 a와 b의 값을 교환합니다.
15      if(a > b){
16          int temp = a;
17          a = b;
18          b = temp;
19      }
20
21      // 두 숫자 사이의 숫자를 반복문을 통해 순회합니다.
22      for(int i = a + 1; i < b; i++){
23      // i가 n의 배수일 경우 출력합니다.
24          if(i % n == 0){
25              printf("%d\n", i);
26          }
27      }
28
29      return 0;
30  }
```

실행 결과 1	X
두 숫자: 10 50	
N: 10	
20 30 40	

실행 결과 2	X
두 숫자: 8 76	
N: 11	
11 22 33 44 55 66	

변수의 코멘트

❯ AI는 a와 b가 바뀌어 있는 경우를 대비한 코드를 추가해 주었습니다. a와 b 변수의 값을 바꿔 주기 위해서 temp 변수를 이용하여 값을 바꿔 주었습니다. AI는 a, b 값을 이용하여 for문에 구체적인 반복 횟수를 제공했습니다. 해당 방법을 통해 나머지가 0인 경우를 출력하여 a와 b 사이의 n의 배수를 구했습니다.

2-2
두 숫자 사이의 소수 찾기

두 숫자가 주어질 때 그 사이에 존재하는 소수를 모두 찾으려고 합니다. 두 숫자가 첫 줄에 공백으로 분리되어 주어질 때 그 사이에 존재하는 소수를 전부 다음 줄에 출력해 보세요.

◆ 입출력 예시

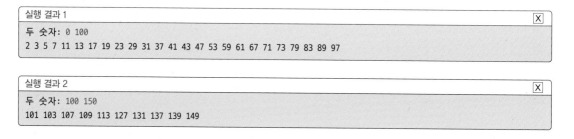

```
실행 결과 1                                                          X
두 숫자: 0 100
2 3 5 7 11 13 17 19 23 29 31 37 41 43 47 53 59 61 67 71 73 79 83 89 97
```

```
실행 결과 2                                                          X
두 숫자: 100 150
101 103 107 109 113 127 131 137 139 149
```

 소수를 어떻게 구할 수 있나요?

◆ 변수의 힌트

소수는 자기 자신과 1로만 나누어떨어지는 수를 말합니다. 만약 8이 소수인지 판별하려면 1부터 8까지의 숫자로 나누었을 때 나누어떨어지는 숫자는 1, 2, 4, 8로 1과 자기 자신 8을 제외하고 2와 4가 존재하기 때문에 소수가 아닙니다.

복습이 필요하다면?

▶ [Part 1] Chapter 4. 연산자
▶ [Part 1] Chapter 7. 반복문

1

코드

```c
1   #include <stdio.h>
2
3   int main(){
4       int start, end;
5
6       printf("두 숫자: ");
7       scanf("%d %d", &start, &end);
8
9       if(start < 1){
10          start = 1;
11      }
12
13      for(int i = start + 1; i < end; i++){
14          int flag = 0;
15          for(int j = 2; j < i; j++){
16              if(i % j == 0){
17                  flag = 1;
18              }
19          }
20          if(flag == 0){
21              printf("%d ", i);
22          }
23      }
24
25      return 0;
26  }
```

실행 결과 1	X

두 숫자: 0 100
2 3 5 7 11 13 17 19 23 29 31 37 41 43 47 53 59 61 67 71 73 79 83 89 97

실행 결과 2	X

두 숫자: 100 150
101 103 107 109 113 127 131 137 139 149

 변수의 코멘트

◉ 소수인지 아닌지 판별하기 위해서 이중 for문 중에서 안쪽의 for문을 사용했습니다. 이때 i는 1과 자기 자신을 제외한 숫자인 j에 나누어떨어진다면 소수입니다. 반복문과 조건문을 사용해서 잘 구해 냈습니다!

2

```
1    #include <stdio.h>
2
3    int sosu(int a){
4        int sum = 0;
5        for(int i = 1; i < a + 1; i++){
6            if(a % i == 0){
7                sum = sum + 1;
8            }
9        }
10       if(sum == 2){
11           return 1;
12       } else{
13           return 0;
14       }
15   }
16
17   int main(){
18       int a, b;
19       printf("두 숫자: ");
20       scanf("%d %d", &a, &b);
21
22       for(int i = a; i < b; i++){
23           if(sosu(i) == 1){
24               printf("%d ", i);
25           }
26       }
27
28       return 0;
29   }
```

실행 결과 1 ☒

두 숫자: 0 100
2 3 5 7 11 13 17 19 23 29 31 37 41 43 47 53 59 61 67 71 73 79 83 89 97

실행 결과 2 ☒

두 숫자: 100 150
101 103 107 109 113 127 131 137 139 149

변수의 코멘트

● 소수를 판별하는 함수 sosu를 생성하여 반환된 값에 따라 for문 안의 i를 출력하고 있습니다. 값을 잘 구분했습니다!

3

```
1    #include <stdio.h>
2
3    int main(){
4        // 두 숫자를 입력받습니다.
5        int start, end;
6        printf("두 숫자: ");
7        scanf("%d %d", &start, &end);
8        // 모든 소수는 2 이상이므로, start가 2보다 작을 경우 2로 바꿔 줍니다.
9        if(start < 2){
10           start = 2;
11       }
12       // 소수를 찾습니다.
13       for(int i = start; i <= end; i++){
14       // 1보다 크고 자기 자신보다 작거나 같은 수로 나누어떨어지지 않으면 소수입니다.
15           int is_prime = 1;
16           for(int j = 2; j * j <= i; j++){
17               if(i % j == 0){
18                   is_prime = 0;
19                   break;
20               }
21           }
22       // 소수인 경우 출력합니다.
23           if(is_prime){
24               printf("%d ", i);
25           }
26       }
27       return 0;
28   }
```

실행 결과 1   ☒

```
두 숫자: 0 100
2 3 5 7 11 13 17 19 23 29 31 37 41 43 47 53 59 61 67 71 73 79 83 89 97
```

실행 결과 2   ☒

```
두 숫자: 100 150
101 103 107 109 113 127 131 137 139 149
```

변수의 코멘트

● 두 숫자를 입력받은 이후 첫 숫자가 2보다 작을 때 2로 변경합니다. 그리고 is_prime이라는 변수를 조건으로 둡니다. 2부터 자기 자신의 숫자 사이에서 나누어떨어지는 값이 존재하는 경우, 값을 0으로 재할당하고 반복문을 종료합니다. 만약 is_prime의 값이 1로 유지되었다면 소수라고 볼 수 있습니다.

2-3
파스칼의 삼각형

파스칼의 삼각형이란 숫자가 삼각형을 구성할 때 위의 두 수의 합이 아래의 수가 된다는 특징이 있는 삼각형입니다. 4줄에 걸쳐서 파스칼의 삼각형을 완성하세요. 파스칼의 삼각형에서 각 줄의 가장 첫 번째 숫자와 마지막 숫자는 항상 1입니다.

◆ 출력 예시

실행 결과	X
1	
11	
121	
1331	

층마다 어떤 값이 출력되어야 하는지 어떻게 알 수 있을까요?

◆ 변수의 힌트

배열을 사용하여 이전 줄의 결과를 활용하는 것이 중요해요! 2번째 줄에서 "11"일 때 3번째 줄에서 2번째 숫자가 2가 되는 이유는 이전 줄의 1번째 숫자와 2번째 숫자를 더했기 때문입니다. 배열의 인덱스를 활용하여 이를 표현한다면 쉽게 풀 수 있습니다.

복습이 필요하다면?

▶ [Part 1] Chapter 7. 반복문
▶ [Part 1] Chapter 8. 배열과 문자열

1

```c
1  #include <stdio.h>
2
3  int main(){
4      int triangle[4][4];
5
6      for(int i = 0; i < 4; i++){
7          for(int j = 0; j <= i; j++){
8              if(j == 0 || j == i){
9                  triangle[i][j] = 1;
10             } else{
11                 triangle[i][j] = triangle[i - 1][j - 1] + trianglc[i - 1][j];
12             }
13         }
14     }
15
16     for(int i = 0; i < 4; i++){
17         for(int j = 0; j <= i; j++){
18             printf("%d ", triangle[i][j]);
19         }
20         printf("\n");
21     }
22
23     return 0;
24 }
```

실행 결과	X
1	
11	
121	
1331	

 변수의 코멘트

○ 배열과 인덱스를 사용해서 이전 줄의 두 숫자를 더하는 코드를 잘 구현하고 있네요! 가장 첫 번째 숫자와 마지막 숫자를 OR 연산자(||)를 사용하여 1로 잘 처리해 주고 있어요.

2

```c
#include <stdio.h>

int main(){
    int n = 4;
    int array1[n];
    int array2[n];

    for(int i = 0; i < n; i++){
        for(int j = 0; j < i - 1; j++){
            if(i % 2 == 0){
                if(j == 0 || j == i){
                    array1[j] = 1;
                } else{
                    array1[j] = array2[j - 1] + array2[j];
                }
                printf("%d", array1[j]);
            } else{
                if(j == 0 || j == i){
                    array2[j] = 1;
                } else{
                    array2[j] = array1[j - 1] + array1[j];
                }
                printf("%d", array2[j]);
            }
        }
        printf("\n");
    }

    return 0;
}
```

실행 결과	X

```
1
11
121
1331
```

변수의 코멘트

◐ 2차원 배열을 생성하지 않고 두 배열의 값을 수정해 나가며 출력하고 있습니다. 홀수와 짝수 층을 i % 2라는 조건으로 나누어 어떤 배열에 값을 넣고 출력할 것인지 구분하고 있네요. 공간 복잡도를 줄이려는 노력이 인상적입니다.

3

```
1    #include <stdio.h>
2
3    int main(){
4        // 삼각형의 높이 입력
5        int n;
6        scanf("%d", &n);
7
8        // 삼각형을 저장할 배열
9        int triangle[n][n];
10
11       // 초기화
12       for(int i = 0; i < n; i++){
13           for(int j = 0; j < i + 1; j++){
14               if(i == 0 || j == 0 || j == i){
15                   triangle[i][j] = 1;
16               } else{
17                   triangle[i][j] = triangle[i - 1][j - 1] + triangle[i - 1][j];
18               }
19           }
20       }
21
22       // 출력
23       for(int i = 0; i < n; i++){
24           for(int j = 0; j < i + 1; j++){
25               printf("%d", triangle[i][j]);
26           }
27           printf("\n");
28       }
29
30       return 0;
31   }
```

실행 결과   ☒

```
4
1
11
121
1331
```

변수의 코멘트

❯ AI는 높이를 입력받고, n * n 크기의 2차원 배열을 생성한 이후, 각 위치에 맞는 값을 실제로 넣어 주고 출력하고 있습니다. 유동적으로 높이를 변경할 수 있겠네요.

2-4
문자열 부풀리기

문자열의 각 문자가 존재하는 문자열의 자릿수만큼 문자를 부풀리는 코드를 작성해봅시다. 예를 들어서, ABC가 있을 때 첫 번째 자릿수에 존재하는 A는 1개 늘어서 AA, 두 번째 B는 2개 늘어서 BBB, 그리고 C는 세 개가 늘어서 CCCC가 됩니다. 첫 번째 줄에 문자열이 제공될 때 부풀린 문자열을 다음 줄에 출력하세요.

◆ 입출력 예시

실행 결과 1	X
AB	
AABBB	

실행 결과 2	X
CGEDS	
CCGGGEEEEDDDDSSSSS	

무엇을 해야 할지 잘 모르겠어요!

◆ 변수의 힌트
문자열의 문자가 몇 번째에 위치했는지에 따라서 반복 횟수가 결정되는데 이는 반복문을 사용해서 인덱스를 통해서 제어할 수 있어요. 이때 문자열의 길이는 string.h 헤더파일을 사용할 수 있습니다!

복습이 필요하다면?

▶ [Part 1] Chapter 7. 반복문
▶ [Part 1] Chapter 8. 배열과 문자열

변수와 함께하는 포트폴리오 리뷰

1

```
1   #include <stdio.h>
2   #include <string.h>
3
4   int main() {
5       char str[100] = "";
6
7       scanf("%s", str);
8
9       int length = strlen(str);
10
11      for(int i = 0; i < length; i++){
12          for(int j = 0; j <= i + 1; j++){
13              printf("%c", str[i]);
14          }
15
16      }
17
18      return 0;
19  }
```

실행 결과 1   ☒

AB
AABBB

실행 결과 2   ☒

CGEDS
CCGGGEEEDDDDSSSSS

변수의 코멘트

● 인덱스에서 기존 수의 개수까지 포함하기 위해 안쪽 반복문의 제어문을 j <= i + 1로 잘 설정한 코드네요!

```
1    #include <stdio.h>
2    #include <string.h>
3
4    int main(){
5        // 입력
6        char str[100] = "";
7        scanf("%s", str);
8        int count = 2;
9
10       // 출력
11       for(int i = 0; i < strlen(str); i++){
12       //문자 부풀리고 출력하기
13           for(int j = 0; j < count; j++){
14               printf("%c", str[i]);
15           }
16           count++;
17       }
18
19       printf("\n");
20
21       return 0;
22   }
```

실행 결과 1   ⊠

AB
AABBB

실행 결과 2   ⊠

CGEDS
CCGGGEEEEDDDDDSSSSSS

변수의 코멘트

❯ AI는 count라는 변수를 이용하여 출력 횟수를 결정하고 있습니다. 변수의 이름은 직관성이 높은 것으로 설정하는 게 중요하다는 걸 볼 수 있습니다.

2-5
거꾸로 피라미드 만들기

첫째 줄에 숫자 N이 주어질 때 그 출력값으로 별이 첫 번째 줄에는 2 * N - 1 개가 존재하고 두 번째 줄에는 2 * N - 3개 그리고 가장 마지막 N번째 줄에는 별이 1개 존재하는 피라미드를 출력하세요.

◆ **입출력 예시**

```
실행 결과 1                                    X
N: 5
*********
 *******
  *****
   ***
    *
```

```
실행 결과 2                           X
N: 3
*****
 ***
  *
```

 무엇을 해야 할지 잘 모르겠어요!

◆ **변수의 힌트**
다중 for문은 패턴을 출력할 때 자주 사용됩니다. 중첩 반복문을 사용해서 각 줄에서의 공백 문자의 개수와 별의 개수를 출력해 보세요. 공백과 별의 규칙을 파악하는 것이 중요합니다.

복습이 필요하다면?

▶ [Part 1] Chapter 7. 반복문

1

코드

```c
#include <stdio.h>

int main() {
    int n;
    printf("N: ");
    scanf("%d",&n);

    for(int i = 0; i < n; i++){
        for(int j = 0; j < i; j++){
            printf(" ");
        }
        for(int j = 0; j < 2 * (n - i) - 1; j++){
            printf("*");
        }
        printf("\n");
    }

    return 0;
}
```

실행 결과 1   X

```
N: 5
*********
 *******
  *****
   ***
    *
```

실행 결과 2   X

```
N: 3
*****
 ***
  *
```

변수의 코멘트

❱ 변수 i를 줄을 바꾸는 데 사용하고, 공백 문자와 별 문자의 개수를 변수 j를 활용해서 간단하게 잘 구현했네요!

2

```c
1  #include <stdio.h>
2
3  int main() {
4      int n;
5      printf("N: ");
6      scanf("%d", &n);
7
8      int floor = 0;
9
10     for(int i = n; i > 0; i--){
11         for(int j = 0; j < floor; j++){
12             printf(" ");
13         }
14         for(int k = 0; k < 2 * i - 1; k++){
15             printf("*");
16         }
17         floor++;
18         printf("\n");
19     }
20
21     return 0;
22 }
```

실행 결과　　Ⅹ

```
N: 4
*******
 *****
  ***
   *
```

변수의 코멘트

❍ for문의 조건식을 n부터 차례대로 줄이는 형식으로 구성했습니다. 이후 공백의 출력 횟수를 floor라는 변수로 관리하고 있
네요. 잘 구성했습니다.

AI의 추천 코드

```c
1   #include <stdio.h>
2
3   int main(){
4       // 입력
5       int n;
6       printf("N: ");
7       scanf("%d", &n);
8
9       // 출력
10      for(int i = n; i >= 1; i--){
11          for(int j = 0; j < n - i; j++){
12              printf(" ");
13          }
14          for(int j = 0; j < 2 * i - 1; j++){
15              printf("*");
16          }
17          printf("\n");
18      }
19
20      return 0;
21  }
```

실행 결과 1　　　X

```
N: 5
*********
 *******
  *****
   ***
    *
```

실행 결과 2　　　X

```
N: 3
*****
 ***
  *
```

변수의 코멘트

▶ AI는 n부터 시작하여 값을 줄여 나가는 형태로 반복문을 구성했습니다. n과 가장 바깥쪽 반복문 i 변수의 관계를 이용하여 공백을 출력하고 별의 개수를 올바르게 출력하도록 로직을 작성했군요.

2-6
피보나치 수

피보나치 수란 바로 앞 두 수의 합이 그다음 수가 되는 규칙을 가지는 수열을 말합니다. 첫 번째 수는 항상 0이고 두 번째 수는 1입니다. 따라서 세 번째 수는 1이 되고 네 번째 수는 2가 되어 피보나치 수는 0, 1, 1, 2, 3, ...으로 이어집니다. 이때, 열 번째에 존재하는 피보나치 수를 구해 보세요.

◆ **출력 예시**

실행 결과	X
34	

 열 번째에 있는 피보나치 수를 어떻게 구할 수 있나요?

◆ **변수의 힌트**

앞의 두 개를 합해 다음 수가 만들어지는 규칙이 존재하는데 앞에 있던 두 개의 수 역시 각각의 자리에서 앞에 있던 두 수를 합하여 만들어진 것입니다. 패턴이 반복되고 있을 때 재귀를 생각해 보세요!

복습이 필요하다면?

▶ [Part 1] Chapter 5. 함수
▶ [Part 1] Chapter 7. 반복문

1

```c
1   #include <stdio.h>
2
3   int fibonacci(int n){
4       if(n == 1)
5           return 0;
6       else if(n == 2)
7           return 1;
8       return fibonacci(n - 1) + fibonacci(n - 2);
9   }
10
11  int main(){
12      int n = 10;
13      printf("%d\n", n, fibonacci(n));
14
15      return 0;
16  }
```

실행 결과 [X]

34

 변수의 코멘트

❯ 이전 두 값을 더해서 다음 값을 만드는 규칙을 재귀 함수를 사용해서 잘 적용한 코드네요!

2

```c
1   #include <stdio.h>
2
3   int main(){
4       int a = 1;
5       int b = 1;
6       for(int i = 2; i < 8; i++){
7           if(i % 2 == 0){
8               a = a + b;
9           } else{
10              b = a + b;
11          }
12      }
13      printf("%d\n", a + b);
14
15      return 0;
16  }
```

실행 결과   X

34

변수의 코멘트

� 정수형 변수 두 개를 차례대로 더해 가며 값을 변경하고 있습니다. 피보나치 수열은 이전의 값을 이용하여 현재의 값을 더하는 규칙이 있으므로, 필요한 변수는 최소 2개입니다. 메모리를 최소로 사용할 수 있는 좋은 코드입니다.

3

```c
1   #include <stdio.h>
2
3   int main() {
4       // 피보나치 수열을 저장할 배열
5       int fibonacci[10];
6
7       // 첫 번째와 두 번째 피보나치 수 초기화
8       fibonacci[0] = 0;
9       fibonacci[1] = 1;
10
11      // 세 번째 피보나치 수부터 계산
12      for(int i = 2; i < 10; i++){
13          fibonacci[i] = fibonacci[i - 1] + fibonacci[i - 2];
14      }
15
16      // 열 번째 피보나치 수 출력
17      printf("%d\n", fibonacci[9]);
18
19      return 0;
20  }
```

실행 결과	X
34	

변수의 코멘트

▶ AI는 배열을 이용하여 0, 1번째 요소를 정해 주고, 이전 배열의 합을 통해 피보나치 수열을 만들었습니다. 간단한 형식을 통해 구성했군요.

2-7
카드 섞기

5장의 카드에 적힌 번호가 공백으로 분리되어 한 줄에 제공됩니다. 이때, 2장의 카드를 선택해 위치를 서로 변경시키려고 합니다. 바꿀 카드의 위치를 공백으로 분리해서 주어질 때 섞인 카드에 적힌 번호를 차례대로 출력하세요. (단, 함수 하나를 필수로 사용하세요.)

◆ 입출력 예시

실행 결과 1	X
카드에 적힌 번호: 1 2 3 4 5
바꿀 카드의 위치: 1 2
실행 결과: 2 1 3 4 5

실행 결과 2	X
카드에 적힌 번호: 5 4 3 3 1
바꿀 카드의 위치: 3 4
실행 결과: 5 4 3 3 1

 함수에 어떤 기능을 넣어야 할지 모르겠어요!

◆ 변수의 힌트

함수란 특정 기능을 수행하는 로직을 정의해 놓은 것이기에 배열의 두 개의 값을 변경하는 로직에 활용하기 적절해요.

복습이 필요하다면?

▶ [Part 1] Chapter 5. 함수
▶ [Part 1] Chapter 7. 반복문
▶ [Part 1] Chapter 8. 배열과 문자열

1

코드

```c
#include <stdio.h>

void swapCards(int cards[], int position1, int position2){
    int temp = cards[position1 - 1];
    cards[position1 - 1] = cards[position2 - 1];
    cards[position2 - 1] = temp;
}

int main(){
    int cardCount = 5;
    int cards[cardCount];

    printf("카드에 적힌 번호: ");
    for(int i = 0; i < cardCount; i++){
        scanf("%d", &cards[i]);
    }

    int position1, position2;
    printf("바꿀 카드의 위치: ");
    scanf("%d %d", &position1, &position2);

    swapCards(cards, position1, position2);

    printf("실행 결과: ");
    for(int i = 0; i < cardCount; i++){
        printf("%d ", cards[i]);
    }

    return 0;
}
```

실행 결과 1	X
카드에 적힌 번호: 1 2 3 4 5	
바꿀 카드의 위치: 1 2	
실행 결과: 2 1 3 4 5	

실행 결과 2	X
카드에 적힌 번호: 5 4 3 3 1	
바꿀 카드의 위치: 3 4	
실행 결과: 5 4 3 3 1	

 변수의 코멘트

▶ 카드를 바꾸는 기능을 수행하는 함수를 만들어서 배열의 요소를 서로 변경시키는 로직을 잘 적용한 코드예요!

2

```c
1  #include <stdio.h>
2
3  void swapCard(int *arr, int a, int b){
4      int temp;
5      temp = arr[a - 1];
6      arr[a - 1] = arr[b - 1];
7      arr[b - 1] = temp;
8      return;
9  }
10
11 int main(){
12     int arr[5];
13     int a, b;
14     int *ptr = arr;
15
16     printf("카드에 적힌 번호: ");
17     scanf("%d %d %d %d %d\n", ptr, ptr + 1, ptr + 2, ptr + 3, ptr + 4);
18     printf("바꿀 카드의 위치: ");
19     scanf("%d %d", &a, &b);
20     swapCard(ptr, a, b);
21     printf("실행 결과: ");
22     printf("%d %d %d %d %d", arr[0], arr[1], arr[2], arr[3], arr[4]);
23
24     return 0;
25 }
```

실행 결과 1	X
카드에 적힌 번호: 1 2 3 4 5 바꿀 카드의 위치: 1 2 실행 결과: 2 1 3 4 5	

실행 결과 2	X
카드에 적힌 번호: 5 4 3 3 1 바꿀 카드의 위치: 3 4 실행 결과: 5 4 3 3 1	

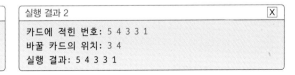

변수의 코멘트

▶ 배열 포인터를 이용하여 함수에 배열을 전달하고, 직접 값을 수정할 수 있도록 구성했습니다. 포인터를 잘 이용했습니다.

3

```
1   #include <stdio.h>
2
3   // 카드를 섞는 함수
4   void shuffle(int cards[], int a, int b){
5       // 두 카드의 값을 교환
6       int temp = cards[a];
7       cards[a] = cards[b];
8       cards[b] = temp;
9   }
10
11  int main() {
12      // 카드에 적힌 번호
13      int cards[5];
14      printf("카드에 적힌 번호: ");
15      scanf("%d %d %d %d %d", &cards[0], &cards[1], &cards[2], &cards[3], &cards[4]);
16
17      // 바꿀 카드의 위치
18      int a, b;
19      printf("바꿀 카드의 위치: ");
20      scanf("%d %d", &a, &b);
21
22      // 카드를 섞음
23      shuffle(cards, a - 1, b - 1);
24
25      // 섞인 카드를 출력
26      printf("실행 결과: ");
27      for(int i = 0; i < 5; i++){
28          printf("%d ",cards[i]);
29      }
30
31      return 0;
32  }
```

실행 결과 1   X
카드에 적힌 번호: 1 2 3 4 5 바꿀 카드의 위치: 1 2 실행 결과: 2 1 3 4 5

실행 결과 2   X
카드에 적힌 번호: 5 4 3 3 1 바꿀 카드의 위치: 3 4 실행 결과: 5 4 3 3 1

변수의 코멘트

● 함수에 직접 배열을 전달하고, 인덱스를 맞춰 주기 위해 인자를 1씩 감소시킨 후 전달했습니다. 가장 기본적인 형태입니다.

2-8
학생 관리 시스템

이름, 나이, 학급, 학번이 저장될 수 있도록 구조체를 만들고 학생 3명의 정보를 저장한 후 학번이 가장 큰 학생의 이름을 출력하세요.

◆ **입출력 예시**

실행 결과	X
학생 1 정보 입력 이름/나이/학번: 김변수 19 1901 학생 2 정보 입력 이름/나이/학번: 박하늘 18 1801 학생 3 정보 입력 이름/나이/학번: 한영수 17 1701 가장 큰 학번을 가진 학생의 이름: 김변수	

구조체 변수의 값을 어떻게 비교하면 좋을까요?

◆ **변수의 힌트**

총 3명의 학생 정보를 구조체 배열을 사용하여 저장하고 '.'으로 구조체의 멤버에 접근하여 가장 큰 나이를 구해 보세요.

복습이 필요하다면?

▶ [Part 1] Chapter 6. 조건문
▶ [Part 1] Chapter 7. 반복문
▶ [Part 1] Chapter 10. 구조체

1

코드

```c
1   #include <stdio.h>
2   #include <string.h>
3
4   typedef struct{
5       char name[50];
6       int age;
7       int num;
8   } Student;
9
10  int main(){
11      Student students[3];
12
13      for(int i = 0; i < 3; i++){
14          printf("학생 %d 정보 입력\n", i + 1);
15          printf("이름/나이/학번: ");
16          scanf("%s", students[i].name);
17          scanf("%d", &students[i].age);
18          scanf("%d", &students[i].num);
19      }
20
21      int maxNum = students[0].num;
22      int maxIndex = 0;
23      for(int i = 1; i < 3; i++){
24          if(students[i].num > maxNum){
25              maxNum = students[i].num;
26              maxIndex = i;
27          }
28      }
29
30      printf("가장 큰 학번을 가진 학생의 이름: %s\n", students[maxIndex].name);
31
32      return 0;
33  }
```

```
학생 1 정보 입력
이름/나이/학번: 김변수 19 1901
학생 2 정보 입력
이름/나이/학번: 박하늘 18 1801
학생 3 정보 입력
이름/나이/학번: 한영수 17 1701
가장 큰 학번을 가진 학생의 이름: 김변수
```

변수의 코멘트

❯ 구조체 배열을 사용하여 반복문과 함께 변수 i로 구조체 멤버에 접근하여 코드를 제어하고 있는 좋은 코드에요!

2

AI의 추천 코드

```c
1    #include <stdio.h>
2
3    // 학생 정보를 저장하는 구조체
4    typedef struct{
5        char name[20];
6        int age;
7        int grade;
8        int student_id;
9    } student;
10
11   // 학생 정보를 입력받는 함수
12   void input_student(student *s){
13       printf("이름/나이/학번: ");
14       scanf("%s %d %d", (*s).name, &(*s).age, &(*s).student_id);
15       (*s).grade= (*s).student_id;
16   }
17
18   // 학번이 가장 큰 학생의 이름을 출력하는 함수
19   void print_max_student_name(student students[]){
20       int max_student_id = 0;
21       int max_student_index = 0;
22       for(int i = 0; i < 3; i++){
23           if(students[i].student_id > max_student_id){
24               max_student_id = students[i].student_id;
25               max_student_index = i;
26           }
27       }
28
```

```
29       printf("가장 큰 학번을 가진 학생의 이름: %s\n", students[max_student_index].name);
30   }
31
32   int main(){
33       // 학생 정보를 저장할 구조체 배열
34       student students[3];
35
36       // 학생 정보를 입력받음
37       for(int i = 0; i < 3; i++) {
38           input_student(&students[i]);
39       }
40       // 학번이 가장 큰 학생의 이름을 출력
41       print_max_student_name(students);
42
43       return 0;
44   }
```

실행 결과
                                                                                   X

학생 1 정보 입력
이름/나이/학번: 김변수 19 1901
학생 2 정보 입력
이름/나이/학번: 박하늘 18 1801
학생 3 정보 입력
이름/나이/학번: 한영수 17 1701
가장 큰 학번을 가진 학생의 이름: 김변수

변수의 코멘트

❯ AI는 구조체 포인터와 함수를 이용했어요. 각 함수는 함수의 이름과 같은 역할을 수행합니다. 구조체 배열을 생성하여 구조체 포인터를 전달하고 직접 구조체에 접근하여 값을 입력한 이후, 구조체 배열을 전달한 함수에서 값을 비교하고 출력하고 있어요. 역할이 명확하게 나뉘어 있어 좋은 코드라고 볼 수 있지만, 이해하기 어려울 수 있으니 코드의 흐름을 잘 파악해 보기 바랍니다.

2-9
점수에 따른 등급 산출하기

　수진 선생님은 학생의 A+, A, B+, B … F까지의 등급을 통해 점수를 매겨야 합니다. 100점은 A+, 95점은 A, 90점은 A-, … 5점 단위로 한 등급씩 낮아진다고 할 때, 등급을 입력하면 그에 따른 점수가 출력되는 프로그램을 작성해 보세요.(단, F는 불합격, 올바른 등급 외에는 잘못된 점수입니다.)

◆ **입출력 예시**

실행 결과 1	X
등급을 입력하십시오: A+
100

실행 결과 2	X
등급을 입력하십시오: F
불합격

 A+, B+와 같이 문자 여러 개를 받아서 어떻게 비교할 수 있나요?

◆ **변수의 힌트**

학생의 등급을 입력받기 위해 문자열을 생성하고, 해당 문자열을 구분하여 점수를 출력하도록 구성할 수 있습니다. 이때, if, switch 등의 조건문을 활용하여 코드를 작성할 수 있습니다. 조건문 안에 '+' 여부를 판단하는 조건문을 넣어 바깥쪽 조건문에서는 A, B, C 등을 파악하고, 안쪽 조건문에서는 '+' 여부를 판단할 수 있습니다.

복습이 필요하다면?

▶ [Part 1] Chapter 2. 변수와 자료형
▶ [Part 1] Chapter 6. 조건문

변수와 함께하는 포트폴리오 리뷰

1

코드

```
1    #include <stdio.h>
2
3    int main(){
4        char grade[3];
5        int score = 55;
6        printf("등급을 입력하십시오: ");
7        scanf("%s", grade);
8
9        if(grade[0] == 'A'){
10           score = score + 40;
11       }
12
13       if(grade[0] == 'B'){
14           score = score + 30;
15       }
16
17       if(grade[0] == 'C'){
18           score = score + 20;
19       }
20
21       if(grade[0] == 'D'){
22           score = score + 10;
23       }
24
25       if(grade[1] == '+'){
26           score = score = 5;
27       }
28
29       if(grade[0] == 'F'){
30           printf("불합격");
31       } else if(score == 55){
32           printf("잘못된 등급입니다.");
33       } else{
34           printf("%d", score);
35       }
36
37       return 0;
38   }
```

실행 결과 1	X
등급을 입력하십시오: D+ 70	

실행 결과 2	X
등급을 입력하십시오: F 불합격	

변수의 코멘트

❯ 점수의 관계를 통해 조건문으로 코드를 구성했군요. 새로운 접근 방식이 인상적이네요. 하지만, "F+"나 "A−"와 같이 예외에 대한 부분이 부족할 수 있을 것 같습니다. 위 방법으로 예외처리와 코드의 흐름에 대한 로직을 처리한다면 더 좋은 코드가 될 수 있을 것 같아요.

2

코드

```c
#include <stdio.h>
#include <string.h>

int main(){
    char myGrade[10];

    printf("등급을 입력하십시오: ");
    scanf("%s", myGrade);

    char grade[10][10] = {"A+","A","B+","B","C+","C","D+","D","F"};
    int score = 100;
    int flag = 0;

    for(int i = 0; i < 9; i++){
        if(!strcmp(grade[i], myGrade)){
            if(i == 8){
                printf("불합격");
            }
            else{
                printf("%d\n", 100 - (i) * 5);
            }
            flag = 1;
        }
    }

    if(flag == 0){
        printf("잘못된 등급입니다.");
    }

    return 0;
}
```

변수의 코멘트

❯ 2차원 배열을 활용한 코드입니다. strcmp 함수를 활용하여 등급에 올바른 내용이 있는지 확인하고, 비교한 횟수만큼 100점에서 점수를 차감하면서 올바른 결과가 출력될 수 있도록 구성했군요. 구성이 아주 우수한 코드입니다. 올바르지 않은 문자가 들어온 경우, flag 변수를 활용하여 올바르지 않은 등급이 들어왔을 때 예외처리할 수 있도록 구성한 것이 돋보입니다.

3

AI의 추천 코드

```c
1   #include <stdio.h>
2
3   int main(){
4       // 점수를 입력받습니다.
5       char grade[10];
6       printf("등급을 입력하십시오: ");
7       scanf("%s", grade);
8
9       // 점수에 따라 평점을 계산합니다.
10      switch(grade[0]){
11          case 'A':
12              if(grade[1] == '+'){
13                  printf("100\n");
14              } else{
15                  printf("95\n");
16                  break;
17              }
18          case 'B':
19              if(grade[1] == '+'){
20                  printf("90\n");
21              } else{
22                  printf("85\n");
23              }
24              break;
25          case 'C':
26              if(grade[1] == '+'){
27                  printf("80\n");
28              } else{
29                  printf("/5\n");
30              }
31              break;
```

```
32         case 'D':
33             if(grade[1] == '+'){
34                 printf("75\n");
35             } else{
36                 printf("65\n");
37             }
38             break;
39         case 'F':
40             printf("불합격\n");
41             break;
42         default:
43              printf("잘못된 등급입니다.\n");
44     }
45
46     return 0;
47 }
```

실행 결과 1	X
등급을 입력하십시오: A+ 100	

실행 결과 2	X
등급을 입력하십시오: F 불합격	

 변수의 코멘트

● AI는 switch문과 if문을 활용하여 직접 점수를 출력하는 형태로 구성했습니다. switch문을 활용하여 명확한 상황을 모두 정해 주었기 때문에 나머지 상황에 대해서는 잘못된 점수라고 올바르게 출력할 수 있겠네요.

2-10
도전! 스도쿠!

스도쿠는 3 * 3칸 안에 1부터 9까지의 숫자가 모두 들어가야 합니다. 3 * 3 크기의 스도쿠 칸 안에 숫자가 들어있다고 가정할 때, 해당 배열은 올바른지 틀린지 구분하는 스도쿠 정답 판독기를 만들어 보세요.

◆ **입출력 예시**

 스도쿠가 올바른지 확인할 수 있는 조건을 어떻게 구현할 수 있나요?

◆ **변수의 힌트**

스도쿠가 올바른지 확인할 수 있는 조건은 반복문과 배열을 이용하여 값에 어떻게 접근할 것인지 생각해 보는 것으로 시작할 수 있습니다. 방법은 다양하지만, 가장 기본적으로는 1부터 9까지 있는지 확인하는 방법과 스도쿠의 숫자 중 겹치는 요소가 있는지 확인하는 방법이 있습니다. 이외에도 다양한 방법이 존재할 수 있으니, 방법을 구상해 보기 바랍니다.

복습이 필요하다면?

▶ [Part 1] Chapter 6. 조건문
▶ [Part 1] Chapter 7. 반복문
▶ [Part 1] Chapter 8. 배열과 문자열

1

코드

```c
#include <stdio.h>

int main(){
    int a[9];

    for(int i = 1; i < 4; i++){
        scanf("%d %d %d", &a[3 * i - 2], &a[3 * i - 1], &a[3 * i]);
    }

    for(int i = 0; i < 9; i++){
        for(int j = 8; j > i; j--){
            if(a[i] == a[j]){
                printf("틀립니다.");
                return 0;
            }
        }
    }
    printf("올바릅니다.");

    return 0;
}
```

실행 결과 1   X

```
1 2 3
4 5 6
7 8 9
올바릅니다.
```

실행 결과 2   X

```
2 3 2
4 6 6
5 5 5
틀립니다.
```

변수의 코멘트

▶ 2차원 배열이 아닌 1차원 배열을 사용했군요. 배열에 값을 넣은 뒤, 배열 내에 중복되는 값이 없는 경우 올바르다고 출력하고 있습니다. 접근 방식이 좋습니다. 0에 대한 예외처리가 있다면 너 좋을 것 같아요.

2

```c
1   #include <stdio.h>
2
3   int main(){
4       // 스도쿠 칸을 입력받습니다.
5       int sudoku[3][3];
6       for(int i = 0; i < 3; i++){
7           scanf("%d %d %d", &sudoku[i][0], &sudoku[i][1], &sudoku[i][2]);
8       }
9
10      // 3x3 박스에서 중복이 없는지 확인합니다.
11      int box_index;
12      int check[10] = {0,};
13      for(int i = 0; i < 3; i++){
14          for(int j = 0; j < 3; j++){
15              if(check[sudoku[i][j]] == 1){
16                  printf("틀립니다.\n");
17                  return 0;
18              }
19              check[sudoku[i][j]] = 1;
20          }
21      }
22      // 모든 조건을 통과하면 정답입니다.
23      printf("올바릅니다.\n");
24
25      return 0;
26  }
```

실행 결과 1 ⊠

```
1 2 3
4 5 6
7 8 9
올바릅니다.
```

실행 결과 2 ⊠

```
1 3 5
5 6 7
8 3 2
틀립니다.
```

변수의 코멘트

❯ AI는 2차원 배열 안에 1부터 9까지의 값이 모두 있는지 판별하는 것이 아닌, 중복되는 값의 존재 여부를 판단하고 있습니다. 일부 예외 사항이 있을 수 있으나 배열의 인덱스 값으로 입력한 스도쿠 배열을 사용한 것이 인상적입니다.

CHAPTER

난이도 상(★★★) 프로젝트

"C언어 마스터를 향한 도전 문제!"

3-1
원래 숫자 구하기

변수는 0보다 크고 99보다 작거나 같은 정수로 숫자 놀이를 하고 있습니다. 먼저 주어진 수가 10보다 작다면 앞에 0을 붙여 두 자릿수로 만들고 각 자리의 숫자를 더합니다. 이후, 주어진 수의 일의 자리와 앞에서 구한 합의 일의 자릿수를 이어 붙여 새로운 수를 만드는 것입니다.

26이라는 수를 예로 들어 보겠습니다. 2 + 6 = 8이므로 새로운 수는 68입니다. 이어서 6 + 8 = 14이므로 새로운 수는 84입니다. 그다음으로 8 + 4 = 12이므로 새로운 수는 42입니다. 4 + 2 = 6이므로 새로운 수는 26입니다.

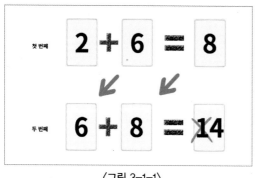

〈그림 3-1-1〉

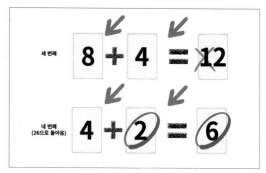

〈그림 3-1-2〉

네 번 만에 처음 숫자로 돌아올 수 있었습니다. 따라서 26은 네 번의 계산이 필요한 수라는 것을 알 수 있습니다.

이처럼 정수 N이 주어졌을 때 몇 번 만에 원래 숫자를 구할 수 있는지 알려 주는 프로그램을 작성해 보세요.

◆ **입출력 예시**

실행 결과 1	X
26	
4	

실행 결과 2	X
55	
3	

 값을 어떻게 구분하고 얻어낼 수 있나요?

◆ **변수의 힌트**

각 자릿수의 숫자를 얻어내기 위해서는 % 연산자와 / 연산자를 잘 활용하면 됩니다. 만약, 일의 자리를 얻기 위해서는 N % 10을 이용하면 10으로 나누고 남은 값이므로 일의 자리가 됩니다. 십의 자리는 N / 10을 통해 구할 수 있습니다. 이때의 몫이 십의 자리가 되는 것입니다. 각 자리의 값을 변수에 저장하고 조합한 이후 최초의 숫자가 되었을 때 프로그램을 종료해야 하므로 반복문의 종료 조건을 잘 설정해 두어야 무한루프에 빠지지 않습니다.

복습이 필요하다면?

▶ [Part 1] Chapter 2. 변수와 자료형
▶ [Part 1] Chapter 6. 조건문
▶ [Part 1] Chapter 7. 반복문

1

코드

```c
#include <stdio.h>

int main(){
    int a, b, input, temp;
    int count = 0;
    scanf("%d", &input);
    if(input < 10){
        input = input * 10;
    }
    temp=  input;

     while(1){
        a = temp / 10;
        b = temp % 10;
        temp = b * 10 + (a + b) % 10;
        count++;
        if(temp == input){
            break;
        }
    }
    printf("%d", count);

    return 0;
}
```

실행 결과 [X]

```
1
60
```

실행 결과 [X]

```
55
3
```

변수의 코멘트

◗ 일의 자리와 십의 자리를 입력값으로부터 분리한 이후. 임시 변수인 temp에 값을 합했습니다. 이 과정을 통해 새로운 수를 만들고 while문 안의 조건문으로 값을 검사하는군요. 잘했습니다.

코드

```c
1   #include <stdio.h>
2
3   int main(){
4       int num;
5       scanf("%d", &num);
6
7       if(num < 10){
8           num = num * 10;
9       }
10
11      int count = 0;
12      int origin = num;
13
14      while(1){
15          num = (num % 10) * 10 + (num % 10 + num / 10) % 10;
16
17          count++;
18
19          if(origin == num){
20              printf("%d\n", count);
21              break;
22          }
23      }
24
25      return 0;
26  }
```

실행 결과 [X]

```
2
60
```

실행 결과 [X]

```
24
20
```

변수의 코멘트

◉ 연산을 나눠서 하지 않고 한번에 로직을 구현했어요. 연산이 길어져서 가독성이 떨어질 수 있지만 더하기 연산자를 기준으로 왼쪽에는 십의 자리 연산, 오른쪽에는 일의 자리 연산을 차례대로 구해서 코드가 잘 읽히고 있는 좋은 코드네요!

3

```
1   #include <stdio.h>
2
3   int main(){
4       // 입력
5       int n;
6       scanf("%d", &n);
7
8       //입력이 10보다 작다면 값 수정
9       if(n < 10){
10          n = n * 10;
11      }
12
13      // 숫자 놀이를 수행
14      int condition = n;
15      int count = 0;
16      do{
17          int sum = n * 10 + n % 10;
18          n = (n % 10) * 10 + sum % 10;
19          count++;
20      } while(n != condition) ;
21
22      // 결과 출력
23      printf("%d\n", count);
24
25      return 0;
26  }
```

실행 결과	X
26 4	

실행 결과	X
55 3	

변수의 코멘트

❯ AI는 for-while문을 활용하여 코드를 작성했습니다. condition은 n으로 초기화되었기 때문에 반복문을 사용하기 위해서는 반드시 한 번은 실행되어야 합니다. 이후, 입력받은 n의 값을 수정하고, sum 변수를 생성 및 초기화하여 조건을 만족할 수 있도록 구성했습니다.

3-2
수 정렬하기

N개의 수가 주어질 때 오름차순으로 정렬하는 프로그램을 작성해 보세요.

◆ 입출력 예시

```
실행 결과                                                                    X
정렬할 숫자의 개수를 입력하세요: 5
5
2
3
4
1
1
2
3
4
5
```

 정렬을 어떻게 구현할 수 있을까요?

◆ 변수의 힌트

정렬 알고리즘은 굉장히 다양하게 존재하지만, 가장 간단한 방법으로 순차 정렬이 존재합니다. 순차 정렬은 앞에서부터 값을 비교하며 전체를 정렬하는 알고리즘으로 정수형 숫자를 저장할 배열을 생성하고, 각 값을 차례대로 비교하는 원리입니다. 만약 현재 숫자와 다른 숫자의 크기를 비교하여 조건에 부합하지 않는다면 해당 숫자의 위치를 변경해 주어야 합니다. 차례대로 비교하는 것에 중점을 두고, 전체를 비교할 수 있도록 구성해 보세요.

복습이 필요하다면?

1

코드

```c
#include <stdio.h>
#include <stdlib.h>

int main(){
    int n;
    printf("정렬할 숫자의 개수를 입력하세요: ");
    scanf("%d", &n);
    int* numList = (int*)malloc(sizeof(int) * n);

    for(int i = 0; i < n; i++){
        scanf("%d", &numList[i]);
    }
    for(int i = 0; i < n; i++){
        for(int j = i + 1; j < n; j++){
            if(numList[i] > numList[j]){
                int temp = numList[i];
                numList[i] = numList[j];
                numList[j] = temp;
            }
        }
    }
    for(int i = 0; i < n; i++){
        printf("%d\n", numList[i]);
    }
    free(numList);

    return 0;
}
```

실행 결과 [X]

```
정렬할 숫자의 개수를 입력하세요: 5
5
2
3
4
1
1
2
3
4
5
```

● 동적 할당을 이용하여 입력받은 만큼 배열을 생성하고, 순차 정렬을 이용하여 수를 오름차순으로 정렬하였습니다. 순차 정렬 외에도 다른 정렬 방법이 있으니 더 효율적인 알고리즘을 확인해 보기 바랍니다.

2

코드

```c
#include <stdio.h>

void swap(int* a, int* b) {
    int temp = *a;
    *a = *b;
    *b = temp;
}

void sort(int arr[], int n) {
    int i, j, min_idx;

    for(i = 0; i < n - 1; i++) {
        min_idx = i;
        for(j = i + 1; j < n; j++) {
            if(arr[j] < arr[min_idx])
                min_idx = j;
        }
        swap(&arr[min_idx], &arr[i]);
    }
}

int main(){
    int n;

    scanf("%d", &n);

    int arr[n];

    for(int i = 0; i < n; i++){
        scanf("%d", &arr[i]);
    }

    sort(arr, n);
```

```
35          for(int i = 0; i < n; i++){
36              printf("%d\n", arr[i]);
37          }
38
39          return 0;
40      }
```

실행 결과   ☒

```
3
-1
-8
100
-8
-1
100
```

변수의 코멘트

▶ 포인터를 사용해서 두 값을 변경하는 함수 swap을 잘 작성했네요. sort 함수에서는 반복마다 현재의 인덱스부터 끝의 인
덱스를 활용해 요소의 최솟값을 찾고 현재 위치와 변경하도록 해서 결국 작은 것이 맨 처음으로 가도록 하는 선택 정렬을
사용했어요. 위의 순차 정렬보다 두 원소를 계속 비교하지는 않기 때문에 비교 횟수가 줄어듭니다.

3

AI의 추천 코드

```
1   #include <stdio.h>
2
3   int main(){
4       // 입력
5       int n;
6       printf("정렬할 숫자의 개수를 입력하세요: ");
7       scanf("%d", &n);
8       int arr[n];
9       for(int i = 0; i < n; i++){
10          scanf("%d", &arr[i]);
11      }
12
13      // 정렬
14      for(int = i = 0; i < n - 1; i++){
15          for(int = j = i + 1; j < n; j++){
16              if(arr[i] > arr[j]){
```

```
17              int temp = arr[i];
18              arr[i] = arr[j];
19              arr[j] = temp;
20          }
21       }
22    }
23
24    // 출력
25    for(int i = 0; i < n; i++){
26        printf("%d ", arr[i]);
27    }
28    printf("\n");
29
30    return 0;
31 }
```

실행 결과   [X]

정렬할 숫자의 개수를 입력하세요: 5
1
5
4
2
3
1 2 3 4 5

변수이 코멘트

▶ AI 또한 순차 정렬을 이용하여 간단하게 문제를 해결했습니다. 또한 동적 할당이 아닌, 배열을 직접 생성하는 과정을 통해 원하는 크기의 배열을 생성했습니다.

3-3
팩토리얼 구현하기

팩토리얼(!)은 자기 자신보다 작거나 같은 모든 양의 정수의 곱입니다. 만약, 5 팩토리얼이라면 5 * 4 * 3 * 2 * 1을 의미합니다. 재귀 함수를 사용하여 팩토리얼을 계산하는 프로그램을 작성해 보세요. (단, 0!은 1이며, 팩토리얼을 구할 정수 n은 20 이하의 양의 정수입니다.)

◆ **입출력 예시**

실행 결과 1	X
10	
3628800	

실행 결과 2	X
0	
1	

 재귀 함수를 구현하는 것이 너무 어려워요!

◆ **변수의 힌트**

재귀 함수에서 중요한 것은 종료 조건입니다. 팩토리얼 재귀 함수에서 종료 조건은 자기 자신부터 시작하여 곱하며 가장 작은 수를 곱한 상황입니다. 문제를 작게 나누어 해결할 수 있도록 자신을 호출할 때 함수의 인자를 좁혀 나가며 호출해 보세요.

복습이 필요하다면?

▶ [Part 1] Chapter 3. 표준 입출력
▶ [Part 1] Chapter 5. 함수

변수와 함께하는 포트폴리오 리뷰

1

```c
1   #include <stdio.h>
2
3   long factorial(int n){
4       if(n == 1){
5           return 1;
6       }
7       return n * factorial(n - 1);
8   }
9
10  int main(){
11      int n;
12
13      scanf("%d", &n);
14
15      if(n == 0){
16          printf("%d", 1);
17          return 0;
18      }
19
20      printf("%ld", factorial(n));
21
22      return 0;
23  }
```

실행 결과 1 [X]

```
10
3628800
```

실행 결과 2 [X]

```
0
1
```

변수의 코멘트

◗ 자료형과 올바른 형식 지정자를 사용하여 올바른 출력을 하고 있습니다. 재귀 함수의 종료 조건을 n이 1인 경우로 설정하였으며, n이 0인 경우 또한 예외로 잘 설정해 주었습니다.

2

```
1   #include <stdio.h>
2
3   long factorial(int n){
4       if(n == 0){
5           return 1;
6       } else{
7           return n * factorial(n - 1);
8       }
9   }
10
11  int main(){
12      int n;
13
14      scanf("%d", &n);
15      printf("%ld\n", factorial(n));
16
17      return 0;
18  }
```

실행 결과 1   [X]

```
10
3628800
```

실행 결과 2   [X]

```
0
1
```

변수의 코멘트

❯ AI는 재귀 함수의 종료 조건을 n이 0인 상황으로 하였습니다. 따라서, 따로 0이라는 예외 상황을 부여하지 않아도 동작하며, 자료형 또한 long으로 설정하여 큰 수에 대비하였습니다.

3-4
도전! 별 찍기!

어려운 모양의 별 찍기입니다. 패턴을 찾아 아래의 출력 예시와 같은 모양을 출력해 보세요.

◆ 입출력 예시

```
실행 결과                                                                    X
5
*         *
**       **
***     ***
****   ****
**********
****   ****
***     ***
**       **
*         *
```

 무엇을 해야 할지 잘 모르겠어요!

◆ 변수의 힌트
별 찍기에서 가장 중요한 것은 패턴을 파악하는 것입니다. 어떤 조건에 별 또는 공백을 출력하는지 파악해 보세요!

복습이 필요하다면?

▶ [Part 1] Chapter 6. 조건문
▶ [Part 1] Chapter 7. 반복문

변수와 함께하는 포트폴리오 리뷰

1

코드

```c
#include <stdio.h>

int main(){
    int n;
    int floor = 1;
    int reverse = 0;

    scanf("%d", &n);
    n = n * 2;

    for(int i = 0; i < n - 1; i++){
        for(int a = 0; a < floor; a++){
            printf("*");
        }
        for(int j = 0; j < n - floor * 2; j++){
            printf(" ");
        }
        for(int a = 0; a < floor; a++){
            printf("*");
        }
        printf("\n");
        if(floor == n / 2){
            reverse = 1;
        }
        if(reverse == 1){
            floor--;
        } else{
            floor++;
        }
    }

    return 0;
}
```

```
5
*         *
**       **
***     ***
****   ****
**********
****   ****
***     ***
**       **
*         *
```

변수의 코멘트

❯ 패턴을 찾아 올바르게 출력하였습니다. 층에 따라 중간층에 도달하면 reverse 변수를 변경하여 반대로 출력할 수 있도록
  구성했네요. 잘했습니다.

2

코드

```
1   #include <stdio.h>
2
3   int main(){
4       int n;
5       scanf("%d", &n);
6
7       for(int i = 0; i < n; i++){
8           for(int j = 0; j < i + 1; j++){
9           printf("*");
10          }
11          for(int j = 0; j < 2 * (n - i - 1); j++){
12              printf(" ");
13          }
14          for(int j = 0; j < i + 1; j++){
15              printf("*");
16          }
17          printf("\n");
18      }
19      for(int i = 0; i < n - 1; i++){
20          for(int j = 0; j < n - 1 - i; j++){
21              printf("*");
22          }
23          for(int j = 0; j < 2 * (i + 1); j++){
24              printf(" ");
25          }
```

```
26        for(int j = 0; j < n - 1 - i; j++){
27            printf("*");
28        }
29        printf("\n");
30    }
31    return 0;
32 }
```

실행 결과   [X]

```
5
*        *
**      **
***    ***
****  ****
**********
****  ****
***    ***
**      **
*        *
```

변수의 코멘트

▶ 반복문을 사용해서 먼저 5줄을 출력하고 이후에 4줄을 출력해 주도록 반복하는 문자의 패턴에 맞춰 분리해 작성하고 있어요! 코드를 패턴별로 분리해서 가독성을 높인 좋은 코드라고 할 수 있어요.

3

AI의 추천 코드

```
1  #include <stdio.h>
2
3  int main(){
4      //입력
5      int n, temp;
6      scanf("%d", &n);
7
8      //중간까지의 별 모양 출력
9      for(int i = 1; i < n + 1; i++){
10         for(int j = 0; j < i; j++){
11             printf("*");
12         }
13         for(int j = 0; j < 2 * (n - i); j++){
14             printf(" ");
15         }
```

```
16          for(int j = 0; j < i; j++){
17              printf("*");
18          }
19          printf("\n");
20      }
21
22      //아랫부분의 별모양 출력
23      for(int i = 1; i < n; i++){
24          for(int j = 0; j < n - i; j++){
25              printf("*");
26          }
27          for(int j = 0; j < 2 * i; j++){
28              printf(" ");
29          }
30          for(int j = 0; j < n - i; j++){
31              printf("*");
32          }
33          printf("\n");
34      }
35
36      return 0;
37  }
```

실행 결과	X

```
5
*         *
**       **
***     ***
****   ****
**********
****   ****
***     ***
**       **
*         *
```

변수의 코멘트

❷ A는 각 층의 규칙을 찾아 윗부분과 아랫부분으로 분리하여 코드를 작성했습니다. 이중 중첩 반복문으로 한 개의 반복문 안에 '별과 공백을 출력하는 부분'을 세 부분으로 나누어 두었습니다.

>> 3-5
곱셈 답지 만들기

수학 숙제가 하기 싫었던 변수는 세 자리 정수 두 개를 곱하여 풀이 과정과 함께 출력하는 프로그램을 만들고자 합니다. 풀이 과정은 오른쪽 예시와 같습니다.

곱해야 하는 세 자리 정수 두 개를 입력하면 (1), (2), (3), (4)를 차례대로 출력하는 프로그램을 작성해 보세요.

```
         472
      x  385
    _____
        2360   (1)
        3776   (2)
        1416   (3)
    _____
      181720   (4)
```

◆ 입출력 예시

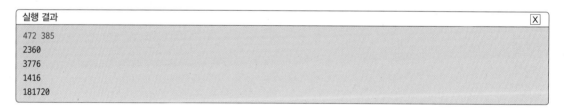

```
실행 결과                                                          X
472 385
2360
3776
1416
181720
```

 각 자릿수를 어떻게 연산하면 좋을까요?

◆ 변수의 힌트

(1), (2), (3)은 아래 숫자인 385의 자릿수를 하나씩 나누어 연산한 결과입니다. 따라서 아래에 있는 숫자의 자릿수를 나누어 연산한 이후 출력한다면 쉽게 결과를 얻을 수 있어요. 자릿수는 % 연산자와 / 연산자를 사용하여 쉽게 구할 수 있습니다.

복습이 필요하다면?

▶ [Part 1] Chapter 4. 연산자

변수와 함께하는 포트폴리오 리뷰

1

코드

```
1    #include <stdio.h>
2
3    int main(){
4        int a, b, temp;
5        scanf("%d %d", &a, &b);
6
7        temp = b % 10;
8        printf("%d\n", temp * a);
9
10       temp = b / 10;
11       temp = temp % 10;
12       printf("%d\n", temp * a);
13
14       temp = b / 100;
15       printf("%d\n", temp * a);
16       printf("%d", a * b);
17
18       return 0;
19   }
```

실행 결과   ☒

```
472 385
2360
3776
1416
181720
```

변수의 코멘트

❯ 자릿수를 추출하는 방법을 생각하고 각 자리에 맞는 연산을 통해 출력했습니다. 하지만 세 자리가 아닌 더 높은 자리가 된다면 적용되지 않을 수도 있겠다는 걱정이 있네요. 더 많은 자리에도 적용할 수 있는 방법을 찾아보는 것은 어떨까요?

2

코드

```
1    #include <stdio.h>
2
3    int main(){
4        int a, b;
5
6        scanf("%d %d", &a, &b);
7
8        int num1, num2, num3;
9
10       num1 = a * (b % 10);
11       num2 = a * ((b % 100) / 10);
12       num3 = a * ((b % 1000) / 100);
13
14       printf("%d\n", num1);
15       printf("%d\n", num2);
16       printf("%d\n", num3);
17       printf("%d\n", num1 + num2 * 10 + num3 * 100);
18
19       return 0;
20   }
```

실행 결과   ☒

```
472 385
2360
3776
1416
181720
```

변수의 코멘트

❯ 몫과 나머지를 사용하여 각 자릿수의 숫자를 가져와 각각의 변수에 할당하고 이를 활용해 최종 결과를 구하는 코드입니다.
해당 코드에서는 각 자리마다 규칙이 존재한다는 것을 알 수 있는데, 그렇다면 반복문에 활용해서 구하는 방법도 있을 수
있겠군요!

3

```
1    #include <stdio.h>
2
3    int main(){
4        int a, b, c, d, e, f, g;
5        // 입력
6        scanf("%d %d", &a, &b);
7
8        // (1) 구하기
9        c = a * (b % 10);
10       // (2) 구하기
11       d = a * ((b % 100) / 10);
12       // (3) 구하기
13       e = a * (b / 100);
14       // (4) 구하기
15       f = a * b;
16
17       // 결과 출력
18       printf("%d\n", c);
19       printf("%d\n", d);
20       printf("%d\n", e);
21       printf("%d\n", f);
22
23       return 0;
24   }
```

실행 결과	X
472 385	
2360	
3776	
1416	
181720	

변수의 코멘트

❯ AI는 각 변수를 목적에 맞게 분리해 두었습니다. 이후 동일하게 자릿수를 추출하고 추출한 값을 통해 출력하는 형태를 가지고 있습니다.

3-6
영수증 확인하기

편의점에서 간식을 산 변수는 생각보다 높은 금액이 계산되어 영수증을 통해 확인하려고 합니다. 첫 입력은 총액, 두 번째 입력은 물품의 개수, 이후에는 물품의 가격과 개수가 함께 입력됩니다. 입력을 보고 계산의 결과가 올바른지 확인하는 프로그램을 작성해 보세요.

◆ **입출력 예시**

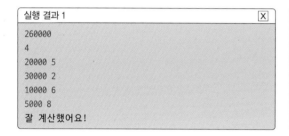

```
실행 결과 1                              X
260000
4
20000 5
30000 2
10000 6
5000 8
잘 계산했어요!
```

```
실행 결과 2                              X
250000
4
20000 5
30000 2
10000 6
5000 8
잘못 계산됐어요!
```

 영수증의 값을 어떻게 저장할 수 있나요?

◆ **변수의 힌트**

영수증의 값을 저장하는 방법은 다양해요. 배열을 사용하는 것이 가장 편리하며, 배열의 요소를 명확하게 구분하기 위해 구조체를 사용하는 방법도 있습니다. 계산한 값의 총합과 구매한 물품의 개수, 가격을 비교한다면 올바른 계산인지 틀린 계산인지 알 수 있습니다.

복습이 필요하다면?

▶ [Part 1] Chapter 4. 연산자
▶ [Part 1] Chapter 6. 조건문
▶ [Part 1] Chapter 7. 반복문
▶ [Part 1] Chapter 10. 구조체

변수와 함께하는 포트폴리오 리뷰

1

코드

```
1    #include <stdio.h>
2
3    int main(){
4        int x, t, a, b;
5
6        scanf("%d", &x);
7        scanf("%d", &t);
8
9        for(int i = 0; i < t; i++){
10           scanf("%d %d", &a, &b);
11           x -= a * b;
12       }
13
14       if(x == 0) printf("잘 계산했어요!");
15       else printf("잘못 계산됐어요!");
16
17       return 0;
18   }
```

실행 결과 1   ⊠
260000 4 20000 5 30000 2 10000 6 5000 8 잘 계산했어요!

실행 결과 2   ⊠
250000 4 20000 5 30000 2 10000 6 5000 8 잘못 계산됐어요!

 변수의 코멘트

▶ 필요한 만큼의 변수만을 활용해서 올바른 결과를 잘 출력했어요. 총액에서 계산한 값을 빼고, x의 값이 0이 아니라면 잘못
계산됐다는 것을 출력하도록 구성했군요.

2

```
1   #include <stdio.h>
2
3   int main(){
4       int total;
5
6       int num;
7
8       scanf("%d", &total);
9       scanf("%d", &num);
10
11      int price, count;
12      int sum = 0;
13      for(int i = 0; i < num; i++){
14          scanf("%d %d", &price, &count);
15          sum += price * count;
16      }
17
18      if(sum == total){
19          printf("잘 계산했어요\n");
20      } else{
21          printf("잘못 계산됐어요!\n");
22      }
23
24      return 0;
25  }
```

실행 결과 1	X
260000	
4	
20000 5	
30000 2	
10000 6	
5000 8	
잘 계산했어요!	

실행 결과 2	X
250000	
4	
20000 5	
30000 2	
10000 6	
5000 8	
잘못 계산됐어요!	

변수의 코멘트

❯ 총액과 비교할 금액의 총액을 담을 변수 sum을 활용하여 결제된 총금액을 구하는 로직을 활용한 코드예요! 반복문과 연산자, 조건문을 적절히 활용했어요.

```c
1    #include <stdio.h>
2
3    int main(){
4        // 입력
5        int x;
6        int n;
7        scanf("%d", &x);
8        scanf("%d", &n);
9
10       // 계산
11       int total = 0;
12       for(int i = 0; i < n; i++){
13           int a, b;
14           scanf("%d %d", &a, &b);
15           total += a * b;
16       }
17
18       // 출력
19       if(total == x){
20           printf("잘 계산했어요!");
21       } else{
22           printf("잘못 계산됐어요!");
23       }
24
25       return 0;
26   }
```

실행 결과 1	X
260000	
4	
20000 5	
30000 2	
10000 6	
5000 8	
잘 계산했어요!	

실행 결과 2	X
250000	
4	
20000 5	
30000 2	
10000 6	
5000 8	
잘못 계산됐어요!	

변수의 코멘트

▶ AI는 입력되는 값을 바로 total에 반영하여 더하고 있습니다. total과 입력받은 x를 바로 비교하고 결과를 출력합니다. 간단한 방식으로 잘 구현했네요.

3-7
끝말잇기

사용자에게 문자열을 입력받아 앞 단어와의 끝 단어와 일치하는지 확인하고 일치한다면 계속 입력받아 게임을 진행하고, 일치하지 않는다면 게임 종료를 출력하는 프로그램을 작성해 보세요. (단, 영어로만 입력받으며 각 영단어는 9개의 알파벳까지 입력할 수 있습니다.)

◆ 출력 예시

```
실행 결과                                                              X
hello
orange
egg
apple
게임 오버!
```

 각 단어를 어떤 형식으로 저장해야 할지 막막해요.

◆ 변수의 힌트

영단어를 저장할 문자열이 필요해요. 각 단어를 입력받기 위해서는 최소 두 단어를 저장해야 비교할 수 있으므로, 두 개의 배열을 만드는 것이 좋겠습니다. 또한 배열의 요소에 입력받기 위해서는 마지막 글자가 무엇인지 알아야 하므로, 입력받기 전에 초기화하는 것이 중요합니다. '초기화 → 입력 → 비교' 순서대로 구성하면 올바른 프로그램을 만들 수 있을 것입니다.

복습이 필요하다면?

▶ [Part 1] Chapter 3. 표준 입출력
▶ [Part 1] Chapter 6. 조건문
▶ [Part 1] Chapter 7. 반복문
▶ [Part 1] Chapter 8. 배열과 문자열

1

```
1   #include <stdio.h>
2   #include <string.h>
3
4   int main(){
5       char str[1000];
6       char str2[1000];
7
8       scanf("%s", str);
9
10      while(1){
11          scanf("%s", str2);
12          if(str[strlen(str) - 1] != str2[0]){
13              printf("게임 오버!\n");
14              break;
15          } else{
16              strcpy(str, str2);
17          }
18
19      }
20
21      return 0;
22  }
```

실행 결과   ☒

```
hello
orange
egg
apple
게임 오버!
```

변수의 코멘트

❯ 기존 문자열의 가장 오른쪽의 문자와 현재 입력한 문자에서 가장 왼쪽의 문자가 일치하는지 문자열의 인덱스를 사용해서
비교하고 있는 코드입니다. string.h 헤더파일을 사용해 문자열의 길이를 구해서 인덱스에 접근하고 있는 방법을 알 수 있
는 좋은 코드예요!

```c
1   #include <stdio.h>
2   #include <string.h>
3
4   int main() {
5       // 이전 단어
6       char previous_word[10] = "";
7
8       // 현재 단어
9       char current_word[10] = "";
10
11      // 게임 진행 여부
12      int is_playing = 1;
13
14      //이전 단어 입력받기
15      scanf("%s", previous_word);
16
17      while(is_playing){
18          // 현재 단어 입력 받기
19          scanf("%s", current_word);
20
21          // 이전 단어와의 끝 단어 일치 여부 확인
22          if(current_word[0] != previous_word[strlen(previous_word) - 1]){
23              is_playing = 0;
24          }
25
26          // 이전 단어 저장
27          strcpy(previous_word, current_word);
28      }
29
30      // 게임 종료 여부 출력
31      if(is_playing == 0){
32          printf("게임 오버!\n");
33      }
34
35      return 0;
36  }
```

실행 결과	X

```
hello
orange
egg
apple
게임 오버!
```

변수의 코멘트

● 현재 단어와 이전 단어를 입력받을 두 문자열을 생성하고, 문자열의 길이를 확인할 수 있는 strlen 함수를 잘 이용했습니다. strcpy와 strlen을 잘 활용한 코드입니다.

3-8
컴퓨터 사용 시간 구분하기

　10명의 친구가 한 개의 컴퓨터를 사용하고자 사용 표를 만들고자 합니다. 각 사용 시간에는 시작하는 시간과 끝나는 시간이 주어져 있고, 사용 시간을 서로 겹치지 않게 하면서 컴퓨터를 사용할 수 있는 최대 횟수를 찾는 프로그램을 작성해 보세요. 단, 컴퓨터 사용은 한번 시작하면 중간에 중단할 수 없으며, 이전 사용 시간이 끝나는 것과 동시에 다음 사용이 시작될 수 있습니다.

◆ 출력 예시

```
실행 결과                                                                      X
1 4
3 5
0 6
5 7
3 8
5 9
6 10
8 11
8 12
12 14
4명이 사용할 수 있습니다.
```

 복습이 필요하다면?

◆ 변수의 힌트
이번 문제는 꽤 어려운 난이도에 속합니다. 먼저, 사용 시간을 어떻게 하면 최대로 구할 수 있는지 알기 위해 사용 시간을 정렬하세요. 그런 다음 어떤 시간을 선택해야 가장 많이 사용할 수 있는지 고민해 보세요.

복습이 필요하다면?

▶ [Part 1] Chapter 6. 조건문
▶ [Part 1] Chapter 7. 반복문
▶ [Part 1] Chapter 8. 배열과 문자열

변수와 함께하는 포트폴리오 리뷰

1

코드

```
1   #include <stdio.h>
2
3   int main(){
4
5       int n = 10;
6       int cases[n][2];
7
8       for(int i = 0; i < n; i++){
9           int a, b;
10          scanf("%d %d", &a, &b);
11          cases[i][0] = a;
12          cases[i][1] = b;
13      }
14
15       for(int i = 0; i < n; i++){
16          for(int j = i + 1; j < n; j++){
17              if(cases[i][1] > cases[j][1] || (cases[i][1] == cases[j][1] && cases[i][0] >
18  cases[j][0])){
19                  int temp_start = cases[i][0];
20                  int temp_end = cases[i][1];
21                  cases[i][0] = cases[j][0];
22                  cases[i][1] = cases[j][1];
23                  cases[j][0] = temp_start;
24                  cases[j][1] = temp_end;
25              }
26          }
27      }
28
29       int count = 0;
30       int before_end_time = 0;
31
32       for(int i = 0; i < n; i++){
33          if(cases[i][0] >= before_end_time){
34              count++;
35              before_end_time = cases[i][1];
36          }
37      }
```

```
38
39          printf("%d\n", count);
40
41          return 0;
42      }
```

실행 결과 1	☒
1 4	
3 5	
0 6	
5 7	
3 8	
5 9	
6 10	
8 11	
8 12	
12 14	
4	

실행 결과 2	☒
1 4	
4 7	
7 19	
19 20	
2 3	
4 5	
7 10	
2 20	
1 20	
3 30	
4	

변수의 코멘트

❯ 시간 순서대로 정렬을 하여 컴퓨터 사용 시간 중 가장 처음 시간을 선택합니다. 그리고 끝난 시간 다음의 컴퓨터 사용 시간 중에서 빠른 것을 선택하도록 하여 최대한 많은 사람들이 이용할 수 있도록 적절히 구현하고 있어요!

2

AI의 추천 코드

```
1   #include <stdio.h>
2   #include <string.h>
3
4   int main(){
5       // 사용 시간 정보를 입력받습니다.
6       int times[10][2];
7       for(int i = 0; i < 10; i++){
8           scanf("%d %d", &times[i][0], &times[i][1]);
9       }
10
11      // 사용 시간을 오름차순으로 정렬합니다.
12      for(int i = 0; i < 10; i++){
13          for(int j = i + 1; j < 10; j++) {
14              if(times[i][1] > times[j][1]) {
15                  int temp[2];
16                  temp[0] = times[i][0];
```

```
17              temp[1] = times[i][1];
18              times[i][0] = times[j][0];
19              times[i][1] = times[j][1];
20              times[j][0] = temp[0];
21              times[j][1] = temp[1];
22          }
23        }
24    }
25
26    // 사용 가능한 횟수를 계산합니다.
27    int count = 1;
28    int end = times[0][1];
29    for(int i = 1; i < 10; i++){
30        if(end<= times[i][0]){
31            count++;
32            end = times[i][1];
33        }
34    }
35
36    // 결과를 출력합니다.
37    printf("%d명이 사용할 수 있습니다.\n", count);
38
39    return 0;
40 }
```

실행 결과 1	X
1 4 3 5 0 6 5 7 3 8 5 9 6 10 8 11 8 12 12 14 4명이 사용할 수 있습니다.	

실행 결과 2	X
1 4 4 7 7 19 19 20 2 3 4 5 7 10 2 20 1 20 3 30 4명이 사용할 수 있습니다.	

 변수이 코멘트

● A시는 차례대로 비교하는 순차 정렬을 통해 종료하는 시간을 오름차순으로 정렬했습니다. 이후, 끝나는 시간이 낮은 순서대로 정렬하여 다음 사용 시간 중 가장 가까운 것을 가져와 가장 많은 사용 횟수를 얻게 되는 과정입니다.

CHAPTER 1

1-1 ④ UNIX 운영체제를 개발하기 위해 만들어진 언어이다.

➲ C언어는 처리와 실행 속도가 빨라, 현재도 많이 사용되고 있습니다.

➲ B언어를 개선하여 C언어를 만들었으며, Python은 C언어를 기반으로 만들어진 언어입니다.

1-2 ③ c

➲ C언어는 .c라는 파일 확장자를 가지고 있습니다.

➲ cpp는 c++, py는 파이썬의 파일 확장자 이름입니다.

CHAPTER 2

2-1

```
실행 결과                                    ☒
num1 -> 20
num2 -> 20
```

➲ num1 변수는 4번 줄에서 10으로 초기화되었으나, 5번 줄에서 20으로 재할당되었습니다.

➲ num2 변수는 num1과 같은 값을 가지므로, 20이라는 값을 저장합니다.

➲ 8번과 9번 줄의 "%d" 위치에 각각 num1과 num2라는 값이 들어갑니다. 따라서 실행 결과는 위와 같습니다.

2-2 (1) float, (2) double

➲ 실행 결과에서 num1 변수는 소수점 아래 다섯 번째 자리까지 정확한 수를 표현하고 있습니다. 따라서 빈칸 (1)에는 대략 6자리까지 표현이 가능한 float를 적어야 합니다.

➲ 실행 결과에서 num2 변수는 소수점 아래 열네 번째 자리까지 정확한 수를 표현하고 있습니다. 따라서 빈칸 (2)에는 대략 15자리까지 표현이 가능한 double을 적어야 합니다.

CHAPTER 3

3-1

```
실행 결과                                    ☒
저는 파릇파릇한
30
30살 입니다.
```

➲ 7번 줄의 scanf 함수를 통해 age에 저장된 19를 무시하고 새로운 값을 할당받습니다. 이때, 30을 입력했으므로, 8번 줄의 결과로 "30살입니다."가 올바른 출력입니다.

3-2 (1) 2, (2) %d, (3) a

➲ 실행 결과에서 20을 입력한 이후, 두 값이 출력되고 있습니다.

➲ 7번 줄에서 입력받은 값은 a에 저장되므로 a의 값은 20입니다.

➲ b는 40이 출력되고 있으므로 a * __의 결과는 40입니다. 따라서 (1)은 2입니다.

➲ (2)에는 %d를 통해 b의 값을 출력할 수 있습니다.

➲ (3)의 출력 결과는 20이고, 형식 지정자는 %d이므로 a가 정답입니다.

CHAPTER 4

4-1 ⑤ (1) 1, (2) 0, (3) 1

➲ a는 10000, b는 20000, c는 30000이라는 값을 가지고 있습니다.

➲ 8번 줄: a는 b보다 작으므로 1입니다. a는 c

보다 크지 않으므로 0입니다. || 논리 연산자를 사용했기 때문에 둘 중 하나라도 1이라면 1을 반환합니다. 따라서 빈칸 (1)은 1입니다.

❯ 9번 줄: a는 b와 같지 않으므로 == 연산의 결과는 0이고 != 연산의 결과는 1입니다. && 논리 연산자를 사용했기 때문에 둘 중 하나라도 0이라면 0을 반환합니다. 따라서 빈칸 (2)는 0입니다.

❯ 10번 줄: a는 b보다 작으므로 1입니다. b는 c보다 작으므로 1입니다. && 논리 연산자를 사용했기 때문에 두 값이 모두 1이어야 1을 반환합니다. 따라서 빈칸 (3)은 1입니다.

4-2 (1) a++ (2) --a

❯ 7번 줄에서 a를 출력하고 a에 1을 빼기 때문에 a는 5번 줄의 증감연산자 실행 결과가 출력됩니다.

❯ 6번 줄에서는 10000의 값이 나왔기에 후위 연산자를 사용한 것인데 7번 줄의 결과가 1이 증가된 값을 보이니 (1)은 a++입니다.

❯ 8번 줄에서 후위 연산자를 사용해 a의 값인 10000을 출력하고 1을 더해주었기에 a가 10001이 됩니다.

❯ 9번 줄에서 10001의 a를 1 감소시키고 값을 반환하였기에 1을 감소시키는 전위 연산자 --a가 (2)의 답이 됩니다.

4-3 (1) &&

❯ 논리 연산자는 0이 아닌 모든 수에서 참 값인 1을 가지기에 a와 b는 논리 연산자와 함께 사용될 때 1을 반환합니다.

❯ a는 참, !b는 거짓입니다. 따라서 && 논리 연산자를 사용하면 0을 반환하여 출력합니다.

CHAPTER **5**

5-1 (1) age, (2) height, (3) height, (4) age

❯ printMe 함수의 매개 변수로 age와 height이 있으므로, 각각 목적에 맞는 값인 age와 height을 인자로 넣습니다.

❯ 16번 줄에서는 키를 출력하므로 height을, 17번 줄에서는 나이를 출력하므로 age를 입력해 줍니다. 따라서 올바른 정답은 차례대로 age, height, height, age입니다.

5-2

실행 결과	☒
5 * 2의 결과는 10입니다.	

❯ printMultiply의 인자로 5와 2를 각각 넣어 주었습니다.

❯ 17번 줄에서 a, b, 그리고 a와 b를 곱한 값인 result를 차례대로 출력합니다. 따라서 정답은 5, 2, 10입니다.

CHAPTER **6**

6-1 ④

실행 결과	☒
1000보다 숫자가 작습니다. 100보다 숫자가 작습니다.	

❯ 6번 줄: n < 1000 은 참이기에 7번 줄 "1000보다 숫자가 작습니다."를 출력합니다.

❯ 10번 줄: n > 200 은 거짓입니다.

❯ 12번 줄: n > 100 은 거짓입니다.

❯ 14번 줄: if, else if가 둘 다 거짓이었기에 실행되어 "100보다 숫자가 작습니다."를 출력합니다.

6-2 (1) else, (2) c1 == c2는 참입니다.

❯ (1) 조건문이 존재하지 않기 때문에 나머지 경우를 모두 포함하는 else입니다.

❯ (2) 같은 값을 비교해서 c1 == c2가 참이기에 "c1 == c2는 참입니다."를 출력합니다.

6-3 ②

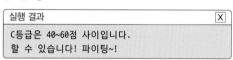

```
실행 결과                                    X
C등급은 40~60점 사이입니다.
할 수 있습니다! 파이팅~!
```

❯ grade에 문자형 변수 'C'가 저장되어 있고 switch case문에 의해 'C'일 때 "C등급은 40~60점 사이입니다."를 출력합니다. break가 없어서 default에 걸려 "할 수 있습니다! 파이팅~!" 역시 출력합니다.

CHAPTER ⑦

7-1 ⑤ ㄷ, ㄱ, ㄴ

❯ for문의 첫 번째에는 조건에 사용할 초기화식, 두 번째에는 조건식, 세 번째에는 증감식이 들어가므로 ⑤ ㄷ, ㄱ, ㄴ이 정답입니다.

7-2

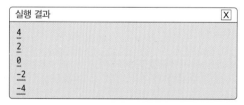

```
실행 결과                                    X
4
2
0
-2
-4
```

❯ while문에 -5보다 큰 경우라는 조건식을 두었으므로 다섯 번 실행됩니다. i는 4로 초기화했으므로 현재 값에서 2씩 차감한 값이 출력됩니다.

7-3 (1) i == 2 || i == 5, (2) continue, (3) i == 7, (4) break

❯ 현재 출력하고 있는 값은 2와 5를 제외한 7 아래의 구구단 5단입니다. 따라서 2와 5를 제외하는 예외를 7번 줄 조건문으로 넣어주고 i를 증가시킨 후 진행합니다.

❯ 두 번째 빈칸은 다음 조건식으로 넘어가는 상황이므로, continue입니다.

❯ i가 6까지 출력되었으므로 7에서 반복문을 종료했음을 알 수 있습니다. 따라서 세 번째 빈칸에는 i == 7이라는 조건식이 들어가야 합니다.

❯ 12번 줄에는 반복문을 종료시키는 break가 들어가야 합니다.

CHAPTER ⑧

8-1

```
실행 결과                                    X
array[3]의 값: 4
array[4]의 값: 5
array[5]의 값: 0
array[6]의 값: 0
```

❯ 배열의 크기가 10일 때 열 개의 저장 공간이 있습니다. 할당된 값은 그대로 저장되고 할당되지 않은 값은 전부 0으로 채워집니다.

❯ 인덱스는 0부터 시작하기에 array[3]은 네 번째 저장 공간에 할당된 값인 4를 가져옵니다. 나머지도 해당 원리와 동일합니다.

8-2 (1) 5, (2) 6, (3) 3, (4) 2

❯ 2차원 배열을 출력하기 위해 중첩 반복문을 사용하였습니다.

❯ 실행 결과의 출력을 통해 (1)에는 5, (2)에는 6이 있음을 알 수 있습니다.

❯ 2차원 배열의 크기만큼 반복해야 하므로 바

깥쪽 빈칸에는 3, 안쪽 반복문의 빈칸에는 2가 들어갑니다. 따라서 (3)은 3, (4)는 2입니다.

8-3 ④ char형 배열의 크기를 5로 설정하고 "Hello"를 저장하면 배열의 메모리 공간을 딱 맞춰서 사용할 수 있습니다.
▶ 문자열은 항상 마지막에 '\0'의 NULL 문자를 저장해야 하기 때문에 "Hello" 문자열은 최소 char형 메모리 공간이 6개 존재해야 합니다.

8-4 (1) malloc, (2) free
▶ int형 변수를 저장할 수 있는 공간 3개를 array 포인터에 동적 할당하기 위해 malloc을 사용합니다.
▶ 메모리 공간에 값을 할당했다면 마지막에 할당받은 메모리를 반납하기 위해 free를 사용합니다.

CHAPTER 9

9-1

실행 결과	X
x: 55	
y: 22	
z: -33	

▶ changeValue의 매개변수에 인자로 x, y, z 포인터를 넣어 주었습니다.
▶ 17번 줄에서 a는 b+c의 값을 가지므로 22+33입니다. a는 x 포인터 변수이므로 55입니다.
▶ 18번 줄에서 b는 a-c의 값을 가지므로 55-33입니다. b는 y 포인터 변수이므로 22입니다.

▶ 19번 줄에서 c는 b-a의 값을 가지므로 22-55입니다. c는 z 포인터 변수이므로 -33입니다.

9-2 (1) arr[i] = i, (2) arr[i]
▶ 배열의 이름은 첫 번째 요소의 주소 포인터와 같으므로, 빈칸에는 배열을 그대로 사용할 수 있습니다. 따라서 arr[i] = i, arr[i]가 정답입니다.

CHAPTER 10

10-1 ③ 구조체는 struct를 사용하여 정의하고 변수끼리 같은 메모리 공간을 공유하도록 합니다.
▶ 구조체는 변수 각각 다른 메모리 공간을 사용합니다. 같은 메모리 공간을 공유하는 것은 공용체입니다.

10-2 (1) student, (2) students[i].name, (3) students[i].score
▶ 9번 줄에서 students라는 이름의 구조체 배열을 선언하였습니다. 따라서 자료형에는 구조체 자료형인 student가 들어갑니다.
▶ 13번 줄에서 이름을 입력하므로, 빈칸에는 student[i].name을 통해 구조체 배열의 올바른 위치에 이름을 저장합니다. 자료형은 문자열입니다.
▶ 15번 줄에서 성적을 입력하므로, 빈칸에는 student[i].score을 통해 구조체 배열의 올바른 위치에 성적을 저장합니다. 자료형은 int입니다.

10-3 (1) 42 (2) 3.14

▶ 열거체를 사용하여 하나의 변수 dataUnion
에 대해 데이터의 타입을 변경하며 사용하
는 코드입니다. dataUnion.integer에 42
가 저장되어 있기에 (1) 부분에는 42가 출력
되고 (2)에는 floatingPoint 값인 3.14가 출
력됩니다.

10-4 ⑤ (1) 0, (2) FEMALE

▶ MALE은 0이고 FEMALE은 1에 대응됩니
다. 실행 결과가 FEMALE이기 때문에 (2)
에는 1 또는 FEMALE이 들어가야 합니다.
따라서 (1)은 0 또는 MALE이 되어야 하기
에 ⑤번이 정답입니다.

김변수와 시작하는 코딩생활
with **C언어**

1판 1쇄 발행 2024년 5월 30일

저　　자 | 코뮤니티 운영진(휴몬랩)
발 행 인 | 김길수
발 행 처 | (주)영진닷컴
주　　소 | (우)08507 서울특별시 금천구 가산디지털1로 128 STX-V 타워 4층 401호
등　　록 | 2007. 4. 27. 제16-4189호

©2024. (주)영진닷컴

ISBN | 978-89-314-7554-8

영진닷컴
프로그래밍 도서

영진닷컴에서 출간된 프로그래밍 분야의 다양한 도서들을 소개합니다.
파이썬, 인공지능, 알고리즘, 안드로이드 앱 제작, 개발 관련 도서 등 초보자를 위한 입문서부터
활용도 높은 고급서까지 독자 여러분께 도움이 될만한 다양한 분야, 난이도의 도서들이 있습니다.

Web · Programming · Git이 쉬워지는
Visual Studio Code 가이드

리브로웍스 저
280쪽 | 22,000원

예제로 배우는
Django 4

안토니오 멜레 저
856쪽 | 38,000원

유령처럼
해킹하는 방법

스파 플로우 저
316쪽 | 26,000원

초보 개발자를 위한
자바

이병승 저
1,424쪽 | 38,000원

블렌더로 만드는
3D 환경 디자인

Abdelilah Hamdani 저
288쪽 | 25,000원

하루 만에 배우는
안드로이드 앱 with 코틀린

서창준 저
384쪽 | 25,000원

풀스택 개발이 쉬워지는
다트&플러터

이성원 저
720쪽 | 40,000원

실용 SQL

앤서니 드바로스 저
460쪽 | 30,000원

클린 코드의 기술

Christian Mayer 저
192쪽 | 20,000원

JAVA 언어로 배우는
디자인 패턴 입문

유키 히로시 저
560쪽 | 32,000원

파이썬 코드로 배우는
Git&Github

유광명 저
384쪽 | 20,000원

김변수와 시작하는
코딩생활 with 파이썬

코뮤니티 운영진(휴몬랩) 저
376쪽 | 18,000원